经典版

FIFTY YEARS IN WALL STREET

华尔街风云50年

[美]亨利·克卢斯(Henry Clews) 著

译科 袁悦 译

法律出版社
LAW PRESS·CHINA

目　录

Contents

致读者

第一章　初到华尔街　/ 1

第二章　在华尔街如何赚钱　/ 6

第三章　投机损失的原因　/ 11

第四章　战时华尔街　/ 17

第五章　营销美国内战贷款　/ 21

第六章　蔡斯部长和财政部　/ 35

第七章　“囤积”及其对价值的影响　/ 41

第八章　海军准将的“囤积”　/ 49

第九章　德鲁和伊利“囤积”　/ 56

第十章　恐慌—恐慌的原因—如何避免　/ 63

第十一章　旧时的恐慌　/ 74

第十二章　首次真实披露黑色星期五　/ 78

第十三章　美国大恐慌的前后经历　/ 91

第十四章　华尔街的繁荣　/ 100

第十五章　华尔街的疯狂投机　/ 108

第十六章　华尔街风浪　/ 119
第十七章　格兰特的第二任期　/ 131
第十八章　特威德集团,七十人委员会　/ 146
第十九章　丹尼尔·德鲁　/ 152
第二十章　德鲁轶事　/ 160
第二十一章　威廉·范德比尔特　/ 167
第二十二章　“小科尼尔”　/ 179
第二十三章　德鲁和范德比尔特　/ 187
第二十四章　杰伊·古尔德　/ 194
第二十五章　基恩的华尔街生涯　/ 224
第二十六章　维拉德和他的投机　/ 232
第二十七章　费迪南德·沃德　/ 236
第二十八章　亨利·史密斯　/ 241
第二十九章　查尔斯·沃利士欧福尔　/ 245
第三十章　为什么我选择成为美国人　/ 252

致读者

To My Readers

宽街 15—17 号

纽约

致读者：

我将在接下来的写作中，向大家揭露一些华尔街投机与投资方面的不太为人所知的事件，并从金融的立场告诉大家这个国家当时的情况及进步，这些都是我在巨大的金钱中心 50 年中所亲身经历的事情。

这个主题本应由文笔更好的人士书写，但因为我们国家的这部分历史缺少研究者，作为积极参与者的本人就斗胆用我朴素的语言来描述我所经历的惊心动魄的金融事件。

同时，我也对华尔街的历史及其相关金融事件进行了简单的回顾，自从纽约证券交易所在此建立起，一系列金融事件随之而来。

在叙述华尔街的人和事时，我直接使用了投机行业里的行话，虽然有些词语不太文雅，但这是刻画这些华尔街人物真实性格的最好方式。

我努力使用清晰而不矫饰的语言写作本书，书中所使用的材料源自我的亲身经历和可靠叙述者的记录。

亨利·克卢斯

纽约，1908 年 3 月 31 日

1882 年，位于宽街（Broad Street）**10—12** 号的证券交易所。

第一章
Chapter 1

初到华尔街

我初到华尔街，正值1857年经济危机过后，也就是大家所谓的“西方大风暴”(Western blizzard)。之所以这样叫，是因为相对从前那些席卷华尔街的金融风暴，这次危机的破坏力有过之而无不及，影响也更具灾难性。飓风袭来，首先就造成了俄亥俄人寿保险与信托公司(Ohio Life and Trust Company)的倒闭——在当时，这绝对可以称得上重大事件。

图为1857年恐慌中海员储蓄银行门前挤兑的人群。

这家公司在华尔街设有办事处,危机布告一发出,公司业务就全线瘫痪。不久,许多曾在金融领域经历风风雨雨的大型公司也纷纷停业。

恐慌之所以发生,部分是因为外国商品过度进口,也部分因为举债大修铁路。还有些其他因素煽风点火:庄稼收成不好,国家无力支付进口产品,黄金也几近外流。10月,纽约市银行接连破产,接着遍及全国。各地银行信贷膨胀,自然引发紧缩。雷声过后,金融危机像飓风一样,刮遍南北。

灾难发生前的十年里,证券交易所受到的关注程度还仅仅是平稳上升,在此进行交易的证券数量日益增加,价格也节节上扬。主顾都是大款,非常保守,骨子里是那种相当传统的荷兰移民,却混杂着一些南方人的性格,时不时还流露出英国人的特质。

这次危机让大片的证券交易市场毁于一旦。几天下来,股价就跌落50%,经纪人交易所(Board of Brokers)大部分遭遇清算,震荡波及四方。

接着,经济复苏,资产重组。信心稳步回升。成立不久的共和党承受打击能力很强,而且在恢复经济的工作中尽心尽力。在这次大范围的动荡中,大部分老派保守元素一落不起,从此再不见踪影,被更加优秀、更加年轻的血液替代。12月,银行开始恢复营业。

这一年的经济恐慌,以及接下来引发的灾难,让华尔街的经营方式焕然一新。此前,华尔街金融、投机和商业都是采取的老套手段,这次危机敲响了这儿守旧派思想的丧钟。年轻的一代金融家登上了舞台,坐上了老保守派领导人的"交椅"。

这次变革是适者生存的绝佳例证,同时也证明在金融世界中,有一种自然选择的规律,淘汰了保守主义旧思想,宣告了它的死亡。

在此之前,大家都认为,从事金融事务的必然是上了年纪的人们,甚至应该都七老八十。这是从旧世界的偏见中流传下来的观念,在高雅学术中尤甚,仿佛这种观念有神力相助。一位医生,只有到了他头发灰白,脑袋谢顶,皱纹泛满额头,人们觉得他已经经历了世事人情,才肯相信他用药不会失手。在法庭、在教堂,人们也是这样的想法。

这种偏见由过去的政府催生,在欧洲古旧的君主政体得以滋养。就算在今日的欧洲,这种不足取信的论调仍普遍存在,可谓根深蒂固,在1857年经济危机前，它一直充满生命力，在华尔街占据统治地位；在这些观念翅膀下，古旧元素长出了翎羽，而真正能够造福市场的企业，却被扼杀在了襁褓之中。

此后，过时的观念日益衰败，与此同时，我们这些新鲜的血液逐渐开始流淌。

因为没有人特别较劲，华尔街的新贵也没有成功发展。守旧的统治力量仍在苦苦挣扎，阻挡时代的前行，它们生命力顽强，一时难以抹灭，猫有九命，不过如此。年轻人白手起家，想要打入股票交易市场，却被老古董们视为无礼，觉得这是在侵犯他们这些老人的内在权利。那个时代，年轻人如若家庭无权无钱，想在纽约证券交易所混到一席，几乎就是天方夜谭。

过时的观念日益衰败，与此同时，我们这些新鲜的血液逐渐开始流淌。

这些老家伙们团结起来，组成了互助团队，竭力打击年轻人，年轻人如果想进入这个神圣的圈子，他们就群起攻之，保卫着自己的每一寸土地。

那个时候我突然想到，有一种方法能够助年轻人一臂之力，进入华尔街。当时我做的是干货进口贸易，并且在这里得到最初的历练。老人们用血肉长城把我挡在交易所门外多年，我的命运也和许多其他人相似。后来，我凭着自己的韧劲，改换阵地，才最终取得了成功。

那个年代，佣金标准是买卖分别收取 1/8。

想打入证券交易所多次失败后，我终于决定来点硬的，于是马上在报纸上刊登一则广告，建议买卖股票应各收取 1/16 的佣金。这在老头儿阵营中引起了轩然大波，觉得难以承受。他们的客户越来越少，而我的主顾却越来越多，让他们心里更加不是滋味。于是，老年军只能把我纳入他们的阵营，让我按照他们的规矩做生意。加入他们，包括入会费和其他一些相关的开支，我总共花了 500 美元。这同现在 35,000 美元的入会费简直是一个天上一个地下；差距虽然看似悬殊，但华尔街事务相关的其他方面与这一开销的比例变化却大致相同。当时的老成员中，有雅各布·利特尔（Jacob Little）、约翰·沃德（John Ward）、戴维·克拉逊（David Clarkson）和其他一些证券交易所卷宗中可能有所记录的名字。

当时,投机商经常每周拿出100美元——也就是十倍的会员费——为通话期间能得到些内幕消息,会员身份的推崇程度可见一斑。

恐慌过后,国内一度不振,长期停滞,公众信心也近乎崩盘,然而总体说来,这确是一个巨大的进步,标志着金融和投机的进步。因为这一事件,华尔街的事务中才注入了年轻的元素,如若不是这近乎粗暴的猛然一击,这些因子不知要沉睡到何时。它把美国的年轻一代引导到了投机、商业和日常事务的前线,还为贸易和产业的各个部门注入了真正的创业动力,这样的美好色彩,此后在美国从未褪去。

在各国都前所未有的伟大商业革命的剧痛中,这种新元素迸发出世,潜滋暗养,茁壮成长。它迅速膨胀,没过多久,从前的一间地下室就无法满足证券交易所总部的要求,需要一片街区方可支持。证券交易所的管理委员会现在正期待着这样的圆满安排。我年轻时候那些华尔街的元老们,想到这样让人咋舌的发展,估计就震惊了。

华尔街这次革命中,这样的阶段并不罕见,刚才提及的新贵一枝独秀,让其他国家的年轻人相形见绌。在美国,金融事务完全由年轻人掌舵,而结果也证实了这一选择的英明,换做其他国家,简直不可想象。这还得感谢我们民主党各个机构的高度自由,尽管有时候存在一些个人主义色彩,有时候会阻碍一些“奇思妙想”,但却为进步铺好了道路,使得此后的美国,成为其他国家争相效仿的对象。

当时,证券交易所还在比弗街(Beaver Street)和交易街(Exchange Place)间的威廉街(William Street)上,这儿充斥着投机的故事。在这里,雅各布·利特尔赔掉了九笔财产。心算天才安东尼·莫尔斯(Anthony Morse)也曾在这里施展才华:一般的会计人员算出一列数字的时间,他已轻易得到了四列数字的结果。他曾经是这儿的一名职员,攒下了700美元后开始投资股票,当时比现在基恩还要红不少。莫尔斯一年就到手了几百万,没过多久却身家破产,两手空空。然而即便是输了也没有什么不光彩。他可是循规蹈矩的生意人,从来没有实施过什么诈骗。

当时,年轻的投机人们还没有学会现代年轻人的“邪恶”手段。同样是在这里,丹尼尔·德鲁(Daniel Drew)开始聚敛财富,为日后腰缠万贯奠定了基础。这里还见证了罗克艾兰(Rock Island)、普雷里德欣(Prarie du Chien)和哈勒姆(Harlem)联手制造的著名“囤积”(corners)。这里建造起西部两万英里铁路,让大片荒野蓬勃发展。尽管鲍德利先生认为投机不会带来任何物质产品,但却使房地产剧烈增值,还为贸易和商业带来了不可估量的好处,帮助拓荒者和东部各州的剩余人口建造了舒适的房屋,还创造了一片喧闹的土壤,吸引了各国不得志的人们前来拥抱自由和繁荣的恩惠。

期权合约60天的时间限制,使得雅各布·利特尔的投机扬名史册。作出这样限制成为必须,是因为他曾经操纵市场。德鲁地产和股票交易的早期,利特尔曾经是伊利地区最为著名的投机者。利特尔曾一度遵照卖方意愿出售伊利的大片街区,从6个月到12个月不等。这属于早期的“囤积”。那时科学的管理方式还未曾全面发展,而“盲资公司”(blind pools)也是刚见雏形。

伊利董事会的领导人成立了一家公司,想把利特尔逼上绝境,并把伊利的股价推高到了相当的高度。他们觉得利特尔不会明白他们的意图,做好准备在某天两点造成危机,让利特尔猝不及防,身心崩溃,然后伺机夺权。然而“反利系”设定时间的一小时前,利特尔走进了董事会的办公室,打开了一只装满可换股债券的口袋,要求交换成同样的股票。他已经在伦敦购置了债券,锁到了安全的地方以备急用,恰逢其时。他拿到了股票,结算了合同,打破“囤积”,凯旋而归。

此后,60天的期权交割限制出台,以防“卖空”方操纵获得类似成功。

利特尔先生的可转换债券伎俩如若被伊利的投资者耳闻,定会让他们大为受益;而他们也在某些场合表示,这样的生意能赚上百万美元。在后面的章节我会对此作出详细解释。

同那些不幸的投机伙计们相比,利特尔为人慷慨,而且不计较过错。他曾经说,原谅董事会的事情如果写在便签上,他能把这些便签贴满他的整个办公室。他的记忆力也十分惊人,不借助笔记,就能丝毫不差地回忆起一天内所做的所有生意。

他和德鲁一样,也不计较自己的装束,总是带着顶很农民的帽子,邋邋遢遢;可是要在投机时进行预测,他当时真的可谓是打遍天下无敌手。

第二章
Chapter 2

在华尔街如何赚钱

如何利用定期的恐慌情绪赚钱。——对年轻投机者的忠告。——资深投资者所谓"观点"最终带来损失甚至灾难。——专家建议选择最安全、最便宜的股票,如何得到这样的股票?

不到一只脚进了棺材这把年纪,华尔街很少有人能算得上成功人士。到了这个时候,这些老将们都开始在舒适的家中安歇,一年两三次的恐慌时段,就开始拄着拐杖,步履蹒跚地走进他们经纪人的办公室。

然后,他们总是会用自己的银行结余购买优良股票,而这些股票正可以在此等紧急情况中升值。一般情况下,这批股票攫取一笔"横财",恐慌才会结束。混乱殆尽之时,这些一直明智休假、等着危机爆发的老家伙们就马上觉察到结束的信号,把红利存入银行,或者购置些走势不错的房地产,把剩余的钱存起来,作为永久性投资,然后寻个理由退休,开始在自己的豪宅中颐养天年,享受家庭生活。

这些投机预言家们,时不时地就从安乐窝里出来活动一阵,如果年轻人们能够抓住这样的信号,一年下来,总比跟着纽约证券交易所专家那些不靠谱的"投资提醒"赚的钱多,而且也不用非得在鸡尾酒宴上、在酒店那些徒有其表的骗子面前晃来晃去——他们还自称是什么股市专家的智囊人士,还声称在参与“资产池”的建造。因此，我想告诉年轻的投资商们，瞪起眼睛，注意那些老头们光临华尔街的不祥预兆。这就好比蜘蛛下雨之前悄悄地从网里爬出来，他们一出动，几乎就可以肯定恐慌即将到来。如果你就等着他们买入，就适当投入一笔，别去插手“投机商号”和“样板间”，营业时段仅仅是去德尔莫尼科吃顿便餐，也定然会有很大收获。

人们经常问，尤其是华尔街圈子外的人们经常问：“我怎么才能在华尔街赚钱呢?”最妙的应该莫过于老迈耶·罗斯柴尔德(Meyer Rothschild)的回答：“我呀，贱买贵卖。”

按照他这样说的去做的人们一般都会成功。回顾三十年，我印象中还没有哪一年中华尔街能没有两三次暴风，而这正是廉价购买股票的绝佳时机。风暴通常几天后就转晴，那些幸运的在恐慌时段购买股票的买家，就能赚上5%甚至10%。

于是，赚钱就成了简单的算术题，主要就看一年中会有多少次金融骚乱。

最妙的应该莫过于老迈耶·罗斯柴尔德(Meyer Rothschild)的回答：“我呀，贱买贵卖。”

如果投资择时合适——也就是在幸运的时间，而投资也得到了令人满意的结果，一年下来总共就能赚上50%。那些能够巧妙利用个人判断的投机者即是如此。

这样很容易理解，为什么富者益富，穷者益穷。

有的时候，某些人就好像得到上帝的眷顾，莫名其妙地在华尔街赚到钱，而有的时候，投机者都看起来已经整个垮掉，天上却掉下来馅饼。

我个人也经历过这种奇事，有一次是在1885年的夏天。

一位先生来到我的办公室，精神完全崩溃，他几个月前手里还有好几千美元，但是现在只剩下了几百块。

“我读了您7月3日的信，”他说，“有意思要按着您给的建议行动，可是不巧，又读了城市日报里一位相当出色的写手的文章，决定放弃。那位写手有点看跌狂暴症，然后脑子出了问题，有人告诉我他现在跟我一样，整个人都崩溃了”。

“我都不知道该怎么办，”他继续说，“我这儿还剩下几百块钱，就拜托您了,您想怎么办就怎么办。这个夏天我就在乡下过。我把地址给您,如果有什么好消息,就告诉我。我也没有什么特别高的期待,不过,不用说您也知道,如果真的'赔光了',您也别再让我填空缺了。有多少就投多少吧。"他绝望地补充道。

他沮丧地走出门,我几个月都没再见到他的人影。我把他全权委托给我的这点钱,按照我的判断进行了投资。结果还不错,他账户里的钱也越来越多了。按照我们的运营方法,他交了好运,但是我好几个月都没有他的音讯。

一天,一位西装革履的先生走进了我的办公室,脸上散发着健康的红晕,连声不绝道谢。

"呃,"我说,"我不太记得您了,想不太起来。"

"那您有没有想起来,"他说,"我夏天去乡下度假,告诉了您我的情况,说我投机多晦气呢。"

"您就是那位想去乡下寻死的先生啊?"我惊奇地发现,他的容貌已经不能和当时同日而语。

"就是我啊。"他回答,"要不是您及时给我建议,我哪儿能变成现在这样啊。当时拿出的可是我的家底了,按照你们建议的小型基金管理,我顺顺当当地走下来了。"

现在大家都看到了,这位先生仅仅是接受了眼前的建议,就赚到了钱。

还有一些人,虽然只要听从面前忠实的判断就不会出问题,但还是跌了一跤。

更有甚者,有钱的时候特别纠结,那些能帮助他们作出正确选择的建议却产生相反的结果,他们更愿意听信不靠谱的谣言。

打个比方,有一天,一位先生让我买1000只伊利股票。当时股价为94美元,我刚买入,就开始下跌。

过了不一会儿,这位客户就折道回来,让我抛出。当时的股票市价为92.5美元。

转眼的工夫,他又回来了,让我再把股票买回来。这时,股价反弹到了95美元。

咨询了会儿其他的朋友,他又让我卖掉。当时股价下跌到了90美元。

然后,他"五顾茅庐",说:"我最开始遇见个人让我买,然后又来了个人让我卖。我知道他们一个人是'牛市',另一个是'熊市'。这些词儿我不太懂,但我现在明白了,我就是一头驴。"

从这个故事中,我们可以看到,华尔街大部分投机者们是怎么被人耍来耍去,是怎么纠结的。然而,只要听从些忠告,耐心等待时机,别没头没脑乌合去按照那些虚妄的谣言家们的"投资观点"购买,就可以避免这样的麻烦。过不了多久,他们就能学会在华尔街赚钱。

我在另外的一个章节页也写到过,投机必须个别分析。尽管大家都觉得,只要有钱就可以投机,但如果普通人没有接受过这一方面的特殊训练,就非常可能酿下大错,好比有人觉得自己可以做自己的律师,结果"出尽了洋相"。

"投机不需要专业知识"这样的错误论调蛊惑了多少人,让华尔街多少财富多少名望付之一炬。但这样的看法现在还具有很大的影响力,害人不浅,造成了一座座海市蜃楼。

人们如果需要在法律方面得到正确的建议,应该去寻一位信誉良好的职业律师,一位在法庭上颇有名望的、公众认为完全可靠的律师。只要神智还正常,一般人多不会相信酒吧里遇见的说自己和亚伦·范德普尔、罗斯科·康克林和埃瓦茨交情不错,还从他们那儿获得了一些本案中的"观点"的"小混混"。这样的家伙肯定得被笑话,要是他死不悔改,十有八九得被送去精神病院看看脑子有没有问题。可是在华尔街,大伙儿天天都这样妄自骄傲,人们还觉得这是投机的智慧。

因此,对于那些想要在华尔街赚钱的人们,我的忠告是,别理会那些小道上坑蒙拐骗的"专家"。

如果投机者听从别人胡说八道,身陷困境,被诈走积蓄,就不能怪罪证券交易所里的经纪人了。就好比一些不负责任的人们从纽约的酒吧中听来风言风语,然后装模作样地把他们的建议带上法庭,著名的律师就没有"背黑锅"的道理。

华尔街的专家建议同法律建议一样,掏这笔钱总不会吃亏,到头来比华尔街上下四处谣传的廉价"投资观点"划算得多。那些所谓"观点"让人根本就摸不着头脑,只能引诱无知的投机者掏腰包,然后赔钱。

因此,对于那些想要在华尔街赚钱的人们,我的忠告是,别理会那些小道上坑蒙拐骗的"专家",看见"投机商号",远远躲着,要是购买真的需要专家"观点",那就去寻那些圈子里名望在外、手上有足够的资源来为您提供金融信息的人们,而且您找到的人,最好能够愿意尽其所能,帮您赚钱。

华尔街之大,找到这样的可靠人选并非难事,投机者们要做的,不过是读读报纸,或者问问自己遇见的第一个送信的小伙计。

第三章
Chapter 3

投机损失的原因

信息不充分。——信息出错。——新闻机构虚假新闻。——保证金不足。——个人性格的危险之处。——随意操作。——智慧、判断和胆量的必要性。——理想的标准。——如何才能成为投机者之王?

有一些投机者,多年投资,总体上却是赔钱而非盈利。而这样的案例教会我们为什么会有人不成功,我这样说应该不为过。

无疑,许多进入投机领域的人,从任何方面都不适合同他们的狡猾对手抗衡:不是太无知就是太聪明,不是太胆小就是太鲁莽,不是太悲观就是太自信,不然就是反应太慢或者太性急,太羞怯或太自负,太容易相信别人或疑心太重。这些都是非常致命的缺陷,任何一个都能轻易地让投机者损失一笔财富。然而,在有所自制的基础上认清自己,就能防止这些个性上的缺陷对成功的阻碍。最严格、最精确的头脑训练莫过投机。如在反复、偏见和热门理论中不能自拔,在金融价值方面任听风就是雨,那么他投资带给自己的负担最终会难以承受。不论是自己招致的祸端,抑或是对自己判断的正确性,都必须拥有法官般的冷静和公正。我认为,要想获得成功,最重要的一点就是不要因为外界所发生的事情而影响自己的判断;能做到这一点,即使有一些个性上的缺陷,还是有可能成功的。

虽然这种说法存在争议,但危险周围最宝贵的就是信息——大多数人梦寐以求、如获至宝的信息。很自然,许多人都不会赞同,在没有对风险有一定了解的情况下盲目冒险;然而,觉得自己的知识足以应付,能够作出正确判断的人又寥寥无几。某些情况下,人们很难获取信息,必须摸着石头过河;这时如果觉得自己不特别善于猜测,就轻举妄动,相当不明智。

许多投机者不能成功,是因为他们行动之前信息不充分;更多的是因为他们得到的根本就是虚假信息;而其他的失败案例,虽然信息正确,却不知如何在投资中进行运用。

我认为,要想获得成功,最重要的一点就是不要因为外界所发生的事情而影响自己的判断;能做到这一点,即使有一些个性上的缺陷,还是有可能成功的。

投机的信息运用中,不管遇到何种困难,必然都有相当一部分人失败。不完全、不充分的信息尤其危险。片面的了解,在这儿就是混淆视听。举个例子:铁路部门报告总收益增长,乍眼看来,股票的价格就会在现价基础上上升两三个百分点;但价格的上升可能是眼下一些暂时性特殊因素造成的,而铁路的经常性开支增长幅度或许使净增长呈现下降趋势。一家公司如经济陷入困境,可能就会公布股东评估,人们听到评估后就一股脑地卖掉股票;如果我们稍稍向前看,就会发现评估过后,公司的硬件会有所改善,也会减少固定支出,股票价值就会远远高于评估之前;发现了这一点,股价就会飙升,“卖空”投资商就只得亏损。在纽约,股票有自由成长的空间,因为伦敦占据了其中大笔股份;过一两天我们再去看交易情况,就会发现与管理层有关联的大股东们在得知对房地产价格有害的消息之后,会抛售国外股票;较晚买入的投资商这时接二连三地认识到了这一点,但却只能亏本而还。每天,因为手上信息不充分而亏损的案例都在发生,而且会导致一系列悲剧,因为投资商等不及所有信息落定后进行分析,而是满足于管窥蠡测。

人们总是经受不住诱惑,听着虚假信息和人云亦云的“投资观点”,冒很大的风险,这也是投机行为最不符合常规的一点。“外行”投机者总是会在传言的散播下情绪化地做出买卖决定,专业投机者在市场中撒满“诱饵”就不难理解;至于谁应该受到指责——是受到愚弄的那些人们轻信,还是那些老滑头们刻意造谣——这个很难下定论。然而,还有一类人,也高尚不到哪儿去:那些帮助虚假消息传播的人们。首当其冲的就是金融新闻的机构,还有华尔街的早间新闻,它们主要针对的都是证券交易所最核心的投机利益。这些通讯社的确有必要存在,但是读者有权认为,当他们拿到发行量非常大的消息时,这些新闻在出版发行前都经过严格的监督和审核。如果连这一点都做不到,读者就会对通讯社产生意见,新闻机构就会失去公信;大家会认为他们说谎,不负责任。然而我们无法否认,通过这些部门达到公众手中的所谓新闻都是如此。什么“观点”,什么“谬论”,什么警示,什么谣言,都是在欺骗,在误导,它们在没有得到确认的情况下就传遍了金融界上下。这样的新闻直接造成了多少损失,多少消息没有经过严格筛选,还有多少其他原因造成这样的局面,我无从得知;但虚假新闻造成了难以计数的亏损,观察家们可都看在眼里。而虚假信息广泛传播,也不仅是报纸商贩的过错。兜售对财团有所偏向的“投资观点”,自以为是地教授读者该买什么该卖什么,还有在编辑观点中给出明显有偏向性的投资意见,这些都是新闻业在滥用影响,多数人都觉得无法忍受。尽管在华尔街专业人士看来,这些观点是非再明显不过,但不明真相的群众仍旧趋之若鹜,一不小心就误入虎口。不过,我们还是要承认,尽管存在许多不足,报纸还是为华尔街的利益带来了许多不小的影响;各企业可以以过去为鉴,通过制定更高的标准获得更大的成功,然而这还有待时日。

投机失败还有一种缘故:投机者没有足够的资金储备,无法提防价格走势不符合自己预期。一般说来,进行投机行为的人都属于多血质,不会未雨绸缪。因此,缺乏经验的投机者就会将自己手中的资金倾囊倒出,全部押给证券交易所。如果价格反方向发展,交易就容易被强制关闭,投资者会背负一笔自己无法偿还的损失。此类投机者一开始就不应该把鸡蛋都放在一个篮子里,剩下的这一半应当小心保存,以防自己被“出卖”,抑或留作价格变动时进行二度交易,从而在总体上盈利。正因不遵从这样的准则,许多弱势持有者出现在

投机失败还有一种缘故:投机者没有足够的资金储备,无法提防价格走势不符合自己预期。

市场上经常可以为逢行投机的经纪人们提供扰乱市面的机会;因为他们知道,一旦他们缩小了毫无支撑的利润,人们必然会抢着抛售股票,价格从而被压低。可以肯定的是,如果维护利润的规则更为完善,“熊市”和破坏家们的威力就会大幅减弱;大半的“外行”投资人就不会来趟这个浑水,投机也会少掉大半风险。

还有一部分人,也需要面临格外的风险:总是在一个方向投资的人们。华尔街中有乐观者,也有悲观者,这是他们的个性所致,他们不论什么时候,都会选择“看涨”或者“看跌”。一般说来,如果由着自己的性子行事,而不是对市场条件进行仔细分析,早晚总会破产。我并不是说一直看涨或者看跌的投资者就没有机会:有时市场大部分人士倾向上涨,看跌者认为上涨势头过猛,定会盈利;反之,如果市场倾向下跌,看涨者可能会在熊市的间歇阶段找到机会。能在股市的狂风暴雨中安然无恙,必须是非常熟练的航海家,遇事沉着,善于自控,而且最重要的是,有需要的时候,能够用纯粹的金钱力量主导市场走向。不用多说,九成持续看跌的投资者都缺乏以上成功的必备条件。他们总是耷拉着脸,步态蹒跚,一看就知道没“伟哥”活不下去;大家都觉得市场马上就要走向繁荣,欢欣雀跃的时候,他们却坚持认为国家要垮台,别人买入股票,他们不断卖出;大家只能对他们报以同情态度——这些人总是带着有色眼镜审视周围的一切,在无形中把自己推向了毁灭。还有一种人,也让人们感到无奈:总是乐天派,就算很明显国家已经走过了繁荣的最高峰,大家必然都在抛售股票的时候,还坚持买入,不放弃持股。当然了,这种人在华尔街必然不会久留;口袋的钱没多久就挥霍一空,然后他们淡出人们的视野,后悔自己的无知,而不肯去理解、去按照改变价格的自然规律作出选择。

另外,市场涨跌势力比较平衡的时候,也会造成投资损失:因为这时盈利实属不易。投资者们会因为市场反应迟缓心存不爽,三天两头改换持股,除了给经纪人多交些佣金,没什么别的好处;而他们的月结单上,琳琅满目全是利息和佣金费用,却无法赚钱。这样的市场延迟情况可能会持续几周,有时还会几个月,投机者如果聪明,就应该尽量避免在这个时候进入市场,而应该为其他的状况做好准备。

如要避免损失，投机商应该对控制市场的力量造成的影响进行长时间的理智观察。这些影响都是“双刃剑”——对市场内有影响，在市场之外亦是如此。前一种类包括：投资人士的精神状态，以及他们对投资的看法；集团的立场和性情；大投资商的动作；市场中的股票是过度囤积还是过度抛售——而这可以通过股票的贷款利率推断；股价的上下波动产生的影响；通过“禁令”或削减利润率和持股人结算的可能性；大财团抛售，卖空过程中隐藏重要的交易，等等等等。它们本身就能将市场发展导向外界影响的反方向。然而，要想对影响一概而论并不容易，因为这些因素并不明显，而且变幻莫测，表象也比较模糊，需要投资商具有长期的经验和超凡的智慧，才能从复杂的动作和条件的反作用中判断出正确的市场走向。有些比较出色的投资商手下都有判断高手，很少失手。这些人一般不会计较太多外部影响，因此，他们的交易通常都是速战速决，而且随着市场即时的走向而动。他们被视为最具智慧的投资商，一般非常成功，不过这些人的凯旋有天赋的缘故，可遇而不可求。

第二种类的影响——也就是外部影响——非常广泛，而且多种多样。几乎对国家福祉产生影响的一切元素都包含在内。列举一些最重要的：农作物的收成；加工工业的情况；贸易现状及前景；运输公司的盈利；进出口；国外市场对美国证券的态度；重金属流向；伦敦和欧洲大陆拆借市场的状况；纽约银行的头寸和现金走向；国会、立法机构及法院对影响投资价值的政策倾向；工会的动作和劳工情绪，政治社会问题的发展趋势。一个人需要知道这么多的消息，打眼一瞧是有点吓人，但这些因素时时刻刻都在控制着股市。如想要在股市上信息灵通，就应该仔细关注周围事态的发展。当然了，能够做到的少之又少，大部分都觉得，只要在当事时把握好手头上能够得到的消息就足够。不过很不幸，消息比较充足的人可以利用眼下的局面，其他人则受到了排挤。许多对局面一知半解，甚至完全不了解的人们在股市中也多少获得了成功，考虑到这一点，我们只能说，了解情况只能在一定程度上对判断起作用。但我们不能否认，这样的信息有着非常高的价值，手上信息丰富的人相对说来更有保障，更容易获得成功。有些人想要把握所有的变化，总是做好准备，那就必须要分析清楚状况。不过除此之外，还要根据已有信息作出正确判断,更重要的是还要学会利用。其中一点做不好,就会导致灾难性的后果。

由上我们可以总结,如想在市场投资中全副武装,就必须具备优良的软硬件。必须时时刻刻以睿智的眼光观察周围的动向,对股票市场能够准确剖析;必须能够对当下及未来的情况作出正确判断,在危机发生的时候要波澜不惊,冷静面对。能够拥有这样品质的人们就能成为投机之王,至于其他的人,性格也会为他们在投机市场中找到相应的位置。

第四章
Chapter 4

战时华尔街

国家危难之时，华尔街金融家们向政府伸出援助之手。——发行国库债券。——杰伊·库克北太平洋铁路公司计划将国家带入1873年的恐慌。——今天的伟大变革和前进中，华尔街扮演了重要角色。

南北战争爆发期间，华尔街拯救了美国。当时，政府没有财力支付债务利息，处境十分尴尬。财长萨尔蒙·蔡斯(Salmon Chase)向国库的纽约分库西斯科先生传下话来，要尽一切可能筹集资金，维持国家信誉。

西斯科先生从华盛顿得知，财政部目前处于空虚状态，于是将情况通告华尔街一些著名投资商和金融家：几日之内，如果国债利息不能得到偿付，政府发行的有价债券就会有麻烦。显然，若无法筹集到足够的资金，政府就会陷入艰难境地，这很可能让国家的生存状况会更为复杂，国家需要为生存作出更长期的努力。这是共和党国会最为重要的时期，而这样的紧急情况需要明确而果断的决定，需要速战速决。

华尔街人士一眼就看到了局势的严重性。如政府信誉崩盘，美国整个政治体系都岌岌可危。

破坏性的动乱过后，所有证券都从根本上受到了威胁，可能会导致最为严重的后果，一切物品价值或许都面临萎缩。前景黯淡。美国上方愁云密布,希望渺茫。美国内部的争吵,国家生活的混乱,都被欧洲的盟友和敌人关切地看在眼中——而敌人居多,他们早就虎视眈眈地等待机会,夺下美国这个他们以为属于自己的猎物。

昭然的命运似乎引出了我们所有的反对力量。想到我们的国家即将土崩瓦解,最勇敢的心也不禁为之一颤。

这是历史的紧要关头,哀叹无济于事,而大家的臂膀似乎却不足以挽起狂澜,华尔街这时扮演了救星。金融人士共同商议,走到前线,决意拯救政府于水火。没错,他们为此也得到了不少金钱上的回报。贷款利率定在了12%,但考虑到眼前的风险,这也不算什么。当时美国甚至连高利贷都很难借到。在欧洲一些大国看来,这样一笔贷款风险不亚于国内同胞变卖邦联纸币,或者旧时发行的佐治亚债券。

这是历史的紧要关头,哀叹无济于事,而大家的臂膀似乎却不足以挽起狂澜,华尔街这时扮演了救星。

考虑到这样的民情,伦敦并不想同美国协商,罗斯柴尔德(Rothschild)家族的人们一听要借钱给这个现在处于困境的伟大国家,就攥紧了手中的银子,连连摇头。

当时金钱价值很高,而美国政府相对地方政府却没有额外的支付义务。比较有意思的是:人们当时认为私有财产比政府债券更加安全,觉得——虽然这样的看法不怎么爱国,但是还算实话——政府崩离之日已然不远。然而,美国的政府形式现在是世界上最为优秀的,它经历了风风雨雨,仍旧保持了自身的独立。不过她之所以能有今天,很大部分的原因还是要感谢华尔街在国家风雨飘摇之初,就为战争筹集好了资金。否则,布尔渊战役很可能对联邦军就是致命一击,使国家进入混乱,独裁政治登台。

通过协商,国债利率定在了12%,发行后有所下降。接下来发行的国债利率跌至11%到10.75%,然后就是为大家所铭记的73—10国债。

这一系列的国债得到普及,并随着5—20贷款到期价格上涨,杰伊·库克马上就按照相同的模式发行了有名的73—10北太平洋铁路债券。显然,库克协商这一铁路债券非常有一手:几乎所有的牧师、主日学校教师和慈善人士都加入了投资者行列,经济风暴来临之时,尽管铁路让库克和其他许多人都面临破产,进入同样的投机旋涡,但这次不幸也并非一无是处。

没错,这是 1873 年恐慌的主导原因,也是最显而易见的原因,这个我将在后面的章节作出更为详细的阐释,但太平洋铁路为大西部的开发埋下伏笔,发展了这里的物质资源,构成了美国西部铁路系统的大动脉,将活力带往了广阔的落基山以外的地区。

因此,回顾华尔街 28 年的历史我发现,有时那些看似邪恶的力量却能作出一些好事,如一位拉丁诗人所说:命运和命运相互制衡。1857 年恐慌过后,我看到这个道理;而 1873 年的市场动乱后,它又浮现在我的脑海,好像历史在引导我查阅华尔街的过去,原来 1837 年也有过类似经历。华尔街上的种种充分验证了一个真理:历史往往在重演。

图为 1873 年恐慌中,位于纽约拿骚街(Nassau Street)20 号的第四国民银行门前的挤兑情景。法兰克·莱斯利绘。

考虑这个问题的时候,我陷入了对历史的沉思,许多相关的事件都涌入了我的脑海。我大胆地认为,在记述的这些年代中,华尔街上发生了天翻地覆的变化。不仅是在这里,世界上的一切都在这段时间里中焕然一新,这不得不引发我的思考。现在,我想要讨论的,是华尔街人士在这次伟大的变革中扮演的重要角色。然而,在对我的课题进行研究的过程中,我发现原来放宽眼光,会发现变化都这么相似。我觉得自己好像走上山头的爱尔兰人,惊奇过后,回过神来,感叹道:"我从来不知道,世界原来这么大!"

我就是这样的感觉。提笔写作之前,我从来没有想到,原来华尔街这么大,原来华尔街的事情在各处都有发生。波及的空间越来越大,局面走势也愈发相似。我只希望我能够抛砖引玉,让我的作家朋友,还有曾经在这方面受到传言和不负责任的证据误导的人们了解这些——还有些其他的朋友:他们虽然出发点不错,但过于慷慨激昂的叙述让别人产生了误解。

简要说来,我认为,在人类的整个进步史中,如翻阅历史之父希罗多德对人类栩栩如生的记述,三十年内,发达的文明国家中发生的变化,在程度上、范围上都比希罗多德记载以来要剧烈。

这次伟大的进程中,华尔街扮演了相对重要的角色,如果我们进行详细考察,全面讨论,能写出一本比我现在着手的书更加厚重的著作。

我能做的,仅仅是大体描述下这段轰动世界的华尔街历史中重要的话题,其中的著名事件,扼要地给出一些名人非同寻常的举动:他们在投机的历史中扮演了重要角色,给美国的金融业带来了不可磨灭的影响。

第五章
Chapter 5

营销美国内战贷款

对绝大多数的美国人来说,1861 年到 1865 年的美国南北战争是一段尘封的历史。但是这却是世界上最伟大的战争之一,近 100 万人在此间丧命。我还能清晰地回顾起这段故事,因为我也从头至尾参与其中,为美国政府提供军饷——没有这些,联邦政府就不可能打败分裂力量,维护合众国。

描绘美国内战葛底斯堡战役的图画。

1860年,亚伯拉罕·林肯当选美国总统,从这时起,南方就厉兵秣马,准备分裂;如果北方同意,双方和平分手,如果不同意,就发动战争。南方决意如此,他们认为,如果共和党上台,他们在议会中定然失势,在政府中就不能有像当年民主党执政的时候一般那么大的分量。1861年3月4日,詹姆斯·布坎南(James Buchanan)总统任期结束,亚伯拉罕·林肯宣誓就职。看到共和党在白宫接任民主党的席位,南方很生气,于是就引发了接下来惊天动地的战争,拿下了查尔斯顿港的莫尔特里堡,向萨姆特堡开火。莫尔特里堡的枪声惊醒了北方,联邦政府决心维护统一,喊出了"联邦必须而且将会得到保留!"的口号。

这是1776年建国以来,美国最为多事之秋,最重要的一段时间,但大家对这段历史的了解多源于书本。鉴于此,我为大家简要讲述一下这段时间政府财政和战争贷款方面的重要特点。

1861年4月11日,莫尔特里堡向萨姆特堡发出攻击后,形势严峻,联邦指挥官罗伯特·安德森(Robert Anderson)少校接受了博勒加德(Beauregard)将军的撤退条款,局势开始无法挽回。

北方人民在爱国心的驱使下,扛起了战争的枪支,世界上最伟大的内战由是开始。然而,当我们的军队敲着军鼓,扬着旗帜走出联邦的大本营之时,双方都不曾想到,在他们面前的将是一场超出想象的四年激战;炮击萨姆特堡后,这一年内黄金都停止了使用。1861年12月30日,内战最昏暗的时刻,联邦需要对国家法币强加高达185%的溢价,纸币只值54 1/20美分的黄金,而美国债券价格也只值60美分的黄金。

某日,纽约清算行(New York Clearing House)就停止硬币支付达成了统一意见,美国其他银行马上也做出相同举动,黄金溢价开始下降。那时没有人能想到,这一停就是18年。

1798年到1821年拿破仑入侵期间,英国也曾一度停止兑现,但是黄金溢价却从未高过41%——就是这一数据还是取自1814年,也就是敌对状态结束前的那一年,这要归功于威廉·皮特(William Pitt)及其财政部门继任者的英明政策。他们通过税收和贷款筹集战资,同时对纸币发行严加控制,以防通货膨胀;而我们采取的措施恰恰相反。

萨姆特堡的枪声打响后，我所在的利弗莫尔—克卢斯公司（Livermore, Clews & Co.）已在华尔街有了一定的地位，我马上就开始想方设法帮政府筹集战争资金，因为双方既已开火，战争不可避免，而联邦要想取得战争的胜利，就需要这笔资金。莫尔特里堡的枪声，让北方人民团结战争，从缅因到印第安纳，上万人离开了农场、工厂、办公室和商店，加入到了军队中。

因此，美国政府需要资金——大量的资金——来装备军队，购买军需用品。

时任总统詹姆斯·布坎南和许多前任总统一样都是民主党人，因此，他的内阁中有一些南方同胞。战争一爆发，这些人就辞职南下，其中也包括财政部长豪厄尔·科布（Howell Cobb），一声招呼都没打就消失了，接下来的一段时间，都是由约翰·迪克斯（John A. Dix）将军代理。

但科布离职前，将美国旧法批准、价值两千万美元的 5% 利率国债卖给了华尔街上的银行家，售价 105 美元。然而，证券价格暴跌，战争的爆发又引起了大范围的恐慌，这些票据只有 1/4 得到支付；加之当时国内压力巨大，政府也无法出台强制措施敦促违约者交付资金。

违约者给当时的政府带来了巨大的困难，他们让国库几近耗竭，国债利息支付眼看就要交割，国家却拿不出钱。这次危机当中，纽约分司库约翰·西斯科（John J. Cisco）得到华盛顿方面的指令，召集华尔街银行业人士在纽约分库开会，阐明当前形势，请他们支援美国国债，发放一笔为期一年的紧急贷款，并请他们按照拆借市场的状况来制定利率。

当时华尔街贷款年利率已经高达 12%。因此，西斯科先生将我们在分库召集，讨论要求我们以该利率购买国债后，包括我在内的银行家们都响应了号召。对政府来说，这样的利率相比一般时期着实不低，但既然是危急关头，也就自有道理；西斯科先生考虑到市场利率，加上国债期限仅为一年，也批准了这一笔贷款。我们公司承担了其中可观的一笔，还推荐其他公司也一起加入；大家可能觉得我们和其他买家一样，这样做都是冲着高利率，但实际上，我们是觉得应该向政府伸出援助之手，而且非常时刻，我们都在不懈地帮助政府维持公共信用。

政府意识到，如果支付利息时违约，将对公共信用产生致命的打击，以后再筹战资就难上加难。更何况,这还会造成国家商业活动低迷。因此,上刀山下火海,支付都不能违约。

如果没人买这些国债,那么毫无疑问,财政部在债务到期的时候就无从支付利息。因此,我觉得自己能劝说其他人参与其中,能在危急时刻出手帮助国家,非常欣慰。

随后,萨尔蒙·蔡斯就被林肯总统任命为财政部长。

不久,蔡斯部长就来到分库,请我们竞价200万美元的国债,1884年到期,年利率5%。这些国债都是旧法批准的。他当时接受了94美元及以上的所有债券,而94美元以下的就置之不理,于是1884年到期的这批债券还有1/3之多都未售出。这真的很遗憾,因为财政部正在用钱之时。面对这样的情况,我前往华盛顿同蔡斯部长商讨,马上号召几位同僚,以94美元的价格购买以上未售出的债券。我们公司愿意多购入一些份额,我也成功说服其他未购买的银行和资本家,适当购买一些国债。

我连夜乘火车,第二天一早在财政部见到了部长,告诉他,我代表我们几人直接以94美元的价格买下拿下待售的1884年证券。他非常开心,看到这些债券的需求能这么快就有了进展,也非常惊讶。不过,他还是很担心其他人的利益问题——有点秉公办事的意味,蔡斯很高兴我能来华盛顿,也提出让我购置这笔债务;然而却觉得那些提出要购买的人莫名其妙地就失去了竞标机会,把价格就定格在94美元,不太公平。

他说先考虑考虑,让我第二天早上打电话,我答应了。这个时候,我跟许多南方政治家和官员探讨了此事,其中就包括华盛顿弗吉尼亚的彼得·华盛顿(Peter G. Washington),他经历过太多这样的事情;交换意见后,我觉得面前的必然是一场苦战。就在一天前,蔡斯还向我保证,战争会在60天内解决,和平马上就会到来,国务卿西沃德过后也发表了同样的观点。我印象最深刻的是,当时也在政府中身兼要职的华盛顿先生,给我讲述了南方人的情绪,还告诉我南方是铁下心要决一死战;南方同胞都信心满满,坚决认为不管战争要持续多久,南方会建立自己的联邦。他们一心想从合众国分裂出去,建立起自己的奴隶制政府,因为林肯在总统竞选中就给奴隶制的未来蒙上了阴影,他和他所在的共和党都致力于废除奴隶制。燕西和其他的南方“食火”领袖都对南方的胜利坚信不疑。

第二次拜访蔡斯先生的时候，我说：“部长殿下，昨天与您会面后，我在酒店中又听了许多南方政客和官员对战争的看法，双方都对这场大战做了充分准备，我坚信这场战争必将持续很久，政府债券和证券的价格恐怕应该更低。根据我自己的观点，我需要为那些全权授予我权力的人们作出选择，我决定撤回昨天我对您作出的许诺。当时如果您接受，我肯定会关闭交易，买下债券，但是现在事实如此，您必须要承认我没有任何义务，撤资自由。”

“这是当然。”蔡斯先生说，“但是我认为您错了，战争会在60日内结束，债券也会升回票面价值！”

但是我头脑十分清醒，我的想法和先见是基于我的所见所闻，以及从华盛顿得到的信息，我们集团中的合伙人都有理由感谢我作出的明智抉择，因为没过多久，债券就跌到了84美元；1861年6月21日，布尔渊之战在马纳萨斯打响，北方大败，才开始认识到问题的严重性，明白这场战争将是前所未见的恶战；这时，我也更坚定了决心：直到南方向北方投降，我都会尽我所能地加入其中。

为了充盈国库，蔡斯的第二个举动就是发放6%的国债，可以接受包括关税在内的一切支付款项，有权签发已经存在的收支。然而，在同分司库约翰·西斯科商讨后，他却发现这存在着一定的困难；西斯科先生建议委托任命三名华尔街银行作为政府发行的代理——莫里斯·科特西姆公司（Morris Ketchum & Co.）、里德—德雷克塞尔—范弗利克公司（Read, Drexel & Van Vleck），以及利弗莫尔—克卢斯公司。这些都是美国第一批出售证券的代理商，也很荣幸能够担任这样的角色，整个工作中表现出色，很快地售出了财政部长发放的债券。

蔡斯先生为给政府提供持续战争的资金，作出了艰苦努力，对他忠心耿耿的只有纽约的银行界。他了解我们的忠诚，对我和其他人表达了他的感激之情。

1861年夏天，又是一次让人难忘的会议，蔡斯部长召来分司库约翰·西斯科和许多其他银行家、资本家，在纽约分库共商大计。人到齐后，他开门见山地说:“先生们,政府需要5000万美元,马上需要,来支援我们的战争。我已经准备发行2.5亿美元国债,1861年7月17日刚刚得到国会批准,利率定为7.75%。我不是金融家,也不知道怎么筹资,但是你们都是金融界内的杰出领袖,知道采取什么样的方案。我全权交予你们负责,也多嘱咐不了什么,就是重申一遍:政府必须要拿到5000万美元,我把这件事情就交给你们了。”

蔡斯就座,在场的人们开始交换看法,讨论了大概二十分钟。会议快结束时,我们的发言人摩西·泰勒(Moses Taylor)对蔡斯部长说:

“部长先生,我们已经决定,按照您的意思,马上购买您发放的美国政府5000万美元债券!明天您就可以拿到支付款了!”

事情促成后,大家击掌相庆,蔡斯先生说:

“先生们,我在此代表政府感谢您们,大家在这次危急中这么慷慨这么及时地解囊相助,你们的无私让我们感动。”

整个场面相当轰动,而我们作出的努力也得到了伟大的成果。好像在戏院里的演出一样,大块头的蔡斯部长就是这出戏的主角。

这就是向市场发放2500万美元7—30国债的第一步。

财政部长负责发行5000万美元,可以在纽约、波士顿和费城的分库使用硬币无息支付,作为货币流通。

发行5000万美元的7—30国债过后,蔡斯部长就剩余债券与银行进行了交流,他的意思是,将佣金留给代理公司。但是他又想不出让人满意的条款。于是,他前往最先被指定代理销售的三家公司:纽约的菲斯克—哈奇公司和弗米利耶公司,以及费城的杰伊·库克公司,告诉他们7—30国债一旦到达纽约分库,就会尽快交割。

于是,纽约的代理公司进行了会谈,同意费城的杰伊·库克就任代理系统的领导,负责7—30债券的营销工作,也就是任命杰伊·库克为代理体系的主席。为避免代理公司之间不愉快的事情发生,协议中还规定了佣金比例和其他细节。蔡斯对这一组织和协议都给予了肯定,国债一放出,所有的代理都开始不遗余力地投入营销。

杰伊·库克公司当时在纽约没有办事处,实际上甚至到了战后还是没有。正因如此，他们才被任命为代理体系的领导——如果任命一家纽约公司，恐怕会招来其他当地公司的妒忌。

7—30 国债一售而空，接下来 5—20 国债也通过同样政府代理体系发售，和 7—30 一样成功。

财政部中萨尔蒙·蔡斯的助理部长芒森·菲尔德(Munson B. Field)按照我的要求，在华盛顿调查哪一家政府代理公司售出最多的 7—30 和 5—20 国债；调查过后，利弗莫尔—克卢斯公司创下了最高纪录。但我更希望四家战争贷款公司可以共享这样的荣耀：杰伊·库克公司、利弗莫尔—克卢斯公司、弗米利耶公司和菲斯克—哈奇公司，它们都为内战战资的筹集作出了艰辛的努力，都应该得到同样的褒奖。他们伟大的爱国心换来了美国的荣耀，我可以说，他们为国家作出了不朽的贡献，是国家的骄傲，应该受到美国人民永久的爱戴，得到当时华盛顿政府的尊重。因为他们的贡献，政府才能让战场上 100 万名士兵吃饱穿暖，为解放奴隶的事业艰苦奋斗，他们终于将战争带向了胜利，才有了我们现在世界上形式最为优秀的政府。

可能我应该提一下蔡斯部长说过的话：

"如果没有杰伊·库克，没有亨利·克卢斯，我可能永远都没有办法得到我们战争需要的 7—30 和 5—20 贷款。"

当时他的这句话，印诸各家大小报端。

暂停硬币支付的时候，政府已经通过代理机构售出了 1.5 亿美元 7—30 债券；财政部长将大部分销售盈利从银行中撤出输入分库，硬币支付更是加速暂停，他要求代理向国库支付时分三个时间段进行：8 月 19 日，10 月 1 日和 11 月 2 日。因为大家普遍预期兑换暂停，纷纷囤积出口黄金；因此，黄金市面流通马上停止。

必然，这就引发了流通货币的相应紧缩，为了缓和该影响，并为该地提供禁止通行的硬币，蔡斯财长发放了 5000 万美元无息票据，也就是我们所说的美国即期票据。他这样做，是为了使美国的银行不必发行自己的票据，当然，也是为了筹集资金，满足国库快速增长的需要。

国会预见到，这次紧缩会引起金融市场银根紧张，在证券销售方面对政府代理有所削弱，于是 1861 年 8 月 5 日，"为财政部更够更好组织，也为公共收入的征集、保管和支付创造方便”,1846年8月6日出台的举措得以暂停。国会这样做,是为了让财政部长将授权贷款得到的所有资金都存入这些可以偿付的硬币支付银行;国会提出这点的时候,表现出了很强的决心。蔡斯部长马上执行了这项决定,根据后来制定的一项法律,此事归财政部政策管理。财政部通过尽可能地在国库中多留存款,在分库中少留款,避免了货币紧缩。这样一来,分库私自锁定货币,不让它们进入流通产生的负面影响,就在一定程度上得到了压制。

政府代理完成7—30国债的销售后,给全国上下的银行都带来了很大的压力,而银行背后又有颇具影响的媒体支持,呼吁将5—20债券交予银行受理,抛弃非政府代理。蔡斯部长承受不住压力,只得试行,授权全国所有的银行出售5—20债券,给了银行超越代理商的无数次机会,让他们销售6%利率的贷款和7—30国债,不过最后还是不得不再次回到代理商;而代理公司就好像之前完成7—30国债任务一样,出色地销售了这一笔5—20债券。虽然没有欧洲的伙伴,但是我们却通过国内人民的爱国心的团结克服了困难。

一段时间后,某些国有银行抛出了即期票据,这样一来,就必须通过强制手段使这些票据流通。为了做到这点,蔡斯部长要求国会为所有的债务(包括国债及私人债务)支付制定法币,扣除关税和国债利率,需要能够使用硬币支付。

1862年2月25日,国会通过了《法币法案》,使所有美国票据全部成为法币,解决了这一难题。同时,法案还授权发行价值1.5亿美元的新无息法币。允许用硬币支付关税和债务利息,这样的举动不但必须,而且非常明智,因为关税为支付硬币利息提供了一种手段,而允许用黄金支付,又扩大了国内外对国债的需求,这是纸币利息万万不能达到的。

不出几日,授权的2.5亿美元7—30国债已经通过政府代理向公众销售一空;随后,国会会时常为这笔国债增加份额,直到1865年达到最高点,8.3亿美元贷款未付。

同时,和7—30债券保持同步的政府债券总额也达到了最高点:5—20债券有514,880,500美元没有支付,而10—40也有172,770,100美元。我国人民的爱国心和丰富的红利让国债非常有吸引力，政府代理也用他们最大的努力来刺激国内外对这些债券的需求。表现最出色的是利弗莫尔—克卢斯公司，在英国等地卖出了大量债券，而最终事实也证明，投资这批美国国债盈利非常丰厚。为了满足战争需要，我们这些政府代理跟财政部长一样心急，而我们的工作也是史无前例地成功。这样的爱国心足以得到帕特里克·亨利的赞赏，华尔街的政府代理表现出色，也完全有资格接受这样的荣誉，这是在国家危难时期，对政府最有力的支持。

事情过去后很久，格兰特将军告诉我，我们虽然没有在战场上抛头颅洒热血，但却通过帮助政府筹集资金、准备战争，同样为政府尽心尽力。我也非常自豪自己曾经参与其中，帮助维护了公民生活中的联邦。

弗吉尼亚战役，为联邦军队带来了一系列灾难；1862 年 7 月 11 日，国会再次授权发行 1.5 亿美元无息法币；1863 年 1 月 17 日又发行 1 亿美元，同年 3 月 3 日再增加 5000 万美元；这样就共有了 4.5 亿法币，一半作为国库存款，清偿临时贷款所用。

这是有史以来最大的一笔无息票据，1865 年 1 月 28 日制定的法案将总额限定在了 4 亿美元，一直到 1965 年初，休·麦卡洛克（Hugh McCulloch）就任财政部长后，才有所改观。

1865 年，蔡斯部长当选美国最高法院大法官，继任的托马斯·费森登（Thomas Fessenden）不久后辞职。麦卡洛克开始限制法币，赶在国会插手之前，撤出 4400 万美元。国会这样做，是因为限制美元流通，已经在社会上引起了普遍抗议。

从那时起，直到 1873 年恐慌之前，票据都限定在 3.56 亿美元。在此期间，鲍特韦尔接任了麦卡洛克的职位，理查德森继任鲍特韦尔当部长。理查德森上任后，面临着海关和关税减少的困境，加之国内一片恐慌，将原先麦卡洛克存起的 440 万美元法币中抽出 260 万美元恢复流通，而 1874 年 6 月 22 日国会提出，恢复流通的钞票应当限制在当时的 3.82 亿美元。

该法还规定重新发行 2600 万美元法币。鲍特韦尔部长之前废除了留作货币流通的国家银行储备金，而作为替代，银行需要将手中 5% 利率的法币上交华盛顿的美国财长，以作赎回票据之用。

这项法律现在还在施行,而华盛顿赎回局的成立,也使得钞票每天都可以以旧换新,银行增加或减少货币流通也带来了钞票市场上的潮起潮落。银行所存储的5%法币在他们看来是法定准备金。但是要把货币送去华盛顿,加之清算,就要带来一系列的麻烦,还浪费时间,因而银行根据需求大小缩紧或者放松流通就受到了限制,不及从前分库为国家银行制定一个赎回点来得方便快捷。这样看来,国会应该授权分库设立赎回局,管辖相应地区的银行,限制不稳定的银行票据发行,提高货币亟需的弹性。

除了美国法定国债外,还有许多有息合法国债也在战时发行。1865 年 9 月 1 日,流通货币和整个国债同时达到了通胀极限,无息法定国债和辅币高达459,505,311 美元,三年6%复利国债达到217,000,000 美元,一年和两年的5% 国债也达到近 34,000,000 美元,以上财政部发行的债务共计685,236,269美元。

除此之外,还有1.07 亿美元未清偿临时贷款证券。通知后10日内应付的证券即被银行视为法币,并计算入储备,剩下的则作为货币流通,纸币数量因而大幅增长。同时,新《国家银行法》新增1.7 亿美元的国家银行货币;此时在市面上仍有7000 万美元的货币流通——这一笔资金马上由国会通过征税的方式,消失在了人们的眼界。这次发行的市面上流通纸币总数达到6700 万美元——不过还不是全部,还有8500 万美元一年期国债;而8300 万美元的7—30 未清偿国债也被广泛视为货币,更推动了现金和价格的通胀。

现金的通胀程度比当时公共债务报表中所陈述的严重得多。但是接下来的8 年中,随着一些有息票据和证券到期,另外一些取消,现金快速紧缩,基本上可以说,1873 年恐慌开始时,我们使用的纸币相对1865 年9 月少掉了六成到七五成;而这次货币的大幅紧缩,是造成美国当时史上最严重恐慌的主要原因。我重申一遍,若论影响,这是美国所经历的最严重的恐慌,甚至比1837 年和1857 年的恐慌更具灾难性;而雪上加霜的是,德法两国之间爆发战争,美国证券基本上就被挡在了欧洲市场之外,不像从前,欧洲国家都是自由买卖美国证券。这对美国的银行家是个不小的打击,因为当时美国正在从国内外发行债券,筹集资金修建铁路,这样一来就带来了不少铁路无法铺就的尴尬。1873 年恐慌中,杰伊·库克公司因为为北太平洋铁路公司融资,亏损严重。恐慌过后,萧条期延长,直到1879年硬币支付恢复后,国家才逐渐回到繁荣期。同时,国内几乎所有未完工的铁路都通过取消回赎权进行了重组,因而几亿美元都从账目中清除。

1860年6月30日,美国国债仅为6400万美元,1860年6月30日达到88,409,387美元,1865年9月1日更是增长到了2,845,907,626美元;但这些日子里却大幅跳水,1873年9月1日,降低到2,140,695,365美元。影响债务和货币上涨下跌的原因其实只有一个。直到政府恢复硬币支付,银行才停止黄金流通统一溢价。此后,“黄金屋”(一间位于英国伦敦市中心的洛希尔公司总部的办公室,伦敦黄金定价在此进行)就不复存在。

政府代理有这么大的大动作,作出巨额销售,可能是因为我对7—30债券最高报价所致;1865年4月9日李在阿波马托克斯向格兰特投降,五个月后,5—20和10—40债券仍未得到支付。

硬币支付利息的债务总额达到了1,116,658,100美元,利息用法币支付的也达到1,874,478,100美元,前一项每年需要价值65,001,570美元的黄金,后者则需要72,527,646美元纸币。

李向格兰特投降宣告了战争的结束,格兰特将军当选总统也就成了理所当然。战争过后,没有其他的共和党能够同格兰特将军匹敌,当然,民主党更没有可能。格兰特成了国家的英雄,他的荣耀战绩让他得到了全国人民的讴歌。

阿波马托克斯这一重要战役过后,国家还沉浸在和平到来、联邦恢复的喜悦中,华盛顿的福特剧院却上演了一出悲剧:1865年4月14日,林肯总统遭到约翰·威尔克斯·布斯(John Wilkes Johnson)的暗杀;第二天,副总统安德鲁·约翰逊(Andrew Johnson)宣誓就职。

当时,全国陷入悲痛,全民默哀,悲伤的气息弥漫了美利坚。

安德鲁·约翰逊闪电般就职,以及过后对他接二连三的弹劾,我就不再多说,在此相当长的一段时间里,国会都像炸开了锅一般。他的任期结束后,1869年3月4日,格兰特将军入主白宫,斯凯勒·科尔法克斯(Schuyler Colfax)任副总统。1868年11月,格兰特当选,曾与他竞选的民主党候选人包括霍雷肖·西摩(Horatio Seymour)和弗朗西斯·普其顿·布莱尔

(Francis P. Blair)将军。但是格兰特当时的呼声实在太高,他的胜利早就成了定局。

战争结束前的一小段时间里,大家还仍旧看不到硝烟退去的迹象,没有看到北方联邦明显财力高出一筹的人们,不知道究竟谁会胜利,对战争也充满了悲观情绪。我们的货币虽然严重通胀,但在此艰难的岁月中仍旧保持良好,而南部邦联的货币却已经一文不值,重蹈了法国"交付券"(法国革命时期,法国国民大会发行的纸币)的覆辙。

战争结束,美国的历史跨入新阶段,我们的货币从前在南方没有流通,现在也开始南征。这本身来讲,就相当于大面积地收紧货币。北方的货币现在需要供应南北双方,之后很长的一段时间中,全国上下都感到了资金的紧张。

美国这时好像一位病人,已经习惯了靠刺激措施生存,突然停止用药,生命垂危。国会中许多人都意识到了这样的危险,大大小小的辩论都涉及了这一话题,在战时反对过度发行纸币,警示这样做的危险的人们,现在也反对突然收紧货币,觉得这非但不能治病,根本是雪上加霜。极端人士没有看到,或者拒绝承认,收紧货币战时可以用来抑制上涨货币潮,也有可能带来更大程度通胀危险,但换做现在,并没有明显的功效。

大幅收紧货币的计划虽然遭到了反对,但即便是比较温和的举措,在没有商业利益抱怨的情况下,也过于严酷;紧缩的过程太过痛苦,而通胀相对来说却容易解决。

过后几年中,我和格兰特将军成为挚友,他的总统任期接近尾声时,媒体连篇累牍发表文章反对他连任,其中就包括纽约的《晚间邮报》,当时我尽了自己最大的努力确保他连任。为了这个目的,我在库珀学院组织了一场公开会议,邀请威廉·道奇(William F. Dodge)出任主席。这次会议取得了巨大的成功,大家都非常热情地支持格兰特连任。《晚间邮报》当时写道,经历了这样激动人心的场面,很明显公众都是站在格兰特这边,反对他连任毫无意义。格兰特随后也得到共和党的提名,并且以压倒性优势获得胜利。1873年3月4日,格兰特开始了他的第二任期,四年过后,才从总统的席位上退隐下来。

格兰特将军清楚我在那次会议中扮演的角色，许多人都认为，正是那次会议过后，胜利的天平才倒向格兰特这边；他也了解我为政府战争贷款作出的努力，知道我曾经组织过各种各样的公共会议庆祝北方联邦的胜利，招募士兵。他说我为战争付出了这么多，理应得到社会的认可，问我愿不愿意出任财政部长，我拒绝了，说自己还是比较喜欢待在华尔街。不久后，他为美国在所有的国家都任命了财务代理人，来代替伦敦的巴林兄弟银行（Baring Brothers）——自英格兰银行（Bank of England）后，直到那时，巴林兄弟都代理美国财务。

格兰特将军弥留之际，我非常想见他一面，也希望他过世后能够葬在纽约，竖起一座纪念碑供后人瞻仰，而不是如大家建议的，把他埋在阿灵顿公墓或者西点军校。俄亥俄州和伊利诺伊州，还有圣路易斯都希望格兰特能够葬在自己这里。他们为取得家人和格兰特将军的同意，派遣委员会前去麦克雷格山劝说。

于是我也去了将军当时所在的麦克雷格山，尽可能小心地对他和他的家人表达了我的意愿。将军家人都表示同意，他本人不能说话，却点头表示赞同。下午时分，道格拉斯先生推着格兰特的轮椅到阳台上晒太阳，他只是说希望妻子过世后能葬在他的旁边。因为和将军的家人都很熟，我在那儿和大家聊了两个小时，而也因为我这次拜访，纽约才成了这位伟大的战士在按照他所提出条件下的安寝地。三天后，这位伟大的将军就过世了。我拜访时是周一下午，周三他就已经撒手人寰。他去世后，全国陷入悲痛。

顺便一说，著名的纽约70人委员会是我提出组建的，特威德集团在纽约掠走了上亿美元，而这一委员会直接造成了集团的垮台。70人中，65位成员都是由我提名，因为我在组织这一热心公益民众的委员会过程中帮了大忙，也得到了来自四面八方的庆贺。委员会不仅将家贼赶出了办公室，还帮助逮捕了所有未逃离美国的集团分子，最后缉拿了特威德，让他在监狱中度过余生。同时，委员会还对市政府进行了整顿，将新人推荐到办公室，任命安德鲁·格林（Andrew H. Green）为监察官。委员会对政府进行了清理，并通过对其管辖，治理着整座城市。

在商业生涯中，我做过很多事情，但最让我感到满意的，还是帮助伟大的祖国——美利坚合众国——营销政府内战贷款;还有用一些其他方式,尽心努力巩固政府的力量。这时我不仅是一名银行家,也是一位满溢爱国心的美国公民;我感到,四年伟大的战争结束后,北方联邦统一了国家,和平时代再次来临,组建了世界上最为大的政府——“民有,民享和民治”的政府,公平和正义永存的政府——这个时候,我觉得自己的付出得到了回报。

第六章
Chapter 6

蔡斯部长和财政部

蔡斯先生接任时，财政部一片萧条。——筹备战争，华盛顿的兴奋气氛。——动乱中的豪侠南方人。——官员们做好准备保卫他们岌岌可危的职位。——对战争延续时间的错误估计。——拜访华盛顿并同蔡斯部长谈话。——对购买国债的失望情绪。——恐慌骤降华尔街。——百万富翁一夜间财产尽失。——奇迹生还。——这究竟是如何发生的。

蔡斯先生进入财政部后不久，就发现政府急需金钱，国库空虚。截至1861年6月的财年开销为6200万美元，但国家当年收入只有4100万，还因为南方人士的反抗和叛变大幅削减。

林肯总统呼吁国会招募40万男丁入伍，政府每日开销又大幅跃进，达到100万美元。财政部长算了一笔账提交给总统，称接下来一年中政府可能需要3.18亿美元。他建议其中8000万通过税收获得，2.4亿通过贷款，再发行5000万美元的国债，按需由硬币偿还。

国会授权蔡斯以美国的信用借贷不多于2.5亿美元，一部分“交换硬币，或支付美国的薪水和其他账目，发行不多于5000万美元的无息国债，但按纽约、费城和波士顿需求支付”。

然而蔡斯部长推销这笔81号国债时，94美元以上的得到接受，以下的却遭到了拒绝。

我马上召集几个人,希望以94美元的价格买下所有国债,于是前往华盛顿去会见部长。这个小集团中包括许多纽约银行和大资本家。到华盛顿时,我通知了蔡斯部长,告诉他前来的目的,提出以94美元买下整笔国债。

他对我的提议表示赞成,但要求我等他第二天早上的答复,说需要再考虑一下。是不是要给那些他之前拒绝的购买者和我所代表的集团同样的机会,对他来说是个问题。

萨尔蒙·P·蔡斯(1808—1873),美国政治家和法学家,曾为联邦参议员、俄亥俄州第23任州长,亚伯拉罕·林肯总统时的美国财政部长,以及联邦最高法院大法官。

我永远都不会忘记那天早上去华盛顿的路上看到的景色。透过卧铺车厢的窗户,首先看到的就是一整火车的铜质大炮。至少有十二三辆平板车,每辆上面都有一尊大炮,明显是为了对抗敌人,马上就要运输的。我一辈子都会记住当时心头涌上的感受。战争会不会打响,我心中早已了然,拜访华盛顿的时候,我满脑子都在想这个问题。

火车到达首都,我马上走下了车厢,前往威拉德旅店——这大概是旅行者唯一能去的地方——一家老式的破旧旅店。我径直走到自己的房间,稍微熟悉了一下,然后走进了脏兮兮的餐厅。询问过后,我了解到,包括蔡斯在内的部长们一般都是十点钟上班。到了十点,我就去了蔡斯办公室,递上名片,接着就被带到他的面前。蔡斯身材魁梧,一脸庄重,让我觉得自己好像在同一位高出一般人许多的精英人物在一起。

我向部长表示了来意,并告诉了他我们的决定。

当时在华盛顿八分之七都是南方人。官员们也基本上都来自南方,他们已经做好了马上被开出政府的准备。这里当时就好像个大杂烩,到处都是阴谋,都是叛变。

我在这里转来转去,收集信息,早上刚到华盛顿时,涌入视线的大炮在我心里刻下了一种难以名状的印象,萦绕不去。空气中弥漫着战争的谣言,大家仿佛都上紧了发条,准备发出敌意的最高声调。

和他们在一起的时候,我感到:战争不可避免,迫在眉睫。我觉得这定是一场持久的血战。

我向纽约的公司发了一封急件,阐述了我的看法,建议大家做好战争准备,让大家抓紧抛售手中的商业流通债券,也奉劝集团中的其他成员撤资。因为我坚信血战就要开始,国债必将大幅下跌。

第二天一早,我就又见到了蔡斯部长,告诉他我认为将会有一场持久的血战,因此为了客户的利益,我必须收回昨天的出价。

我认为战争定会延续很久,而蔡斯部长坚决不认为如此。

后来,蔡斯成了我的至交。他为人和气,也是因为他的帮助和认同,我早期在华尔街才能取得如此令人骄傲的成绩。

蔡斯认为,现在债券应当至少收取票面价值,而且马上实际价值就会达到甚至超过。他这样想,是因为他相信眼下的难题会马上得到解决,六十天内,一切麻烦都会告一段落。

了解后来发生的事情,人们就觉得蔡斯部长很乐观能对南方速战速决就没有那么不寻常了,因为许多人都同他持一样的观点,大大低估了南部邦联的耐力。

每次接待客人,蔡斯都举止大方,威严端庄,给人们留下深刻的印象,对他颇生好感。离开部长后,我觉得能和他会面,很高兴也很幸运。他的温文尔雅和魅力,让每个见到他的人都油然起敬。他总是能给人留下很好的第一印象,而这总是难以磨灭。

如果当时我没有去华盛顿拜访,没有了解到即将到来的危险的准确消息,我的公司也就会像其他投资政府债券、商业流通证券、股票和其他波动性票据的公司一样,遭遇严重破坏,无法挽回。因此,我有理由为自己高兴,因为我有幸在刚刚步入华尔街的时候就逃过一劫,在之后国家面临困难的时刻,通过帮助财政部维持军需,确保联邦军队能够取得成功,为政府作出了巨大的贡献。

我第一次处理国债的时候,正值林肯上任前,科布先生当时还是财政部长。他呼吁大家竞购5%利率的一笔20年期国债,我的公司也出价购买价值20万美元的债券,希望能够马上小赚一笔。按照习惯,我交付了5%的定金。

后来,大部分竞标者都得到了这笔贷款,其中也包括我,很大一部分到了洛克伍德公司(Lockwood & Co.)的手中——当时华尔街最大、最兴盛的证券交易所。

乔治·罗宾斯公司(George S. Robbins & Co.)、约翰·汤普森(John Thompson)、玛丽—考斯(Marie & Kaus)和几家我忘记名称的公司,对这笔贷款也提出了高价。

然而,在我所提到的这些公司中,只有我们购入了债券,因为当时政治形势严峻,政府债券受到影响贬值。这些购买者原先5%的定金落空,而贷款能够维持,是因为政府从未强行要求违约者索赔。

从很大程度上说来,正是因为这些事情,蔡斯到财政部走马上任时,才会景况惨淡。科布后来成了众矢之的,也并非全然冤枉。

我们公司以票面价值买下的20万美元债券,基本上都是在95美元以下的价格卖出,但我们买下这些债券并且按时缴纳款项,使公司和政府在战争初期建立了良好的合作关系,也很好地保证了公司在后来占据优势。

我拜访华盛顿的时候,我们公司相对华尔街其他企业购买商业流通票据更为集中。

初到华尔街时,我开辟了完整的购买承兑和应收账款体系,利率与当下的普遍利率持平,另外需付正常佣金。

正是因为这样,我们公司才能快速成长为商业流通票据的最大经销商;在此之前,这项业务被另外两家公司控制长达25年,他们的老法子在我的新方法出台后,马上就退出了舞台。

当时的商人倾向于光顾要价低廉的公司,将应付款项交予他们负责,只有分批卖出,他们才能得到相应的利润。

我出手越快捷——一见面就给谈判者一张支票——似乎就越能得到他们的认可，这样我就在该领域中占据主动，让竞争者非常头痛。

于是，我们公司大约盈利50万美元纸币，由各大城市和国家的银行担保。

拜访华尔街，预见了前方艰苦卓绝的战争，决定不购买债券后，我马上回到纽约处理我的票据。我满腔热血投入工作，终于卖出了大部分，只剩下雷恩博伊斯公司（Lane, Boyce & Co.）的1万美元短期票据和爱德华·兰伯特公司（Edward Lambert & Co.）的一张500美元票据。

卸下重担后，我也把功劳分给了别人，让他们得到了比我更高的利润；从华盛顿归来刚刚一周，就传来了激动人心的消息：萨姆特堡的第一枪打响了。

股票扑通一下跌落。财富成了浮云，百万富翁几个小时间就成了穷光蛋。大家失去了金钱，谁也不再信任别人。

消息像野火一样传开，华尔街上，乃至整个商业圈内，都开始了兴奋和惊讶的疯狂景象。一瞬间，整个国家都充满了恐慌。

股票扑通一下跌落。财富成了浮云，百万富翁几个小时间就成了穷光蛋。大家失去了金钱，谁也不再信任别人。

刚才说到的我没有处理掉票据的两家公司，战争一开始就倒了下去，当时我同转让人和开票人成功谈判的票据还没有到期，但却全部崩盘。

如果我没有在关键时刻交到好运，做好战争准备，那我就永远达不到后来的高度。

这时我能够泰然处之，是因为想到了很多不错的措施，这些举措，是我现在还能留在华尔街的最主要原因。

我不唯心，也不相信神的存在，但这次却得到了上帝的眷顾，在华尔街上听取意见之后左耳进右耳出，却没受到任何负面影响；看到朋友们身边这么多宝贵的“意见”，不由得心生同情。不管老天有眼还是我有天赋，我的判断让我免受金融风暴的肆虐，一年至少有两三次。

敲桌子、老范德比尔特的黑暗会议这种事情，我并不感兴趣，但上文的特殊的经历却一直萦绕在我的心头，在任何可能出现转机的时刻，警示我暴风雨即将来临。

我也认识一些有过神秘经历的人们,他们却总对此毫不在乎,紧急状况出现,就必然跌跟头。

因此我要重申:注意周围的"暗示"。可能它们比起其他所有的影响,会燃烧出引诱更多投机者前来的鬼火。

第七章
Chapter 7

“囤积”及其对价值的影响

参议院委员会对“囤积”和“期货”的看法。——投机对整个国家都有所裨益。——价值的监控者,防止恐慌发生的重要机构。——所有商业活动中的“囤积”。——斯图尔特如何制造“囤积”。——所有的进口公司都涉足“期货”。——反对“囤积”的立法者将会阻挠创业,造成商业活动停滞。——“囤积”中受害的只有反对者。——黑色星期五“囤积”。——粮食投机为消费者带来的好处。

纽约证券交易所(New York Stock Exchange)是以联邦协会、联邦俱乐部和曼哈顿俱乐部这种社交俱乐部的形式组建,并不受限于立法机关的特别制度,因此不会受到这些权力机构的阻挠。

尽管在奥尔巴尼,政府作出了种种努力对交易所的交易征税,并用其他多种方式插手投机和投资,而这样的立法手段却是快乐并痛苦着。

1881 年,汉尼拔和圣约瑟夫著名的“囤积”过后不久,立法机构再次作出努力,试图让奥尔巴尼说客和投机者管辖华尔街的事务。

报纸上的“囤积”文章吸引了当时立法机构的注意,公众认为这样大型的投机很不公平,表示强烈不满,神圣高尚的立法机构中,有一些自以为是的人们,自然就觉得“囤积”是个千载难逢的机会。

参议院由是成立"囤积"和"期货"委员会,华尔街各路人士也被召集出庭,就此事提供证词。我有幸成为其中的证人之一。我很识时务,没有冒被判为无视委员会、关人监狱的危险,马上接受了传票。在大都市饭店来到委员组成员面前,我也没有像有些金融家一样遮遮掩掩,而是循规蹈矩地回答了他们问我的所有问题,还向委员会的人们具体描述了投机行为。事后,我收到立法委员会的来信,赞扬我的回答条理清晰。因此我可以说,"休伯特爵士的赞扬,是真正的赞扬"。大家鼓励我在这本书中再复述一次,不仅告诉后人我是一位出色的口述大家,而且也要用通过对"囤积"的解释,更为永久的形式证明我对立法决定的赞同。

掌声消退之后,我说了这样的话:

"囤积和期货委员会的各位先生们:投机是我们通过调整产品或证券对未来价值的不同观点而采取的一种手段。这些年来,投机愈发普遍,因为我们获取信息的方式更为多样,也更为方便快捷,信息现在也可以通过电报和电缆飞速传播。

过去,只有到了庄稼上市,我们才能知道收成如何。而现在,几乎所有能够影响其未来价值的因素都能在庄稼收获之前准确获得。这些提前获得的信息,自然而然地为我们投机带来了方便,而这在从前是不曾存在的。

因为投机的存在,我们对价值的走向有了最准确的观点。但是投机通常是一把'双刃剑'。基于事实和现状的投机是最后的胜者——最准确地对未来价值的预期。投机的结果,对整个国家财政来说,是有所裨益的。

投机价格下降,是对市面上供应过剩的反应。如果这样的投机成功,特定商品的产量在价格归位前,必然受到抑制,同时,生产也会被导向不甚充裕的物品。不管对价值还是对生产,投机都是一个晴雨表。投机价格上升,则反映市面上供应过少,直接影响就是会加速生产,恢复价格平衡。

'囤积'通常说来是一种过度的投机,出售者在能力范围外进行销售,就不得不听任与他签订合同之人的指使。产生的急切需要,主要会对投机者自身产生影响,在整个商业圈中固然也会掀起波澜,但影响不大。

这在很多情况下都会导致价格走向极端,但一般来说只是暂时的,对正常或者现金的交易不会影响太大，因为这些交易与当前人为的报价关系不大。

投机虽然时而会逾矩，但并不能就此认定它一无是处，总体上，正如我们刚才所言，投机还是有所裨益的。它通过在供应不足的时候抬高物价，刺激生产，在产品过剩的时候压制价格，达到调节生产的目的。在避免恐慌方面，投机是商业世界中最有益的工具之一。

况且，投机为证券创造了市场，使铁路可以通过销售债券筹集建造资金，增加了国家的物质财富，也开放了一个更为有利可图的劳力市场。从这方面讲，它是商业中创业和物质繁荣的先行者。

任何形式的商业活动中都存在‘囤积’，华尔街进行投机也不例外。干货商人亚历山大·特尼·斯图尔特（A. T. Stewart）先生后半生所进行的投机比整个商业圈其他人加起来都要多。他做到这一点，主要是通过将某种物品全部买下，使该商品只能在他的公司买到，造成对商品的‘垄断’，就能够相应地提高价格。

大部分的商业性企业都是以同样的方法经营。所有的进口公司都做期货生意。他们通过产品样品出售，答应在将来某个日期发货，可能是30天，也可能是12个月。这段时间里，再对产品进行加工，很多情况下，购买者都是需要等到产品加工成熟，从千里之外进口。

如果不是我们对庄稼，对经济萧条期的一般性商业活动进行‘卖空’，欧洲谷物的投机巨头就会压低价格，每年都像抢劫一样，在成本价以下购买我们的产品。

我们向欧洲出售商品时，必须要高于成本价，不然交易对国家财富是完全没有帮助的。

关于‘囤积’，还有件事情比较诡异：组织和操控这项活动的人向来受伤害最严重。比如我们看看刚才提到的汉尼拔和圣约瑟夫公司的例子。来自波士顿的约翰·达夫就是这次‘囤积’的幕后总指挥，他输得一塌糊涂。虽然只有1200只空头股，股价却上涨到350美元，最终只能将股价议定在280美元。

1872年美国西北部的囤积也是如此，这次的主导是杰伊·古尔德。股价开始80美元,而后上升到280美元,过了一段时间后又回跌。我觉得那个时候仍旧持股的恐怕只有杰伊·古尔德一人了,虽然他很坚强地走出了困境,但这次'囤积'也几乎要了他的命。

杰伊·古尔德(1836—1892),美国金融家,美国铁路开发和投机的主要人物,很长时间以来他被认为是原始的"强盗贵族",美国历史上第九位最富有的人,但现代历史学家通过对原始材料的研究,已经揭开了他神秘的面纱。

所谓专利,就是受到法律保护的'囤积'。专利发明者对他发明的产品拥有世界范围内17年的控制权,能够对在自己专利下所有的产品制造和出售,通常都在原价基础上翻上好几番利润,而如果产品像铁路股票和谷物一样推向开放市场中参与竞争,发明者也会享受市面价格带来的利润。

如果我国立法部门要阻止商业中的创新行为,那委员会这样做路子绝对没错,但我觉得,一旦如此,你们的成功,就是公众的悲剧。"

我怀疑他们通过法律规范企业,或阻止商业竞争,是不是有一己之私。这样做的结果,必然将商业引向悲剧,会打击商业活动,压制经济繁荣的创造力。

供求规律,就是最伟大的调节器。

内战时国会曾希望压制黄金投资,但刚颁布法案禁止类似交易,黄金溢价马上翻番,制定金融改革措施的高明政治家们都吓坏了,只好马上把自己的主意抛到太平洋,撤销上述法案。

这样的法律在现实中不奏效,原因非常简单:只要有意愿出现,就肯定会有相应的逃避办法。就算是最严密的法律也是如此。比如高利贷法。逃避方式成千上万,在现实生活中,除却放贷人的良心,也没有什么能够限制住利率,而良心却是没准的事物。丹尼尔·奥康纳尔说,不论是什么议会法案,他都能驾着六马大车肆意闯入。杰克·沙普也认为,管他什么奥尔巴尼立法局的好法案,他都能开着双轨火车轧过去。杰克这辈子,算是遇到了不少麻烦,吃了不少苦头,但他的经历还是告诉世人,他说的没错。

既然“囤积”中除了谋划者没人吃到什么亏,足以证明这对大众没坏处,立法者也可以松一口气,不用在他们的立法中考虑对此进行过多的管制了。

“囤积”策划者最后孤立无援,掺水价格也完全没有市场,“囤积”能够让相应商品长时间无法景气。汉尼拔和圣约瑟夫公司的案例,就是想要操控“囤积”人们的预防针。事后几个月,股票都无法上市。

供求规律,就是最伟大的调节器。

再看看黑色星期五的例子。这是相关公司受到影响最严重的一次,古尔德在此事中差点儿身败名裂,现在仍顶着骂名,而且家族就此描上了一笔黑,几代都无法翻身。古尔德和黑色星期五在许多人的眼中俨然成了同义词——若非熟知华尔街,更无法区分两者区别。

说到这些,我就再谈谈乔治·古尔德先生,他是杰伊·古尔德之子,看似一位有志青年,受过良好的教育,不同那些富家子弟一流,我们在此书后面的章节也会提到。这些富二代们从小娇生惯养,成人后经商并不可能一帆风顺,但是我觉得他母亲对他的家教不错,让他在以后商业生涯中少经历许多坎坷。如果他也有成功金融家的大脑,可能就明白,自己从小家境优越,对父辈为自己铺好的路也会充满景仰。他可能会了解让父亲成名的天才计谋,见过第五大道中的便宜货,记得厄灵顿装饰奢华的客厅和贵族学校,还有父亲的游艇和豪华轿车外面的富丽装饰。我认为,乔治很可能推翻我对富家子弟总结出来的定律。

如果某企业购买了所有生产线上的某种产品,就对该产品进行了“囤积”。

从对策划者影响这一层面上讲,商品“囤积”和对华尔街的“囤积”不尽相同。囤积商品不会像在华尔街那样,让策划者自食其果。有时候,“囤积”的影响仅限于一代,比如斯图尔特的例子。

伟大操控者的后代有时候会继承前辈的成功,但希尔顿法官虽然在很多方面比斯图尔特更有能力,却栽了大跟头。然而,他也没有前辈那样的"囤积"能力。也可能他过于熟谙法律,所以总是想刻意地绕开。

但有一点确信无疑:生意人如果不通过"囤积",很少有人能发家。这种特殊的方法造就了他们商业活动中几乎所有的财富,而且不论那些纠结的伦理家怎么说或怎么看待这样的行为,他们却没有一点逾矩犯法。"囤积"的倾向似乎同我们的营销方法交织在一起,在生存竞争中扮演着重要的角色。所以说,如果世界上最伟大的政治家们的思想精髓——我指的是美国宪法——不发生根本变化,我们就无能为力。费城最犀利的律师们所拥有的智慧和雄辩,都不足以在这一伟大的宪法中对"囤积"提出异议。

格莱斯顿先生曾说:"这份文件(指美国宪法)是在一定时间内人类脑力所能构建出的最伟大作品。"

但有一点确信无疑:生意人如果不通过"囤积",很少有人能发家。

就我看来,《宪法》中没有任何条例限制"囤积"自由,投机动机所衍生的所有邪恶,都可以被商业方法和管制生活的法律相平衡。

如果以我上文的分寸将"囤积"一举消灭,会为我们的社会体系带来彻底的变革。然而,社会的彻底改变,有时会带来一些非常让人费解的歧视现象,甚至还会破坏宪法的精神。实际上,这样的社会变革,在很多情况下会造成明显的勒索。

如此说来,想要立法管制"囤积",同时又不对投机造成致命打击,几乎是天方夜谭;而投机本身又是价格管制、商业活动稳定和阻止恐慌的重要元素。

在华尔街或其他金融商业部门摸爬滚打的人们都可以为我作证:投机行为导致的价格通胀,比萧条期要好出许多。长期看来,投机行为会带来好处。我可不相信杰里米·边沁(功利主义的最早鼓吹者)的幽灵会出现,诅咒我刚才说的话。

我认为投机谷物和其他食品,对消费者不无好处;对后者的投机,相对大家对价格无所作为,人民更不容易受到饥荒的威胁。

结束"囤积"这个话题前,我想谈谈我的个人经历。长期商业生涯中,唯一让我物质上受到伤害的“囤积”,就是佐治亚州操控的那则案例。

这个独立州发放了8000万美元债券,每张都经由细心签署,全价发行。我支付了200万现金购入一些。交易完成后没多久,佐治亚州就通过一张送往佐治亚立法局的委员会乱码报告探明,所有债券都是由州外持有。立法部门加以否认,这些全价发行的债券就变成了一堆废纸。我发现买的这一打自以为不错的证券再也不值钱了,感到自己被佐治亚州那些唱高调的代表们引进了困境,感到很不爽——要按照他们立法人的辩解,伤害姐妹州市民,自己还有理了。

而在我们之后会提到的哈勒姆“囤积”中,契约价格从110美元起价,最终稳定在179美元。

结果,“大熊”们损失近300万美元。许多颇有名望的事务所都在这次“囤积”中倒下,而与此同时,“大牛”们却背负起全部股本。

一位经纪人以150美元每股卖出,被要求股票涨至250美元时履行契约,他就好像莎士比亚戏剧里格伦道尔的幽灵一样,在最深谷底的时候得到召唤,但永远不会到来。“我看不到一线交割希望。”

在哈勒姆有两次“囤积”。一次让市议会陷入窘境,还有一次是立法部门受害。

在罗克艾兰“囤积”中,看涨人士买下了20,000只空头股,价格却从110美元上涨到150美元。

伦敦金融家对“囤积”有心理阴影。因此,伦敦证券交易所上市我们的铁路股票时十分谨慎,那些持有部分股份的更是如此。

“囤积”很少有利可盈,相关方如果不是准备好买下市场上的全部此类资产,很少能逃过亏损。就算逃过,事后也有很长一段时间被隔绝在投机市场之外。

哈得孙“囤积”算得上最成功的一次,盈利12%。罗克艾兰“囤积”的盈利只有4.5%。

华尔街历史上,有记载的第一次“囤积”由莫里斯运河公司(Morris Canal)上演;除了“囤积”,这家公司的事迹几乎已经无人知晓。囤积过程中股票价格持续上扬,高出实际价值,许多商人于是开始“卖空”。

囤积开始后不久,“资产池”得以成立,用来保护投机,通过资产池中的资金购买全部股票,锁在了一辆卡车中。投机当时在华尔街还是新鲜事物,“大熊”们也对此大为震惊,有人呼吁交割时他们紧张起来,谴责“囤积”操纵者背后密谋。“大牛”于是质问“大熊”,为什么要卖掉他们根本不拥有,也没法获得的事物。

这次纠纷交予经纪人交易所仲裁,而当时交易所也对投机一无所知,只好顺从民心,决定“卖空家”胜诉;他们就成了阴谋的受害者,于是不必再履行之前的义务。

第八章
Chapter 8

海军准将的"囤积"

伟大的哈得孙"囤积"。——海军准将范德比尔特,当年叱咤风云的人物。——"囤积"之火,燎之其身。——他如何让看跌人士"交付"股票,独享好处。——他巧妙地使看跌人士高价购股,自己抛售。——哈勒姆"囤积"。——市议会没有履行诺言,自食其果,损失上百万。——立法机关也抱着同样的想法,作茧自缚。

哈得孙"囤积"中,股票从 112 美元上涨到 180 美元。海军准将范德比尔特是当时的王者。他高明地将价格掺水,让其他人承担责任,因为自己不是"囤积"的始作俑者,还得到了整条华尔街的支持。刚开始他也很被动,但做好了防守,那些心急如焚的对手们都后悔莫及。他不太了解莎士比亚,却遵照《哈姆雷特》中普罗尼尔斯的建议,让对手无路可退。

占据主动地位后,他就像做其他事一样,变得极具侵略性。

故事的开头还有一些浪漫色彩。海军准将正在哈得孙河新泽西一边,躺在木头上晒太阳,游艇在溪中飘曳,他正在享受着自己的假期,想要从平常繁忙的投机中抽出时间放松一下。新泽西河岸上的树荫中,几缕正午的阳光穿过,华尔街的信使却打搅了他的美梦,送来一条重要情报:一些顽固不化的看跌人士密谋"卖空"哈得孙股票,在他们无情反复的打击下,股票已在暴跌。

海军准将起身,睡意全无,好像复苏的狮子,正要扑向一只倒霉的猎物。

他马上回到华尔街,让手下的经纪人们买下所有的哈得孙股票。现金股一售而空。大略计算下,除却当时没有计划上市的股票外,所有的买家都把哈得孙股票换成了现金或契约。

科尼利厄斯·范德比尔特(1794—1877),他有一个著名的绰号"海军准将",是美国著名的实业家。他在汽船和铁路交通领域建立了自己的财富帝国,是范德比尔特家族的创始人,美国历史最富有的人之一。

足智多谋的海军准将又想出了一条妙计。许多看跌的事务所被要求"交付"哈得孙股票,也就是说,他们需要从囤积方购买,10到30天内交给买方。使出这样的计策,是为了让看跌人士觉得,囤积这些股票的公司走势不好,现金不足。因此,最有权势的看跌公司就按照他们的想法抓住了机会,买下几千股,然后马上抛售现金股,却被伟大的"囤积家"手下的经纪商悄然拾起。

一切都按照海军准将的计划进行,对手毫无防备地中了圈套。卖方期权到期,市面上哈得孙一股难求。

"囤积"结束,股票升值到180美元。就在几天前,价位还在112美元。看跌的"大熊"们瞅准了海军准将度假,乘虚而入。一百只股票当时损失6800美元。

"囤积者"以该利润买下了大约5000股。接下来就看看这些人是怎么挨收拾的了。

"大熊"们处在水深火热中。

但更痛苦的还在后面:卖空者们被要求将生意做到底,他们说"大牛"们没良心，不过他们也不是省油的灯，一定要得到他们的股票。他们提出了和解这种牵强建议，愿意以每天5%的利率出借股票。一些“大熊”觉得“囤积”不过一时，但却持续了两周之多。于是他们付出了血的代价；支付了几天5%利率的股票后，这些可怜的人们又只得高利率买回。

这次股市“交叉步”成为囤积史上的绝唱。此事过后，范德比尔特就被奉为股市上的智多星。

不过策略中最精彩的是，看涨人士避免了背负所有股票的责任，还狂赚一笔。

有些看跌人士在股价170美元时买入，而范德比尔特麾下的经纪人却以140美元卖出，因此，范氏集团能以不错的价格抛售。这是“囤积”史上最为著名的一次情报动作。

因此，“大牛”们就不必背负全部或大部分股本的风险。有了海军准将的妙计，越临近交割他们的负担越轻，股票还是和从前一样富有投机性，这是“囤积”中罕有的例外。

哈勒姆“囤积”也相当高明，毫不逊色，但相对没有哈得孙复杂。虽然一切顺风顺水，却足以证明海军准将“囤积”手段之高。哈勒姆“囤积”时，他已经69岁，却仍没有投资铁路的经验。

我先说哈得孙，因为从某些角度看来，虽然这次“囤积”发生在哈勒姆之后，却是世界上最伟大的一次。

有一点比较有意思：在所有海军准将参与的“囤积”中，他刚开始都不占优势，于是他每次都需要努力保护自己的财产，不然就会鸡飞蛋打。

哈勒姆股票是海军准将的第一笔铁路交易。他买这份股票是为了投资。当时是1863年。30年前，曾有人要求他加入哈勒姆公司，他摆手拒绝，说：“我是做汽船生意的，要跟那些陆地上汽什么的竞争。自个儿好运吧，别来烦我了。”回想起来，这还颇具一些讽刺意味。

海军准将加盟哈勒姆的时候，股票卖到了89美元，我到华尔街的时候，股价一度低至3美元。他投资铁路后没多久就升到30美元。许多人曾认为，海军准将在铁路上，肯定会把做汽船生意赚来的钱输个精光。

然而股价却继续上扬到50美元，投机者开始觉得内部会不会有什么动作。1863年4月,市议会通过决议,授权海军准将修建从百老汇到巴特利的市街铁路。这样看来,杰克·沙普也不是第一个吃螃蟹的人,早在他之前20多年,海军准将就已经这么干了。

那时市议会也并非一片清廉,尽管基恩斯和韦茨没有得到制裁。他们拿走海军准将的钱后,就开始上演骗局,不过最终还是受到了惩罚。获得特许经销权后,哈勒姆股票上升到75美元,市议员们就开始"卖空"。他们自以为把海军准将紧紧地控制在了手中,就对身边比较亲密的人们抖出了秘密:打算通过买股票赚上几百万,"卖空"市面上所有的哈勒姆股票,然后撤销法案,这样股票很可能就跌破50美元。当时德鲁也和这些市议员们一起,是当时最不看好股票的人之一。

海军准将得到了风声,却继续购买,还让朋友来帮忙,买下了市面上的所有空头股。因此,幕后操纵者卖出了许多根本不存在的哈勒姆股票。股票当时只有110,000只。市议员那些人们以为几百万已经到手,于是推翻了法案;民事上诉法庭中,布拉迪法官同时宣布:不准在百老汇路上铺轨。

大家都觉得海军准将这下肯定完了。然而哈勒姆股票仅跌三点到72美元。这让市议员和看跌人士大吃一惊。他们以为股票会跌破50美元呢。为掩饰阴谋,这些空头股进入市场。哈勒姆却奇迹般地反弹到100美元,接着上涨到150,到170,停在179美元。市议会不得不以最后价格偿清。海军准将持有所有的股票;而市议会却损失了100万美元,他们那些得到建议"卖空"的朋友也损失了几百万。这次事件中,海军准将"攫取"了五六百万美元,哈勒姆公司蒸蒸日上,越办越好。

大家肯定觉得,市议会这次吃了大亏,必然会作为前车之鉴,以后进行投机活动的时候对海军准将多加小心——虽然他也涉"市"不久,却如鱼得水。人们要想学点什么东西,不是训会的,就得跌一跤爬起来才知道。不经历风雨,是不会明白的。

过了没多久,立法机关也栽了这个跟头,这次又是他们作茧自缚。接下来的一年中,海军准将买下了哈得孙河铁路的控股权,又取得了立法机构中一些人的支持,通过法案,使哈勒姆公司对铁路的控制进一步巩固。他还得到了州长签订法案的许诺。

哈勒姆再次开始崛起，从 75 美元上升到 150 美元。这是 1864 年的早期。

立法机构的本职是处理并通过法案，却跟市议会一样，企图敲诈海军准将，制造阴谋要把他搞得身败名裂，自己从中赚几百万美元的油水。然而，海军准将在立法部门也摆了一颗棋子，让一名精明的说客密切关注自己的利益，自己却去纽约购股，为法案通过后股价上涨绸缪。得知立法机构效仿议会的时候，海军准将就捎去信：在奥尔巴尼留心，自己则在华尔街继续购买股票。

法案失败了。哈勒姆股票从 150 跌至 90 美元，因为立法部的贪婪，把海军准将推入困境。如果 90 美元的时候立法部就收手，他们就可以赚上几百万美元，海军准将就会惨败，但是他们却像吸血鬼一样，极度贪婪，股票要是不跌到 50 美元，他们就不罢休。真到了那个时候，他们就赚得盆满钵满，让海军准将自己舔伤口。这可能是他一生中最为黑暗的时刻，自己都不知道怎么走，两边都是悬崖。过后的日子里，他经常可怜兮兮地对身边亲密的朋友描述自己当时的感受，说都要绝望了。他找来了以前在斯塔腾岛渡船候船室的门卫约翰·托宾（John Tobin）。在上次的哈勒姆生意中，托宾赚了一百多万美元。海军准将告诉托宾，立法部的人干了什么没有良心的事情。而托宾当时也看好哈勒姆升值，买了股票。

“他们也伤害了你，约翰。”海军准将说，“你什么感觉啊？”约翰叹了口气，说他的感受并不重要，“我们就让他们这样喝我们的血吗？”海军准将问。

约翰又叹了一口气，但他也不知道怎么回答。

“约翰，你觉得我们是不是该把他们好好教训一顿？”他激动地问。约翰说是，可不知道该怎么教训这些人，因为“那些家伙们”当时也算是重权在握。

想了一会儿后，海军准将又激动起来：“约翰，我们要让他们记住这个教训，再来一次哈勒姆‘囤积’。”

两人都同意了这个法子。

约翰拿出了 100 万美元。列纳德·杰罗姆（Leonard Jerome）也加入其中。在这场较量中，为对抗占据绝对上风的立法部，海军准将共投入 500 万美元。最开始这着实是一场惠斯特纸牌游戏,海军准将是一位重量级选手。比赛他打得相当漂亮,表现出的技术仅次于哈得孙"囤积";而在这两次,他都表现出激发他人的高超能力。

立法部成员完全失去了方向。古话说:"上帝要谁灭亡,必先让他疯狂。"这句话在哈勒姆"囤积"中体现得淋漓尽致。有些人为做空哈勒姆股票,甚至押上了自己的房子土地,还告诉身边的朋友,一切已成定局,不可能失败,让身边所有的朋友都趟进了这洼浑水。

才过了几周,立法部成员及其朋友就卖空了几千只哈勒姆股票,夏天将先后到期。他们以为股价会一路跌入谷底,最后可能也就值89美元,而海军准将的部下却将这些股票全盘买下。

他们觉得海军准将肯定会现身奥尔巴尼,对期限或协议控诉,不然也会派来他的游说代表。不过海军准将一直跟华尔街的经纪人们待在一起,还继续买入,让他们失望不小。这些公务员们都觉得他疯了,老糊涂了。那年他已经70岁,根据《圣经》的说法,该回家养老了。

海军准将继续买入——读者这个时候可能会感到奇怪——直到交易量比市面上存在的哈勒姆股票多出27,000只。

偷鸡不成蚀把米的立法部成员为了掩饰,继续在市场卖空,而市场上该股已经售空。范德比尔特和他手下的经纪人已经把胜利的果实稳稳地握在手中。

立法部成员完全被击垮了。他们不可能奢求海军准将慈悲,毕竟人家又不欠自己什么,就算是善良的基督徒,死前也和拿撒勒人陌路。什么"以德报怨",什么"若有人打汝之右颊,则更以左颊予之"都无关紧要。他呢,也更倾向教友派的信条,若有人打汝之右颊,则说:"朋友,书读少了吧。人家是这么说的,'欠什么,还什么。'"于是,海军准将赢得了战役。

而这也是哈勒姆"囤积"中海军准将谨遵的处世准则。

有人提出和解,海军准将回答:"每股一千美元。这样的把戏还没玩腻啊?"

若非死党列纳德·杰罗姆和约翰·托尼要求,无疑海军准将会把股价抬到1000美元,让立法部、州长和他们的朋友永世不得翻身。

杰罗姆一点也不比范德比尔特同情立法部，但是他却心存华尔街，综观全局，表现出了伟大金融家的风范，他清楚地认识到，一场投机中有许多利益方的参与。

“你要是真这么干，”杰罗姆对海军准将说，“整个华尔街就都完蛋了。”

海军准将屈服了，在杰罗姆的恳切请求下，发了慈悲，放了立法部一马——哈勒姆股价最终定为285美元。

1日之内，15,000只股票以协定价格交割。读到这儿，就稍事一停，想想当时的情景吧！1857年我初到华尔街，股价还是每只3美元，1864年就飙升到285美元，还一度有可能上涨到1000美元。投机的力量，有没有让您感到震撼呢？

若非死党列纳德·杰罗姆和约翰·托尼要求，无疑海军准将会把股价抬到1000美元，让立法部、州长和他们的朋友永世不得翻身。

接着再想，有这么一个人，只身一人就能作出这样伟大的业绩，能压过所有立法部成员和州长的气势，和州中心术不正的高级律师叫板，识破他们帮助立法部和州长坑蒙拐骗的诡计。

到了这里大概您也就能明白，海军准将在对抗一些受过高等教育的头脑时表现出来的智慧，而他却从未受过相关教育。无疑，海军准将是位天才，可能是世上独一无二的天才。把立法部门逼入困境，恐怕他一辈子就指着这件事儿乐了。以后再提起时，他会说：“我们冲着立法部狠狠揍了一拳，很多名望不小的成员都破了产，卷铺盖回家。”哈勒姆“囤积”就这样告一段落。

这次事件中，也有很多著名事务所坍塌，许多私人投机商输得一无所有。丹尼尔·德鲁差点就卷入其中，最终因为自己在法庭上的影响，逃过了支付100万美元这一劫。

伊利“囤积”在这里就不用多提了，因为后面德鲁的生平事迹中，我会对此详加叙述。

第九章
Chapter 9

德鲁和伊利"囤积"

同海军准将心有灵犀。——如何妥协。——在海军准将的卧室中同菲斯克和古尔德的一次有趣访谈。——理查德·谢尔如何为海军准将煽风点火。——德鲁得到的好处。——他想从华尔街抽身，却无法退出。——伊利公司在此事中损失九百万美元。——古尔德和菲斯克再次给伊利"掺水"两千三百万美元，但没邀德鲁加入。——"丹尼尔大叔"回归华尔街。——他受到古尔德和菲斯克蒙骗，投资资产池，损失一百万美元后撤出。——独自"卖空"，抛出几百万美元。——祈求上帝保佑，但"不曾奏效"。——"没有用的，兄弟，股价仍在上涨。"——诚心祷告，作壁上观。——陷入困境，被从前的学生和伙伴推入火坑。

四月中旬，德鲁在泽西休假结束，重返华尔街，丝毫没有表现出害怕被拘捕的迹象。伊利党中的其他人都多少都进了法庭，和海军准将和解，生活继续风平浪静，没有什么变化。直到7月，范德比尔特作出了最后的决定。

经协定，他放弃50,000只价值70美元的伊利股票，得到2,500,000美元现金，80美元/只共计1,250,000美元的波士顿、哈特福德和伊利股票。同时，他还将得到1,000,000美元，四个月内随时可讨论剩余50,000只70美元股票事宜。他在伊利董事会中谋得两个席位，双方撤销所有诉讼，与此案有关的侵犯行为也以法律的名义得到赦免。

双方作出让步的方式，并非是这起著名的伊利案中最无聊的。过了一阵子，就迎来了德鲁和海军准将那次著名的周日专访，德鲁又哭又忏悔，讲述自己打入泽西的不光彩历史，为他的合作伙伴古尔德和菲斯克第二天一早拜访海军准将在华盛顿广场的家埋下了伏笔。菲斯克用他大胆生动的口吻对拜访海军准将的故事添油加醋：“古尔德本来想等等，到海军准将起床再说呢，但我接着就按响了门铃，门开了，我冲进房子。准将正坐在床边上穿鞋，才穿了一只。他起身，我们看着他穿上了另一只鞋。我记得那鞋很特别，有四个扣儿，以前从来没见过这种鞋子，然后我就想，要是特别的人就穿特别的鞋子，那我也要一双。他让我站在那儿别动，然后让他的私家侦探看看我们进来的路上有没有什么异样。要不是我们拿下了他手上的袜子，他不一直让那狗腿子跟着我们才怪。我告诉他要是由着我，我就拿这只袜子不放；他这是自找的。他没话说了。我说他就是个强盗。他说要是他不称心，就永远不撤诉。商讨过后，我说这简直就是抢劫，我们这不是自己都成了恶魔了吗，古尔德跟我感觉一样。”

除了之前我们提到的，在海军准将艰难时刻伴随左右的人们还有威廉·希斯、理查德·谢尔和他的兄弟奥古斯都，另外还有鲁弗斯·哈奇。这次投机斗争中，理查德·谢尔为海军准将获取资金提出了非常实用的高招。银行借口票据已经过度发行，不肯借贷给他，他就调查银行，发现大部分都购买了纽约中央铁路的股票。于是他又去了银行，说：“海军准将要以 50 美元买伊利的股票，如果你不借给他 50 万，明天中央铁路股

丹尼尔·德鲁(1797—1879)，美国金融家。

票就跌到50美元,华尔街一半事务所都得破产。你们的处境,自己清楚吧。"

在其他银行,他也这样威胁,次次奏效,海军准将就筹集到了"战资",但他这才刚刚开火。

过度发放的伊利股票无限流入他的手中,他想把伊利党逼入绝境,白费了工夫。

这些赌红了眼的人们给海军准将源源不断提供虚无股票时,菲斯克说:"只要印刷社没问题,我肯定会给这老笨猪他要的所有伊利股。"

印刷社没有出问题,孜孜不倦地工作;如果不是海军准将不屈不挠,在法庭上还有些名堂,早就该破产了。他能全身而退,在华尔街看来简直就是个奇迹,古尔德和菲斯克也非常惊讶,居然被他们遇上了势均力敌的对手。海军准将虽然将七百多万美元付诸东流,却守住了自己的市场,没有在这次在当地影响堪比黑色星期五的灾难中一击不起。

重量级人物之间的较量,让许多无辜持股人受伤,感情受挫,但得到了共429,250美元的经济补偿。以埃尔德里奇为代表的波士顿集团托波士顿、哈特福德和伊利公司之福得到500万美元,其中400万美元都是由伊利公司承兑。

最终经过协商,伊利公司付出了900万美元的代价。在法律和公正下,伊利股票和持股人背负上了这个沉重的包袱。

古尔德和菲斯克假装反对,公众于是认为,这一切都是德鲁和范德比尔特的杰作。无论如何,这样想能让他们舒服点。难怪泰莱酒店的服务生从范德比尔特的房间中找到的给德鲁的字条,奠定了整个协议。

德鲁"囤积"共盈利700万美元,但他还得为伊利财政部一些杂项支付540,000美元,还有一些伊利公司算到他头上的账目。伊利铁路公司栽到了古尔德和菲斯克的手中。

德鲁效仿古尔德,从华尔街退隐;不一样的是德鲁抱着一颗永久隐退的心,不过这也由不得他。一朝进入华尔街,一生终在华尔街。这就好像威斯敏斯特信条一样永恒不变的真理。投机商一旦进入这魔掌,就永远无法抽身。

如果这时德鲁携着几百万美元，读着《圣经》和《赞美诗集》，归隐到普特南县的僻静之所，说不定还能够享受生活和宗教带来的慰藉；但他没经得住诱惑，就好像在《雾都孤儿》中，南希·赛克斯和杀手"比尔"之间的吸引，虽然离开了比尔，但是还是被某种莫名的力量带回了他的身边。

回到华尔街后，德鲁发现自己不再是凯撒，已经被击败。

几月不见华尔街，如隔三秋。两名学生表现出来的贪婪，已经远远超出了老师的想象。仅仅4个月，古尔德和菲斯克就将伊利公司3400万美元的股票价格抬到了5700万美元。丹尼尔大叔（德鲁的昵称）当然很惊讶于他们的成就，看到这样巨大的财富，而又想到自己不再是伊利公司的一员，公司史无前例的繁荣期到来，自己却与公司脱离了干系，感受可想而知。

他对投机与生俱来的喜爱仍旧强烈，但当他再度试手的时候，却发现已经失去了从前的手腕，好像里普·凡·温克尔20年后在睡谷苏醒，审视厄灵顿周围的变化，发现一切都与往日不同——而厄灵顿，正是古尔德现在的舞台。

商业中的投机手法已经发生了改观，他马上就发现看跌股市注定失败。他的一些老伙伴邀请他投资，练习一下当下流行的蜘蛛苍蝇游戏。德鲁扮演蜘蛛很久了，他吸引了来自四面八方的苍蝇进入阴险的蛛网。现在德鲁被要求扮演苍蝇，从前的学生却充当着蜘蛛，要求他进入伊利的"盲资公司"，投入400万美元，闭上眼睛，张开嘴巴，让伊利公司骗子们给他喂一颗糖。

他再也没有幕后操纵的特权，也没有蒙骗别人的花言巧语。他现在需要扮演的是相反的角色，一只被蒙起双眼，随着古尔德和菲斯克的音乐起舞的木偶。他不能提问，只能老老实实付钱，听从古尔德和菲斯克为他作出的选择。事后想来，丹尼尔大叔都觉得很耻辱。他不明白为什么自己付钱给笛手，却不能自己选择曲子。损失100万美元后，他撤出投资，公开在这两头狮子的地盘上反对他们——这个地盘说来也是德鲁为他们打造的。他们觉得德鲁背信忘义，非常生气。然是事实上，丹尼尔对他们可以说仁至义尽。"古实人岂能改变皮肤呢？豹岂能改变斑点呢？"

他同从前遇到紧急状况一样，在上帝面前虔诚地思考了这个问题，决意单独行事,而上帝也告诉他做空。明显,上帝要他毁灭,他疯子一般地卖空了股票,股价却持续上扬。

这次,他采纳了一位基督徒兄弟的建议,一直祈祷。德鲁也很努力地祈祷,但还是无法自控,一直关注股市行情和报价,不能安心。这可能是他第一次对上帝失去信心。他去兄弟那里,哭着说:“没用的,股价还在走高。”于是他停止了祈祷,目不转睛地绝望地盯着股市。

11月,德鲁以38美元上下的行价交割了70,000只伊利股。他直到完全被“囤积”逼入绝境后才放手。随后,他向法庭申诉,以奥古斯特·贝尔蒙(August Belmont)的名义申请禁令,但古尔德和菲斯克与巴纳德同流合污,申请另一项强制令,抵消前者。巴纳德不仅授予强制令,限制所有对两位党羽不利的诉讼,还指任古尔德接管伊利公司,授权伊利公司董事会成员使用公司基金,在面值以下购买和取消200,000只股票,这一命令是否合法,引起了大家的争议,而法令如此快就得以颁布,更是引起了纷纷议论。

古尔德和菲斯克以40美元附息发行了这些股票,将股价压到35美元,又在牛市上以面值买回。虽然法律禁止公司成员做本公司股票交易,但他们却得到了最高法院大法官的授权和允许。这样,两位大操纵者凌驾于法律之上,将他们的恩师老友德鲁“囤积”入了困境。

遭到阴招后,伊利股卖到47美元。德鲁竭尽全力出手,但是从周一到周三,股价却蹿升到了57美元。华尔街乱成一团,正如报纸所写,进入了最热闹的时刻。伊利股价继续扬至62美元。上升趋势明显还要继续,而德鲁丝毫没有解脱的迹象,又焦虑了两三天,直到一家汽船即将到来,买下了伊利可观的一部分产品。然而,德鲁的几百万已经输得精光,他的信誉可能都会随之毁灭。对手们在全力压制他,想除掉这个眼中钉。

临近下午三点,斗争愈演愈烈,两只年轻的投机之狮下决心,要狠狠教训这只老“熊”。

德鲁处在了经济崩溃边缘,眼看市场就要关闭,两件事情接踵发生,才让他没有彻底毁灭。当时在十家网点中共有300,000只股票,操纵者认为这些股票被安全地秘密存放在伦敦和阿姆斯特丹。股价上升到60美元时,这十个网点开始出现,人们才发现,它们基本上都在国内,被店主、机械工、杂货店、小银行家和经纪人安全地存放起来。股票被迅速抛入市场，换取了丰厚利润。利益集团努力想在这些股票到德鲁手里之前揽入自己怀中，就在操纵者的储备金上下了很大的工夫。福不双至，祸不单行，紧要关头银行拒绝认证他们的支票。德鲁就能够以 47 美元的价格交割，但是从投机的角度讲，他已经完蛋了。他倒下的时候，差点就把那些不择手段的竞争者拉下马。股票接着下跌到 42 美元，伊利成了市场上的一只毒瘤。胜者虽然得到了战利品，却付出了血的代价，成功前夕险些被毁灭。他们以“囤积”价格买下了伊利的股票，背上债权，却没有人想要。雪上加霜的是，伊利有一段时间不得进入董事会，要不是我们的英国兄弟那么好骗，恐怕相当长的一段时间内，这股票都是市场的一块烫手山芋。

虽然这次事件中德鲁受到了不公的待遇，却很少有人同情他，他的贪婪、踌躇、背叛和阴谋，让自己终受其害。

他也没有完全的理由抱怨昔日的伙伴，菲斯克说，因为造成他毁灭的操作方式，以及伊利股大幅通胀都是他干的好事，而他从前的同事只不过在此基础上加以改进。现在的运作，是“丹尼尔大叔”的发明和两人修改的结合体，却成了华尔街史上“囤积”操纵最为出色的组合。

但菲斯克最不够意思的，就是在德鲁惨败的前晚，听着他对伊利事件的抱怨，嬉笑嘲弄。

“要说抱怨，”优秀学生带着轻蔑的口吻对导师说，“最不该抱怨在伊利公司投资的就是您。”

虽然这次事件中德鲁受到了不公的待遇，却很少有人同情他，他的贪婪、踌躇、背叛和阴谋，让自己终受其害。

这个悲惨的事实用“吉姆”温和的口吻冷酷说出。德鲁也从未同情过别人，这次也没有指望能够得到“悔过的机会”。

菲斯克和古尔德最终获胜前，伊利办公室中他们和德鲁之间的一幕充满了悲情，但三人都对此加以掩盖。德鲁已经定好让范德比尔特在法庭上——还有市场上——当自己的帮手，同伊利党对抗，当时，他转过身去，直接走向了古尔德，向他透露盟友和他们之间的计划，希望能够通过这种屈辱和欺骗的怯懦方式，博得昔日同事的同情。

他一定是被危机冲昏了头脑，不然不该这么不了解古尔德。他请求古尔德和菲斯克，做好了卑躬屈膝的准备，请求让他们同他一道，用他剩余的财产，让印刷厂再多印一些伊利股票，自己好从这次残酷的、让他身败名裂的“囤积”中再度发家。

有其师必有其徒。换做德鲁，他也会像现在的菲斯克和古尔德一样，毫不留情。他们表现得就好像莎士比亚书中的夏洛克，像失去了良知和人性的两个德洛米奥。德鲁没有丹尼尔，只能自己来到法庭面前。没有美丽的波西亚来为他说情。就算在这个案子中真的有这位女主角，她能够过菲斯克这一关，恐怕古尔德还是对她的魅力毫无所动。

德鲁看到了他们的执拗，于是向他们道了晚安，第二天早上，带着绝望和损失回到了华尔街。这次致命的打击，让他损失了近两百万美元。

第十章
Chapter 10

恐慌—恐慌的原因—如何避免

并非市场偶然。——我们仍旧是一个先驱者之国。——恐慌问题之美国化。——大批不成熟的新创业者为贸易带来的不稳定因素。——资产内在价值的不确定性。——铁路资产突然贬值乃恐慌所致。——风险和恐慌同创业密不可分。——我们不再像以往那样依赖欧洲资本市场。——恐慌中,放贷人的审慎和资质能力非常重要。——强制国民银行留存储备金的法律导致了某些恐慌。——乔治·西尼。——约翰·伊诺。——费迪南德·沃德。——清算所避免恐慌发生。

论世界上最没道理的事情,莫过于恐慌的开始和补救。一般来说,人们描述这些危机,都是之前有一些大意的猜测,然后市场上偶然发生了恐慌,被那些神经错乱的人们和银行掌控,但这些恐慌都能够防患于未然,即便发生,亡羊补牢,也为之未晚。

这是肤浅观察家的印象。可能从某种角度讲没错,这规则适用于一些比较老牌国家的市场,他们的商业有长期以来的惯例,很少能够适用于新企业的风险。比如在法国德国,商业灾难基本上完全局限于政治事件;而这些国家因为商业动机比较纯洁,几乎没有恐慌威胁。而在美国,恐慌发生的源起在欧洲国家中都不曾见过。

1884年恐慌,图为当时《哈泼周刊》中的插图,描绘了1884年5月14日早晨华尔街的景象。

尽管我国人口众多,拥有众多为我们各种利益存在的秩序井然的集团,却仍旧是一个先驱之国。我们每年增加1500万人口,这就意味着每个十年中,就会在我们这一伟大帝国的人海中新增一个欧洲一流国家水平。这前所未有的人口增长,也伴随着伟大的投资和商业金融风险。新国家需要征服新的领土,开发新的土地,发掘新的矿井,成立新的企业,修建新的铁路,开办新的银行和公司。这些动作理论上看来都是必需的。其中一些彻底失败,也有一些取得了辉煌的成就。不过提前准备好大量的资金总是必需的。资金在很多情况下都是通过借贷所得,而贷款都是通过高风险投资拿到,因此缺乏高度发展投资所具备的稳定性。

我们由此迎来了一浪浪新股票、贷款和商业票据，也有大量的债务没有偿还；这些债务因为它们本身的不确定性，又依赖于价格的起伏。除了这些全新的投资，我们也需要对仍处于试运行期的企业征收同等数量乃至更多的债务，这些企业的价值也随市面价值的跌宕而变化。发行这些债务，很自然地迎合了我国人民的冒险天性，也引发了大面积的投机行为。

美国这种发展和贸易的独特性使得我们的市场相较其他国家，更容易受到恐慌影响，也让恐慌问题成为独特的美国问题。在所有的商业化国家，贸易都是随着繁荣和萧条而起伏。这样的振荡源于，或者说反映了，一个自然规律。

商业行为如同海水和空气的运动一样，都是呈现波状。

商业行为如同海水和空气的运动一样，都是呈现波状。首先是上升期，价格上涨；接着当价格上升到一定水平，抑制需求，就迎来一段犹豫而谨慎的时段；随后，借贷者和折扣商店都开始小心，下降期开始，其间持股人意识到了这个问题，于是价格普遍下滑。这个时期的信用更容易受到影响，并且面临着紧缩，交易量由是减小，资产贬值，带来一系列损失，这样的折磨对借方影响太大，于是必须要采取强制性偿付，破产的公司和组织也必须进行调理。这是每个国家都要经历的一段周期，所带来危机的毁灭性，则主要取决于受到影响团体的稳定和保守程度。除了这种商业危机的普通——我甚至认为是自然的——倾向，我们在美国的人们必须要能够经受我国新增的不成熟企业将要必定为我们带来的更为严酷的振荡。

危机时刻，对这样的企业发行的债务，马上就会因为本质价值不稳定而受到负面影响。持股人迫切地想要抛售，贷款的银行业收回贷款，实际上就成了冻结的资产。自从美国铁路建设开始后，所有发生的恐慌都因为类似资产的价格突然缩水而加倍严重，正是在这里，集中了美国恐慌的严重后果和主要危险。

那么，我们讨论避免周期性恐慌意义何在？风险和恐慌同创业相伴而生，我们最多也就是希望它们在严重程度上能与我们的承受能力相称。我认为，未来我们对付它们会比过去的更为有效。我们的金融中心中，能够用于市场的金融资源增长速度非常之快。证据也很明显:虽然我们的企业每年都在增加,我们却愈发依赖欧洲的金融市场。这样的财富积累为我们的金融体系提供了弹性,是大型金融动乱的一种缓冲力量。

我不知道有什么方法能够合理地对此作出解释:1873年大型危机后,我们经历了两波商业萧条,多多少少目睹了恐慌,但我们还没有体验过真正彻底的恐慌。唯一比较接近的,就是1884年的格兰特—沃德公司破产,但那次的影响还比较局限,相对说来持续时间较短。

尽管在我们现在的国家中,恐慌无法避免,我还是不能否认,恐慌果真发生的时候,却未必会产生负面影响。每次恐慌在很大程度上都需要依靠出借人的谨慎和资质。如果他们也头脑不清醒,一概拒绝借贷,或者仅借钱给几个非常强大的借款单位,就会导致最为严重的灾难;如果他们能够全力帮助一些规模较大,并且比较安全的借款单位,那么这些单位就可以帮助银行拒绝的单位,从而把负面影响控制在最小程度。需要贷款方保险而阻止轻率动作的一切行为都将受到保护。这就意味着,银行的冷静和智慧成了重中之重。他们不然就谨慎而自由主义思想深重,不然就盲目地自私,一不小心,就会缩小或者加重危机。可能我们可以比较肯定地说,银行不可能尽其所有提供帮助,但在过去25年中,在纽约一而再再而三的危机中,银行显示出了他们的智慧:不仅能够自保,而且也保护了自己的客户;前车之鉴,后事之师,他们也让以后的恐慌不再那么可怕。

不过很不幸,法律对这些国有银行加以制约,严重地影响了它们出色的判断力。按照当下的法律,如果银行的法定储备调控在25%以下,就有可能在政府命令下遭遇清盘。这样"最后期限"几乎就成了"恐慌期限"。一旦到达标准,银行就必须缩小贷款,在一定的情况下,缩小贷款就意味着不计后果的强制性清盘。于是原本为保护银行设计的办法成了对他们的顾客最危险的武器,也影响了银行本身;在为金融压力比较大的时期,这是恐慌最直接的导火索。如果在这样的情况下银行可以使用金钱储备,筹集到消减危机的基金,危险可能就随之而去;但是,银行对扭转恐慌局面无能为力;相反,法律还火上浇油;破坏力量来临时,他们必须要团结起来无视法律,尽其所能收拾这些荒谬的制度带来的惨剧。我们的法典中,这样对国有银行的不明智规定还有很多,它们都应该从书中删除掉。不稳固的企业倒闭,淘汰破产的债务人,让坏账的借贷人清偿,这样的时期不能完全避免;完全避免也并不合情理,因为这是我们维持正常而健康的商业环境所必需的元素;但这却打了我们的立法者狠狠一耳光:如果赎罪日来临,谁应该受到制裁,谁是无辜的,法律都会给出公正的裁决。

乔治·锡尼

1884 年的短暂恐慌中,大家都知道主角是费迪南德·沃德、詹姆斯·费奇,还有其他人扮演次要角色,他们推动了引发华尔街恐慌的融资方式。

许多人都相信,沃德——人们口中的金融界拿破仑——能够骗过所有的人,连他的同伙也不例外,他是所有麻烦的始作俑者。但是这样的说法未免夸张不科学。

这两位金融家的不当处理方式引发了大范围的窘迫,其间遭难的金融家便有乔治·锡尼(George I. Seney)。他投资失策,没有得到任何实质回报。他经营了不少教堂和宗教场所。如果他曾经读过丹尼尔·德鲁的生平,他就会发现投资这些企业基本上不会赚钱。在他金融上遇到困难的时候,饱经世态炎凉,没有朋友来拯救他。结果,大都会银行和布鲁克林银行因为锡尼的遭遇而不得不破产。布鲁克林的一家保险公司以大都会银行股票为抵押,将其所有的盈余资产都借贷给锡尼,于是也陷入了困境。

若说在 1884 年危急中倒下,金融生平又极其有趣的投机大亨,很少有人能同锡尼先生媲美。他的父亲是一位卫理公会派牧师,他生于长岛的阿斯托利亚,现在六十岁左右。他总是表现出来对父亲宗教的无比虔诚,最富足的时刻,他最先关心的就是这些教堂。他在纽约市立大学接受教育,22 岁那年,他刚毕业就进入了大都会银行做了职员——首先是计票,后来做出纳。这个时候,威廉姆斯当上了行长,雅克为副行长。几年前,雅克辞职,去欧洲长期旅行。同样是在几年前,威廉姆斯辞世,锡尼继任了银行行长的职位。

锡尼拥有非常出色的金融才华,与他尚不成熟的年龄颇有不符。很少有人能这么年轻就“露出尖尖角”。

恐慌前，大家都觉得他很迟钝，没有表现出任何作为金融家的专长。1879年投机骚乱，他第一次让人们刮目相看，突然间就步入了人们的视线。他在投机中另辟蹊径——却因方法太另类反让自己的公司毁于一旦。在金融界，锡尼的公司与古尔德、范德比尔特和维拉德齐名。

锡尼的主要证券是俄亥俄中央铁路公司、罗切斯特和匹兹堡铁路公司、东田纳西铁路公司、弗吉尼亚—佐治亚铁路公司，还有著名的“镍板路”。这些被称为锡尼辛迪加，其操纵系统在华尔街史上无前例可循，华尔街的金融老手们面对锡尼的举动，只能干瞪着。

他与大部分在铁路电报方面的投资人不同，没有以小成本起家，一步步掺水，而是一开始就大幅注水，毫无顾忌。他对股票稀释起来毫不含糊，许多老一辈的投资家看到都心生惊愕。股票价值膨胀得严重，因为所在的公司将股票彻头彻尾稀释，公司业主就能以相当低廉的价格买入。资产的前景被涂上了最绚丽的色彩，公众上了钩，股票马上就成了市场中的抢手货。

要想知道锡尼辛迪加的股票为什么突然间具备如此让人惊讶的活力，必须要仔细翻阅他的账簿，如果还没销毁，就会告诉我们买卖指令的所有佣金，这些都是用一支笔，一样的笔迹签署的。

交易的方式用华尔街行话就是“虚买虚卖”。锡尼用这样的方法赚了一大笔钱，从布鲁克林的穷头小子马上成了这儿的富豪。他的财富越积越多，他大部分朋友却诡异地开始走上事业下滑期。

锡尼公司投资告一段落后，那些朋友们手中除了锡尼辛迪加资产的夸大条款，几乎一无所有。

他在社会关系中有一点做得很让人费解：害朋友的时候，过河拆桥，毫无同情心，却把他的盈利大部分用于慈善事业，总体算来也捐赠了2,000,000美元，非常慷慨。

他一度想成为慈善家，如果不是恐慌带来的悲惨结果，他可能有一天也会像伟大的皮博迪一样，成为一位德高望重的绅士，甚至作为金融家还有更高的名望。而情况却颠覆了想象，从就任大都会银行(Metropolitan Bank)行长，拥有全纽约最高高在上的信誉和地位开始，他的前途就一直光芒四射，然而现在却一落千丈。

锡尼的投机生涯，是我们最优秀的银行投机的写照。美国的金融家们都应该牢记这一个教训。

然而，锡尼先生却需要澄清，自己尽管是银行的支柱，对大都会银行的不幸并不能担负全部责任；因为如果说银行董事们没有注意银行和锡尼投机之间的关系，根本是瞎掰。大都会银行不能和有类似遭遇的缅因银行相提并论——这毕竟不是家族企业，而锡尼也并不像费奇在缅因银行的案例中一样，他的亲属同银行并无干系。

这看起来主要是因为锡尼先生对大都会银行丝毫没有个人兴趣，他知道银行亏损，倒霉的是别人，于是特别想破坏计划。

对投机商和投资商来说，最重要的就是股票交易市场当时严重缩水，共计约 1,000,000,000 美元，主要是因为睿智的看跌集团早就得出定论，锡尼和费奇执掌的公司，迟早会有灾祸。

这个现实的例子给未来投机和投资商上了极好的一课。正因为如此，这才值得我们记录，为将来敲个警钟，或者做指导，尤其是混迹华尔街的人们，他们总是会忘记过去，重蹈覆辙。

导致 1884 年 5 月恐慌的事件中，四位重要投机商的交易应该为大家所铭记，以作后事之师；尽管事后这些人感到深深的耻辱和极端的痛苦，在未来许多年内仍会有不少效仿者。瓦德、费奇、锡尼和伊诺——可能除了费奇——都是非常聪明的百万富翁，他们不过是不走运地参与其中，其间还曾有脱离麻烦的机会，而且，他们的能力和成功也颇为公众所景仰。

必须承认，金融界中很多人的事业都能充分地支撑这一理论，不过这都是特例，综观全局，投机中还是“诚实为上策”，实际上在其他的行业中也是如此。这些人虽然看起来通过一些欺诈手段获得了最大的成功，但是在他们充满泡沫的财富中，都有被自己绊倒的经历。他们经常给出他们管理工作的详细说明，而且一辈子下来，可能终究会用对公众的诚实度标准评判。结论说明一切，也会暴露出最精干却掩耳盗铃的金融家心中的虚伪。

约翰·伊诺

1884年夏的经济恐慌中,我们提到了四位著名的金融家,其中约翰·伊诺(John C. Eno)的投机故事,从某些方面来说最为精彩,也最有趣。

伊诺很年轻,最多也就26岁,青春热情,投机没有顾忌,满脑子都是不成熟的幻想,还憧憬着获得财富和名望,和当时许多不经世事的年轻人一样。伊诺也深受鲁莽冲动之害,一心想要过上奢侈的生活,而这样的人们,以及他们的同伴,总是会陷入各种麻烦和尴尬局面中。

大家之所以对伊诺非常感兴趣,还因为在危机之前,他一直是美国第二国民银行的行长。在他这样稚嫩的年纪,很少有人能够得到这样备受尊崇的职位。而他利用自己的位置,利用他人的信任挪用不属于他的金钱,手段也让人印象深刻。

银行借出的钱大部分都是以抵押证券的形式,而出于方便和安全因素考虑,证券并不储存在第五大道酒店下的银行,而是所在市中心的地下室中。

银行股本为100,000美元,另有4,000,000美元存款,全部被这位年轻人用作投机,和一位天主教牧师将钱转移到加拿大。

伊诺的父亲财力殷实,当年他克勤克俭,才挣得这份家业。正是他的及时出现,浪子才得以相救,他还清儿子主管银行债务共计350万美元,另外50万美元要由其他董事会成员支付,他们腰包也不浅。董事会其他成员接受了这样的要求,赤字得以抹平,存款者一分钱都没有损失。

行长约翰·伊诺完全掌控银行,诉诸的方法非常独特:他在处理银行事务时,能让大家对他抱以完全的信任,对他深信不疑。

他不提倡将银行证券在自家库存这样的习惯,借口说银行仓库并不安全,提议应该从商业区的一家保险箱公司租保险柜。银行从了他的意思。他却得寸进尺,说现在银行手上的存款大部分都是家庭存款,存款者并不要适应低价,而且银行业不应该把这些钱锁起来赚个噱头,而应该用最安全的方式投资,通过利息获益。因此,他就得以将银行存款随心贷款给华尔街的经纪人,收取利息,告诉银行的董事说自己是这样做的。

银行的地理位置比较偏远,离华尔街又不近,来回送还证券就更加麻烦,胆子大的强盗还可能会半路抢劫信使。这样的事情在纽约经常发生。因此,大家都很希望能够在华尔街附近拥有保管库。约翰·伊诺就拥有其中的一家。因此他必须每天亲自去商业区,安排经纪人贷款事宜。董事成员相信了他的话,觉得只要行长管理谨慎,风险不会比在华尔街时更大。而这些保守的方法因为计划小心,解释合理,也让大家更加相信伊诺先生有能力管理好这笔钱财;所以,当大家擦亮眼睛,发现这些所谓"安全"都是这位行长为大规模挪用公款精心谋划的骗局,都大跌眼镜。

他没有像自己巧言令色的那般,将资金贷款给华尔街的经纪人,而是交给自己的经纪人做各种投机,将银行全部的4,000,000美元存款全部搬走,却丝毫没有引起董事会疑心。

银行行长带走银行全部存款的类似例子,可能在任何操纵的历史中都无前例可循。

每天傍晚,行长向出纳员汇报他因何证券借出了多少钱,出纳员都会相信,也详细记录,从未质疑。按照银行账簿,他以完全担保的形式借出了4,000,000美元活期贷款,但是这笔钱实际上都进了行长自己的腰包。

这笔钱中大部分都被伊诺用来投资一些下跌的股票,于是,过了一段时间,他不得不向父亲坦白自己的行径。刚才我也说过,阿莫斯·伊诺(Amos B. Eno)老先生及时出手相救浪子,这笔空缺才有了着落。

老伊诺的身价仍有25,000,000美元,因此不会因为这笔损失而受贫穷之苦,但仍然有相当长的一段时间,需要忍受这位臭名昭著的儿子为他的信誉和名声抹上的污点。

股票清算行避免了恐慌

这次恐慌中,清算行作出的自我牺牲最为大胆、最值得注意。1884年恐慌初期,恐慌和先前的类似事件——至少与我记忆中的金融痉挛——有所不同,主要是因为银行对恐慌即使采取的政策所产生的影响。不管从什么方面来说,他们的行当都非常引人注目,大家都能看出,这些领袖级的人物从之前的恐慌中吸取了不少教训。

银行的英明管理,和阿莫斯·伊诺先生及其他在第二国民银行的助理董事们体现出宽宏大量,使得这次危机历时很短,而且没有产生特别大的影响。如果不是他们的决然,恐慌可能就会造成严重的经济崩溃,影响也会传染到各行各业。

这次危机中,管理阶层及时出手控制了影响,证明只要还在初期,方法得当,出手迅速,恐慌就能得到避免。如果行长们能得到商业团体的完全信任,和商人们一道对当前的情况进行迅速反应,恐慌就不见得会影响到人们;而现在,大家每时每刻都在恐惧,不知道商业灾难什么时候就会降临到他们的头上。

过去恐慌发生时,银行高管处理问题时总是没有准则,不分是非,而且没有周全的计划。不管是他们方法还是目的,都死板得让人觉得不可思议,他们表现得软弱踌躇——经常表现得不像商人,反而像孩子。

如果不是他们的决然,恐慌可能就会造成严重的经济崩溃,影响也会传染到各行各业。

如果1873年的恐慌在初期能够得到1884年恐慌那般处理,那就会和后者一样早早得到制止,美国就不会受到这么严重的影响,损失这么多资金,也不会有经济的崩溃及其带来的其他灾难,五六年经济都停滞不前。从经济角度看,国家这些年丝毫没有进步,还为经济进程抹黑。

1884年,清算所将锡尼先生手中的画作作为抵押,引起了看跌者们的负面批评。当时,这样的融资方法并无先例,但事后的效果却肯定了清算所联盟及其管理之英明。这些珍贵的作品收藏现在得到了收藏家的高度评价,而且刺激了对奢侈品的需求,将它们转变成市场上最好的抵押品。锡尼收藏的画作拍卖时,大家纷纷出价,竞争比起几个月后华尔街上的任何铁路债券都要激烈。尽管锡尼先生的鉴赏能力可以同故去的摩根女士媲美,但是他却压制着自己对美好事物的喜爱,不让自己走摩根女士的极端。他从来不会忘记这些画作有“市场”价值,也从来不允许自己对艺术品的热情泛滥,作出不明智的交易。实际上他在画作的买卖中表现得非常理智,甚至表现得比运营银行更加有手段。如果这位银行行长不能有如上表现,恐慌带来的金融痉挛估计会非常严重。大都会银行和第二国民银行中几百万美金被迅速提走,马上进入流通。于是,周围的百姓就能免受其害。在这两家银行中投资的人们没有像在之前一样只为自己考虑,引起社会骚乱,而是有效地为消除疑虑、树立信心帮了一把手。

经济出现问题的时期,恐慌的制造者们总是其中的不安分子,缔造了比杰伊·古尔德破产更为严重的困难。北方太平洋公司证券的持有者发现这些证券不再同政府债券等值,反而成了一堆废纸,开始恐慌,然后自己也成了不安因素,告诉见到的每一个人不要盲目轻信,直到恐慌的病毒传染了整个国家,带来了广泛的商业灾难。

第十一章
Chapter 11

旧时的恐慌

1837 年恐慌。——事情源起。——国家银行。——在政府的赞助下，他们如何扩大贷款。——投机得到刺激，价值膨胀。——杰克逊总统的《使用金属通货公告》预示危机的到来。——银行信用紧缩，随后破产。——商业政治混为一谈。——大面积停业，大范围苦难。

史上真正算重要的第一次恐慌发生在 1837 年。开始是因为美国银行(United States Bank)费城总部以及杰克逊总统之间发生了误会。而杰克逊总统在银行中指任的官员遭到了反对。

1816 年，银行得到开业许可，1817 年开张，期限为 20 年。1830 年前，银行一直运营得非常成功，大家都认为它基础稳固，美国参议院的财政委员会这样描述银行的效率："我们很高兴看见国家的货币统一，货币不仅本身坚实，而且非常能够适应政府和集体的各种需求，比任何其他国家的货币都要稳固，都要统一。"

这是第二家美国银行，第一家银行于 1791 年得到授权。

1872 年，银行向国会提出申请延期执照到 1836 年。国会通过法案。然而总统却因误会反对。接下来的一年中，财政部宣布，总统命令价值10,000,000美元的公债都要从银行储备中抽取，因为这家银行储备不安全。

1837 年恐慌，图为一幅讽刺安德鲁·杰克逊总统的漫画以表达对艰难生活的不满。

政府资金转移到国家银行，在政治和金融圈内掀起了轩然大波。国家银行在政府的赞助下，马上开始繁荣，贷款和流通量扩大。这样一来，全国范围投机大热，地产投机买卖尤甚。政府买下了大片土地，用国家银行的票据买单。

土地迅速卖出，没过多久，政府就能还清公债，财政部中还有 50,000 美元的盈余。繁荣期又持续了一两年，资金充足，投机风行，价值也进一步通胀。

1837 年，危机来临。《使用金属通货公告》煽风点火，这也是杰克逊总统任期中的最后动作。公告于 1836 年颁布，要求政府收入的所有征收者只能以金银支付。公告最初目的是阻止公共土地买卖中的投机，却导致价格突然紧缩，在整个商业圈中造成了广泛影响。

《公告》遭到强烈反对，国会两院都通过法案，撤销了其中部分规定。不过“老山胡桃”（安德森总统因作风强硬而得此绰号）可没有向国会屈服，虽然没有反对议案，却拖到了国会休会才签字，让议案无法正式成为法律。

杰克逊任职期间,对某些金融机构和个人通过国债融资,造成了一系列麻烦,国家银行试图渡过难关,却适得其反。市面上突然间多出了许多纸币,大大鼓励了投机,造成进口过度,对商业买卖形成了非自然的刺激。交易过量和大意的投机马上因为银行收紧货币得到制止,1837年春,单纽约市就有100,000,000美元款项拖欠。

纽约的震惊传遍了整个国家,造成了商业圈的全面瘫痪。

同时,美国银行继续营业,到1836年仍未停止运转,而是从宾夕法尼亚州获得了另一个开业许可——“对废除不动产和个人财产,通过铁路和运河进行州的扩张和改善,特许一家国家银行为美国银行的法案”。

纽约的震惊传遍了整个国家,造成了商业圈的全面瘫痪。

美国银行的经营许可直到1839年才到期,尽管在1837年,它与其他银行一同停止了硬币支付,并通过这种方法逃过了银行界的大崩溃,继续存活两年。美国银行的流通货币和存款全额付清,但是28,000美元的资产对持股人来说却是个彻底的损失,他们从来没有拿到一分钱的分红。这就是杰克逊将军和马丁·范布伦任总统时,金融的美好时光。

该银行股本当时共计35,000,000美元,其中7,000,000美元都是由政府支持。

银行倒闭,最根深蒂固的原因是将其合法业务同政治、投机混为一谈,从这件事情中,我们得到了一个教训:要想成功运营银行,离这些杂七杂八的事情越远越好。

英格兰银行还突然抛售出所有同美国有关的票据,让1837年恐慌雪上加霜。而美国的银行拒绝为票据贴现,商人和投机商也提出了在银行中的存款,作为自卫的报复手段。如此一来,业务进一步崩溃,几乎停滞不前。银行家和商人抱着自私的心态互殴;他们不能高瞻远瞩,不会通览全局,加快了灾难到来的脚步。

1837年5月10日,纽约银行全面停业,接下来的一个星期中,全国银行接二连三出现问题,引发了美国历史上前所未有的金融骚乱。国家一度被拉到破产边缘,良久才得以恢复。

过后两年，银行努力想要恢复从前的信誉和稳定，然而方法不当，旧病复发，经过了一番淘汰，近 1/3 的银行都一蹶不振。850 家银行中，343 家永远关上了大门。

1840 年，国会法案规定，政府官员应各自保管公共财政，美国只能以硬币形式接受支付，财政部不能接受或支付银行票据，在这样的情况下，纽约分库成立。

这一简短的章节讲述的并不是我在华尔街 28 年所耳闻目见的历史，但 1837 年的恐慌的确是类似恐慌中的首例，对华尔街有着非常深刻的影响。鉴于此，在这部回忆大规模商业动乱的书中，不妨一提。

所以，我就为这段故事留了一些空间，作为一段金融历史记录下来，使篇幅能与其重要性相称，这段故事在许多投机商、银行家和商人的脑海中依旧清晰。1857 年恐慌后，我来到华尔街后不久，就有幸结识了这些人们。

他们详细地讲述这场恐慌的前前后后，但现在他们大部分都已经不在人世。

我觉得我应该在记录这一段华尔街早期重要历史方面，贡献出自己的一臂之力，因为再过不久，那些真正经历过这一段激动人心历程的人们，就再也不能讲述这段故事了。

第十二章
Chapter 12

首次真实披露 黑色星期五

制造黑色星期五的动机是出于爱国。——劝说鲍特维尔和格兰特出售黄金。——吉姆·菲斯克在这次投机闹剧中扮演的角色。——销声匿迹。——华尔街骚乱扼要。——以色列人如何昏倒。——"现在啥价啊?"——古尔德是"囤积"黄金的主谋。——他如何成功从伊利公司获利。——古尔德和菲斯克怎样诱导格兰特总统,把他及其家人牵涉入阴谋。——伟大投机案一瞥。

1869年,美国粮食大获丰收,远远超过了国内需求;这样理所应当出口其中一部分盈余,好处良多。

银行家和生意人的信件从全国四面八方雪花般地飞进华盛顿,告诫财政部千万不要像之前那样抛售黄金,这样溢价就可以上涨,国内商品出口就会比较容易;而此时国内的货币正在遭受贬值,却还被视为鸡肋。因此,政府决定无期限地暂停黄金交易。

杰伊·古尔德等人很满意于政府即将采取的政策,于是开始买入大量的黄金——他们当然是出于爱国心,为刺激棉花和谷物出口。前后三个月的时候，他们都成功地以135美元到140美元的价格稳定收购了大量黄金。

这才是真正的黑色星期五投机的根源所在。

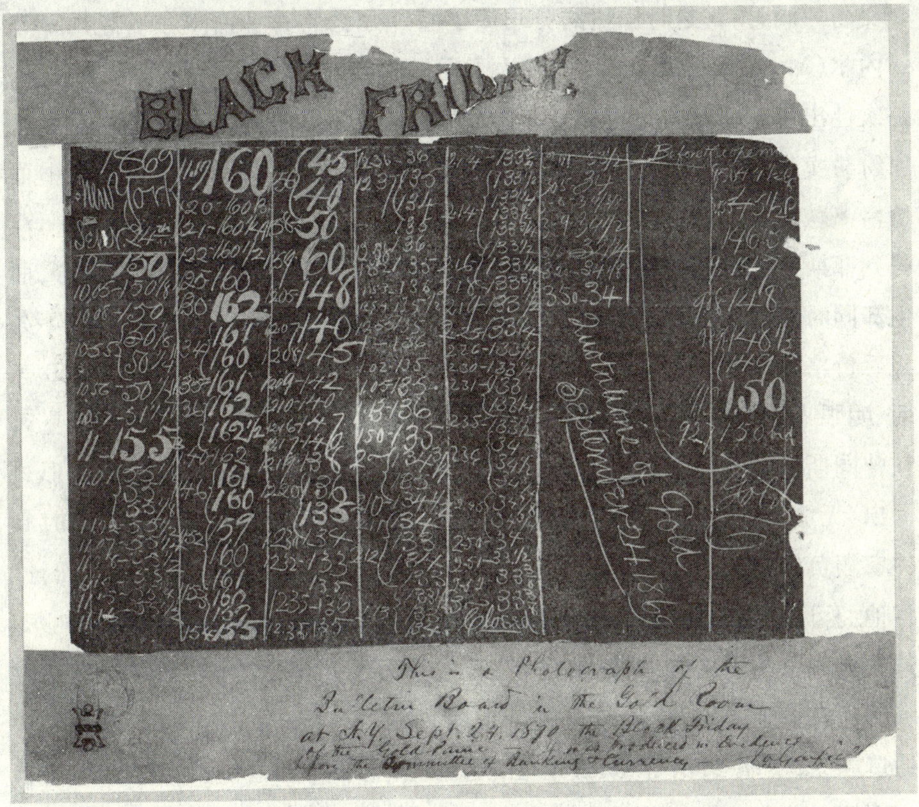

1869年黑色星期五。图为1869年9月24日纽约黄金交易室中报价黑板的照片，显示了黄金价格的崩溃。

黑色星期五的罪魁祸首，实质上是詹姆斯·菲斯克，那个周五的前一天，他开始对高金(high gold)产生了极大的兴趣。周五一大早，他就通过经纪人威廉·贝尔登(William Belden)和艾伯特·斯派尔(Albert Speyer)买下了大批黄金，推动价格飞速上涨。

最早的财团成员包括杰伊·古尔德、亚瑟·金伯(Arthur Kimber)，伦敦的斯特恩兄弟代表，以及罗克艾兰恶名昭著的伍德瓦德。后两者将他们的利润出售给了古尔德，而古尔德在几个能干的邪恶助手帮助下，把生意收尾。他们当时的办公室在布罗德街，现在德雷克塞尔大楼所在的位置。

以上因素将华尔街的情绪触发到高潮之时,我给鲍特韦尔部长和格兰特总统发了一封电报,向他们描述了华尔街的确切情形,让他们抓紧开放黄金交易。同时,我给时任纽约分司库巴特菲尔德将军和海军军官摩西·格林内尔(Moses H. Grinnell)也发去了同样内容的电报,上层抓紧采取行动,一次性出售500万美元的黄金。政府此举的主要目的是警告黄金持有者,大家纷纷卖出,短短两个小时内,黄金溢价就从160美元下降到132美元。而价格下跌也像上升一样,引发了一阵狂潮。艾伯特·斯派尔(Albert Speyer)得到菲斯克口头的全权委托,在各个网点购买上百万美元的该价格黄金,而他却同时在其他地方以140、145、147和150美元的价格进行交易;尽管不久之后价格就跌到135美元,斯派尔还是以160美元的价格一次性买下160美元,明眼人都看出来,这是历史上最疯狂的一次利益投机。过后,菲斯克否认曾同斯派尔和贝尔登有过合约,鉴于他们得到命令也并没有以书面形式写出,无法证明,两位投机商都吃了亏,造成了无数其他人的损失。当时有一家颇负盛名的公司向斯派尔出售了不少黄金,以140美元的价格收回,这样他们可以赚到20美元,还比较满意;而刚刚买入后,黄金就跌破132美元,这一天股市关闭之前,斯派尔宣布破产,他们于是也只能破产,同时遭遇此境的还有黄金屋的大约一半人士。此事影响严重,波及范围又广,几乎无法通过国立银行继续清算,黄金屋管理委员会立即召开会议,通过决议,要求全面停止黄金交易一周,以便让成员可以私下解决他们的难题和不同意见。与此同时,国立银行停止经营。斯派尔疯狂地以160美元的价格一笔笔买入黄金的时候,这一财团也在活跃地继续以10美元的价格在市场承受能力范围内出售,利用差价私下完成了不少交易。

这些交易都没有真实存在,所以在投机活动中的大集团并没有特别大的损失。大家普遍认为这些大集团应该损失惨重,但事实相反,他们都尽量避免这些交易。古尔德损失大约400万美元,菲斯克也差不多,但却全部避免。而其他的人却没能逃避,损失惨重。

进口商是受害最严重的群体之一,许多都高价为损失买单。

黄金董事会暂时停止营业,造成了许多重要企业破产。接下来的60天内,许多协议私下达成,交易双方大多都进行了一定的妥协。

菲斯克听说鲍特维尔部长下令出售黄金，称这样会彻底地打击那些原本不存在的黄金，让他们这些人“销声匿迹”。而后黄金董事会和黄金银行停止经营，大批公司宣布倒闭，灾难的影响更加深远；接下来几乎是全面的混乱，怎样解决这样的状况成了一个难题。在这一天同黄金交易有干系的人们都无从得知自己究竟处在什么位置，如何估测自己的得失，未来未卜，谁也不知道自己的下场究竟如何。理事会里面挤满了人，整整一天，气氛有如疯人院。快到傍晚的时候，受害的金融人士们疯狂地挤在史密斯—古尔德—马丁公司的办公室门前；威胁就在眼前，公司成员都很抓狂，最后不得不呼叫警方协助保护。

这场黄金风波吸引了许多以色列人来到华尔街，他们凭着自己人数上的优势和天生的精明，成了华尔街一股不可抵挡的力量。

一位以色列人看到黄金价格从 160 美元跌到 140 美元，昏了过去；人们马上对他急救，终于他醒了过来，抬起头，睁开眼睛，看了看周围的人，操着阿拉伯口音就问：“现在的价格是多少了？”人们告诉他价格还在下降，他狂喜地昏了过去。走出黄金屋的时候，他整个人都瘫掉了，但是却更加精明，现在他在东部做生意。

这就是那一段故事，不长，但其中的场景却为一本有趣的书提供了材料。

虽然我不是那种对轰动事件很感兴趣的人，但还是收集了当时一些比较重大事件的详细资料。我觉得这些值得被人们永远记住，希望我这本书能够有幸扮演让人们铭记此事的媒介吧。

这次阴谋的内幕故事也有很多有趣成分，也告诉我们了这次计划的深思谋虑，他们如何利用环境和当时人们的感觉，来刺激当时的出口。所以在这儿，我就给大家讲一讲这次伟大的投机阴谋幕后智力争斗，以及阴谋怎样将格兰特总统和他的家人卷入其中。

我之前说过，吉姆·菲斯克被推入投机圈，成为其中的一名活跃分子。投机集团很好地利用了他，但是其间他们也会密谋自己的计划。

菲斯克原来子承父业，在新英格兰做小本生意。黄金阴谋发生前的几年，他来到华尔街，成为丹尼尔·德鲁的左膀右臂。在德鲁公司总部的经纪人办公室中,他表现得过于犀利,别人礼貌地暗示他他在这儿不受欢迎。于是菲斯克自己开了公司,将自己的投机资金同威廉·贝尔登(William Belden)先生的合并,取名菲斯克—贝尔登公司。公司只存在了不久,他们无法找到银行家来满足他们的需求,就关门大吉。不过虽然菲斯克没有当成经纪商,资源却丝毫没有枯竭。他成了德鲁先生的得力助手,而德鲁也一直寻求他的帮助。

有这段友情作为基础,加之菲斯克天资聪明,不久他就进入伊利铁路公司的管理层;德鲁当时也表达了想加入管理的意向,却没能被采纳。说菲斯克会利用朋友,这就是一个例子。

菲斯克进入伊利董事会后,签发了4000只新股票,并且大胆地通过同样的手段掠夺了其他的铁路。在接下来德鲁、古尔德和范德比尔特的相关章节中,我会更加详细地讲述这段故事。

当时,菲斯克被视为一个天才,人称"伊利王子"。虽然刚到华尔街的时候,身上并没有金钱可供自己投资,但是在签发这一大笔伊利股票之后,他就开始迅速聚敛财富。他拥有了几条铁路和几艘汽船,一家戏院,四五位法官,还有无数的律师,成群结队的芭蕾女孩。

这次黄金阴谋的头目我在这儿就不介绍了,之前已经说得够多。他也是伊利公司和黄金财团背后的主要力量之一。菲斯克在前台的动作让公众无比羡慕,而这位头目才是幕后主使。他控制了法院、法官和律师,菲斯克虽然名声不错,但不过是个木偶总裁。他严格地服从立法部门的要求,利用伊利公司的财产实现自己的利益和雄心壮志。

当时伊利公司几乎可以说是一手遮天,筹钱能力无可比拟。如果需要现金购买一条铁路、建造立法机构甚至法庭,只要卖掉几十万只可转换债券,换成伊利股票即可。古尔德因此当时就有强大的募集资金手段,在黑色星期五那次事件中扮演了重要角色。

虽然当时的环境对阴谋有利,但还需要一个富有心计的人来总揽全局,利用好一切有利因素,使得计划朝着最后成功的方向前进。古尔德就做好了这样的工作,表现出来了大家未曾见过的谋略和无上的智慧。

我们来捋下这次事件中的重点,大家就会更清楚。

当时纽约的黄金储备还没有超过2500万美元。政府当时持股不到1亿美元，1/4还是黄金证书等特别存款，一部分存在银行中，另一部分在国内流通。当时财政部根据对政府和国家繁荣最为有利的财政计划，每月卖出价值100万美元的黄金。虽然国内有控制黄金价格的势头，但鉴于形势，出售黄金的政策可能并不是对国家最好，而且鲍特维尔和他在财政部的助手也需要考虑我们的出口贸易，倾听银行家和商人的意见。

虽然在考虑国内最负盛名的金融家意见后，停止出售黄金的政策达到了一致，但是古尔德和他身边的谋略家都觉得应该上双重保险，确保在“囤积”黄金的投机过程中万无一失。格兰特总统持保留态度。阴谋者们构想了整件事情的安排，确保鲍特维尔部长不论在何种危机情况下，都不会抛弃他的政策。

这种邪恶的计划如想要取得成功，首当其冲地就是要让格兰特总统相信，停止黄金交易在当时的商业停滞、危机四伏的情形下，是唯一的商业救赎方式。然后要让他相信需要给鲍特维尔部长死命令，不能出售黄金，而后再经过一系列安排，让总统在集团囤积黄金这一伟大投机计划实现之前，不能收回成命。

如果从爱国的角度观察，这几乎就是叛国；若不是相信他们自己发现目的邪恶，在此次卑劣行径前会不会收手，还很难讲。为了让计划更加完美，他们觉得一定要用某种方法让格兰特下台才可。不过计划成功，格兰特和国家也没有经历任何形式的暴力行为，不失为一种幸运。

在此事作出解释之前，首先需要简单描述一下构成这次阴谋之前的一些事儿。

经过安排，一个美丽的仲夏夜傍晚，格兰特将军应该在波士顿帕德里克·萨斯菲尔德·吉尔摩（Patrick Sarsfield Gilmore）家中参加和平纪念活动：吉姆·菲斯克做了这次安排工作。波士顿的游船上，一场盛大的香槟晚宴正在举行，参加的有几位绅士，他们都对金融问题采取保留态度，对国情也能头头是道。出口问题和停止黄金交易的政策得到了充分讨论。这是一场理性的宴会，那些把这当成融洽交谈的人们却没有注意到，在这次古尔德菲斯克的公司筹划的活动中有着怎样的目的。格兰特将军很认真地听着当天他感兴趣的话题,但是看起来他还没有决定,是不是停止黄金交易真的是对国家最好的选择。他还没有拿定主意,他需要有充分的理由说服自己。古尔德看在心里,也十分清楚究竟需要做什么。他在加菲尔德调查委员会成员面前,简要地描述了现在需要讨论的事宜,说:"刚才,总统大人也都听了,其他的先生们也讨论了,有些人支持鲍特维尔出售黄金,也有些人反对。大家交换过看法后,有人也问过总统的意思。他说他觉得,在我们国家繁荣的背面有一些虚华,而泡沫迟早会破裂。他问我是怎么想的。我说我觉得如果政策得以实施,就会产生大面积混乱,甚至还会导致内战。工人会罢工,工厂会在很大程度上倒闭,加工厂也得停止营业。我认为,政府应当放松黄金交易,让黄金自己找到自己的价值,而实际上,黄金价格在秋季的过程中会自动回升。秋冬两季是我们获利的唯一时段。当时就是发生了这些。"

有必要说一句,我这不过是引用了古尔德在报告中所说的话,他的逻辑混乱语法错误,我概不负责。

这已经足够证明,古尔德有超强的能力让总统进入他设计的圈套,赞成一个对国家利益、对黄金集团无比重要的政策。

"我认为,"古尔德说,"政府应该放松黄金,让黄金找到自己的商业价值。"

"商业价值"含义隽永,谋划集团的头目就想把黄金卖到200美元。后来想了想又说:"政府秋天应该推动黄金价格的上升。"

这多艺术地暗示了我们的国外贸易啊!非常清楚地显示了人能有多大的力量,上升到爱国的高度。这是古尔德的伎俩之一,很少有人知道如何真正地明白这番话。在其他许多危机情况下,人们也清楚地看到了他这样的品格。这不由得让人联想到英国讽刺诗人萨缪尔·约翰逊博士的名言:"爱国主义,是无赖最后的避难所。"

事件泄露时,财政部副部长范戴克也辞职卸任。当时,古尔德主要的任务就是找一个接班人,好在"囤积"黄金时机成熟的时候控制财政部。阿贝尔·科本(Abel B. Corbin)就顺理成章地帮助古尔德继续他的计划。科本在商业和政治方面都受过良好的教育,也有非常丰富的经验,曾经在华盛顿多年游说。金融方面他消息灵通，下笔如神，出口成章。她的太太同格兰特夫人是姐妹，他也经常有机会把消息传达到总统的耳中，科本也非常好地利用了这些机会。

罗伯特·卡瑟伍德（Robert B. Catherwood）是科本继女的先生，古尔德和科本就副财长事宜接近他。他们急切希望卡瑟伍德能够接任，告诉他如果他成功进入政府，就可以用完全合法的方式赚得盆满钵满。

这样，卡瑟伍德就在调查委员会成员面前作证，但他补充道："对于什么是合法方式，我和他们的意见不同，我拒绝就任。"

政府于是转向丹尼尔·巴特菲尔德（Daniel Butterfield）将军。他得到邀请的时候反应同卡瑟伍德完全不同，证明他完全能够应付局势。他给科本先生写信盛情感谢，说自己感激万分，并表达了自己会干出一番漂亮的事业这样的期望。于是，巴特菲尔德理所当然地就任了。

古尔德的投机计划就又前进了一步。这样一来，科本和古尔德就成了拴在一条绳上的蚂蚱，两个人也都很满意这样的结果。对于科本在这件事情中的价值，古尔德曾经作出下面的高度评价："他是位很精明的老男人，一眼就能看清局势。说自己觉得自己站在了真正的舞台上；政府可以合法而公平地推动粮食出口，把西部的产品卖到不错的价格，他们也应该这样做。他急着要求我去见见总统，我们就此事也交换了看法。"直到鲍特维尔确定不再出售黄金，科本才同格兰特谈话。一次在格兰特家的会面上，古尔德和科本都在，总统说："鲍特维尔命令出售黄金，我也听说了这件事情，撤销了命令。"

直到总统亲口说出，古尔德才觉得自己的计划已经圆满。但是现在各个环节都已经就绪。因为商业需要，银行家和商人基本上都站在他这一边，他认为分库也已经就绪，如果格兰特不改变主意，董事会也认为美国财政部受法令的约束不会破坏合约。不过不能排除格兰特改变主意的可能，因为不管他的反对者或者政界敌人怎么说，他根本对计划不知情。

为确保万无一失，格兰特必须要离任一段时间。这是这场阴谋的高潮。在波士顿的和平狂欢聚会后，这些徒党就将这个夏天的剩余时间打磨这场阴谋。这样的大阴谋通常需要时间和耐心。传言"警棍"波特、"恶棍"迈克和其他流氓头子在用他们的棍子撬开保险箱或者麻醉倒看门人之前的时候,都要对银行和其他金融机构研究上一年半载。

看来徒党们同格兰特联盟团结起来非常必要,而格兰特也需要坚信这样做是为了国家安全考虑。黑色星期五之前一个月左右,也就是8月中旬时,吉姆·菲斯克应当在纽波特会见总统。格兰特仍旧摇摆不定,虽然他已经给鲍特维尔下达了指令,但仍旧还在施行他出售黄金的政策。他可能会怀疑,古尔德—科本公司这么心切为国家繁荣考虑,未免有些做作。所以,一定要给他一些压力才好。

说到纽波特那次会面,菲斯克说:"我记得当时是在8月,格兰特将军来到纽波特,然后我去接他。我们之前见过,但觉得还没有熟到我需要的程度。我拿出了古尔德先生的一封介绍信,信上说我们在地中海有三百艘货船,从黑海开来,上面承载着粮食,准备去供应利物浦的市场。当时的黄金价格大约是34美元,如果这样的价格持续下去,我们秋天就没法运走粮食。我知道我们都很紧张这件事,我也和格兰特总统详细地谈过,说服他他的政策只能让我们全盘毁灭。然后他问我,我们什么时候才能再会面,我们约定了时间。他说:'下次也叫上鲍特维尔,不然就把他叫去那里。'"

徒党成功地蒙蔽了总统,谁想走漏点风声都不能;在当时的情形下,需要刺激出口,提高黄金溢价,才能对国家有利,但是这样的观点无法传达到格兰特的耳中。和总统交谈的所有的人都站在同一边,他就自然而然地相信多数人的观点一定是正确的。

9月1日前后,总统决意已定,古尔德就以132.5美元的价格为科本买下了150万美元的黄金。刚开始买的时候,古尔德有些胆怯,因为他听说,一些短缺黄金的操作人员安排同鲍特维尔共同用晚餐。后来才从科本那里得到包票,总统已经以书面形式告诉鲍特维尔,在没有咨询他的情况下不准出售黄金,于是古尔德决定开始实施他的伟大计划。现在万事俱备,只差把总统请到一个安全的地方,让他休整到金融风暴结束再出来。

这毁掉了格兰特的一世英名,但阴谋之巧妙,也让他完全蒙在鼓里。

当时,他被劝去了宾夕法尼亚州一个偏僻的小镇,名叫"小华盛顿"。大家把一切安排得井井有条,他以为自己是去会一位住在那儿的朋友。镇子上没有电讯,其他形式的交通也很不方便。总统在这里待了一个礼拜,而与此同时,徒党们就准备行动。

总统在小华盛顿的这段时间里,菲斯克买下了七八百万美元的黄金。当时,古尔德对菲斯克说:“一切都安顿好了。巴特菲尔德也搞定了。科本把巴特菲尔德搞定了,把格兰特也搞定了。我觉得已经万事俱备了。”

这是一种带有复仇心理的爱国主义。想想这有多大胆吧！古尔德把总统推入一个深渊,让他无从得知他们在“囤积”黄金,然后转身又责备民主党的第一法官,说他对制造恐慌知情不报,在商业圈内造成了大范围的恐慌,让他成了全世界的敌人。

古尔德和菲斯克同时还通过科本想要将格兰特的家人以及他的私人秘书霍勒斯·波特(Horace Porter)牵涉其中。菲斯克和科本会面时,意图得到了充分显示。菲斯克后来作证:“我跟科本见面的时候,他还对这件事情很晦涩,但是还是说出口,告诉我格兰特夫人已经表示了兴趣;用 31 美元到 32 美元的价格买下了价值 500,000 美元的黄金,以 37 美元的价格卖出;科本自己持有两百万美元的黄金,其中 500,000 美元属于格兰特夫人,还有500,000 美元属于波特先生。我也没问他是不是将军。我光记得他叫波特。后来才慢慢水落石出的。他发现古尔德告诉了我这些事情之后,跟我差不多时候走漏了消息。我说:‘现在,我跟您的交易可是没有一点儿干系了。我们开始了一个大项目。古尔德已经失去了对事情的控制。弄清楚之前,这事儿看起来很严重。能不能成功,主要取决于政府会不会把责任移交到我们手上。’他说:‘您根本不用担心。’我说:‘我想知道古尔德告诉我的是不是真的。是不是真像他说的,你把 25,000 美元送去了华盛顿?’他承认了,说在古尔德的帮助下,属于格兰特夫人的 500,000 美元都得到了转手,买入时价格为 32 美元,卖出时在 37 美元左右,格兰特夫人赚了 27,000 美元,已经送出了 25,000 美元的支票。我说:‘科本先生,您还有什么没说,能给我展示下吗?’‘这个嘛,’这位老人说,‘这我可爱莫能助,不过没什么。’他接着无遮拦地说:‘真的没什么。’离开的时候,我觉得我很肯定科本在说实话。”

还有人曾在加菲尔德委员会面前,想证明曾有价值 25,000 美元的包裹通过亚当快递公司送往格兰特夫人,但专家却无法确认包裹上写的究竟是

25,000还是250,因为最右边的两个零被挤到了百位上,也不知道在这两个零和250之间是不是有个逗号。

集团的目的很明显,是要以某种形式将总统的家人牵连进去,这样就可以利用行政的影响力来帮助他们的投机计划成功。但是加菲尔德委员会在报告中却称:“阴谋家们想要陷害美国总统的邪恶行径彻底失败了。”

如果菲斯克跟他的同伴一样临阵不惊,计划就可能成功;但是他的性急、焦虑和激动却从一定程度上断送了这个阴谋。

菲斯克太心急想要确认格兰特这里不会出现问题,急着让科本给格兰特写信,让总统坚守立场,不要让财政部出于任何考虑出售黄金,这就有点儿画蛇添足。结果却成了格兰特不知情而被利用的证据。菲斯克将科本的信件用一位匹兹堡的特别信使策马28英里亲自送到总统手上。总统读过信,马上就有了疑问。他开门见山地对信使说:“不错,没有答复。”他开始看明白了这场阴谋,马上要求夫人写信给科本夫人,让科本先生别插手古尔德和菲斯克的事情。

格兰特夫人写信给科本夫人,告诉她,总统看到她先生和华尔街投资阴谋搅在一起很是不放心,她应该尽快劝说他不要再插手此事,不要和那些想陷害总统的人们同流合污。

科本马上就遵从了来自小华盛顿的命令。他很焦虑,但是贪婪的力量却十分强大;和古尔德一刀两断,脱离集团的时候,他还向这一阴谋的始作俑者要求分红。回忆起这件事情,古尔德说:“我告诉他我可以给他100,000美元,如果我卖的成功,他要愿意我就按我这儿平均数支付他。但当时我可不想再帮他买黄金了。”

对总统的阴谋就这样收场,总统此时也火速前往华盛顿。

现在,读者们请仔细听我来讲述华尔街这场黑色星期五投机大戏的结局。这一集团如何利用巴特菲尔德副部长,成了一个不能说的秘密,而他在星期五也没有得到大家想象的那么大的权力。当有人谴责菲斯克为从政府获取信息而窃听电报,他回答说:“撬开巴特菲尔德的嘴,我们想要的就都有了。”

这很可能是菲斯克的夸口之词。

9 月 22 日,星期三,黑色星期五两天之前,据信这一阴谋集团所拥有的黄金,比纽约分库库外的所有黄金价值还多出几百万美元。其中,贝尔登当天持有 800 万,史密斯—古尔德—马丁公司也购买了相当的数目。他们在布罗德街的威廉·希斯公司办公室里召开会议,认为如果没有贷款,没有强迫"卖空",他们手中的黄金价格能推至 200 美元。但是为 3000 万美元的黄金找到市场,也是个大难题,而被套牢的风险,也成了他们计划的绊脚石。

周四早上,百老汇大街上贝尔登公司的办公室中,又发生了一场争执。古尔德、菲斯克、亨利·史密斯和威廉·贝尔登都参加了会议。会议内容一直是机密,但结果就是贝尔登的著名举动:命令员工将黄金价格提高到 144 美元,保持不变。那天贝尔登买下了大约两千万美元的黄金,开市价格为 141.5 美元,市场关闭时上涨到 143.5 美元。

徒党领袖们晚上又开了一次私人会议,讨论第二天是不是要关闭交易。他们手中持有逾 100,000,000 美元的黄金合约,古尔德说卖空利润是250,000,000美元。整个城市中的黄金总价格不超过25,000,000美元,这与集团合约中总量的差异,就是可以通过"囤积"获得的巨大收益。

星期三,黑色星期五两天之前,据信这一阴谋集团所拥有的黄金,比纽约分库库外的所有黄金价值还多出几百万美元。

菲斯克建议,徒党这个时候应该出手,张扬事态,提出 150 美元的卖空报价,却遭到了同伙人的拒绝。

黑色星期五当天早晨,贝尔登和威廉·希斯在第五大道酒店很早用过早餐,然后马上回到自己的办公室。贝尔登宣布,黄金价格升至 200 美元。"过了今天,黄金屋就不复存在。"他补充道。大家听到贝尔登这种威胁的言辞,纷纷赶来抛售。用亨利·史密斯的话说:"他们都匆匆前来处理手上的黄金。"他在史密斯—古尔德—马丁公司的办公室中以 150 美元到 145 美元的价格出售,而另一边,菲斯克和古尔德的经纪人阿尔伯特·斯派尔一次性地以 160 美元的价格买下了价值 100 美元的黄金。直到价格下跌到 133 美元,斯派尔才意识到自己的可笑。这天早上以来,他以 160 美元的价格买下了 2600 万美元的黄金。

中午,因为许多人贪红了眼,整个工作陷入危机。贝尔登前来找古尔德和他同事的时候,希斯办公室的场景简直难以形容,大家都不知道那些红了眼的购买者会作出什么样的举动。当时一位在场的人这样描述:“贝尔登进门的时候,我正好出去。我在走廊里踱来踱去等着他出来。警员们——不然也是打扮得像警员的人们——开始前来,守在希斯办公室的门口控制访客。我觉得等了好久,杰伊·古尔德才从后门蹑手蹑脚地出来,四下看看有没有人,然后从楼后的过道溜走了。接着菲斯克就跟了出来,大喊大叫,显得很焦急。他刚开始追错了方向,跑去了布罗德大街,马上发现走错了,就跟着古尔德走进了后面的过道。接着,贝尔登也出来了,披头散发,眼睛都红了,好像刚哭过。他喊:‘他们哪儿去了啊?’我指了方向,他就也追过去了。那条路通往华尔街。走到街道尽头,这些阴谋家们就跳上了一辆马车,逃到华尔街去了。”

但是,他们没有去华尔街,而去了布罗德街上史密斯—古尔德—马丁公司的办公室共商大计,希望能够要求林奇法官主持正义;这些人但凡一露面,门口的街灯旁边十有八九就会出现一位气喘吁吁的人。为了保证他们在里面绝对安全,外面有一小群警察站岗,密不透风。这些阴谋家们在这儿待到了凌晨,忙着研究出他们在黄金交易中站到了什么位置,想得越多,他们就越怀疑自己到底是神志清醒还是头晕脑胀。

虽然黑色星期五的“囤积”事件在一段时间内带来了灾难,却为金融和投机做了前车之鉴。在《恐慌—恐慌的原因—如何避免》章节中,我提出了一些观点,觉得金融人士、投机者和投资商们可以用这些建议来为即将到来的恐慌或“囤积”做好准备。

第十三章
Chapter 13

美国大恐慌的前后经历

1907 年的恐慌,调动起了以往恐慌中的所有情绪,因此我们在此简要回顾一下,还算及时。乔治三世年代,波士顿倾茶事件过后的小恐慌揭开了美国内战的序幕,从此美国的十三个州脱离了英国佬的统治;因为国家贸易量小,银行也没有完全发展,国家信誉就比较匮乏,这次小恐慌并没有造成深远影响,但却点燃了波士顿倾茶事件的导火索。

1812 年恐慌,是美国史上的第一次大震动,起因是过度贸易和全国各处经济的过度膨胀,但因为当年美英发生战争,就不了了之。当时国家的银行资本只有区区 700 万美元,但 90 家银行在此过程中倒闭,政府在筹集战资的时候也遇到了很大的困难。内战前美国贸易和加工业都非常繁荣,这下突然瘫痪了。

出于恐惧,经济形势由过度通胀转为过度紧缩,对市场价值和信用造成了极大的影响。但政府战资在成功处理债券后,逐渐刺激了经济从谷底恢复,停工的产业也重新开张,无所事事的人们也得以再就业。

1823 年恐慌过后,1825 年贸易才恢复,但这场恐慌却没有多少记录,可见其强度和破坏力肯定不如 1812 年。这次恐慌同样是过度贸易和信用过度膨胀之负面影响的例证,且期间也没有发生战争之类的大规模事件,为恐慌画上终止符。

1907年恐慌,图为1907年10月因银行危机恐慌而聚集到华尔街上的人群。

1837年恐慌则更严重,更具破坏力,因为这次恐慌的过程正值美国扩张领土,增加人口和财富之际,从而造成了更为深远的影响。同从前的恐慌——乃至所有的恐慌——一样,这次的导火索也是贸易、投机和信用的过度膨胀,但因为美国银行遇到的种种麻烦,加上杰克逊总统对该银行的反对,这次恐慌得以制止。

当时尤其是在土地和新铁路项目方面,投机已经走向疯狂;而在英格兰,土地和铁路还处于襁褓阶段。当地最早的蒸汽发动机建造者乔治·史蒂文森(George Stephenson)的成就马上点燃了美国铁路工业之火,推销人都忙于筹集建造铁路的资金,强有力地推动了土地投机。

在程度和影响上,1857 年的恐慌则比 1837 年那次严重得多,原因和 1812 年相同——美国土地、人口和财富的扩张。主要原因可以追溯到国家投机性企业的巨大扩张,1849 年加州发现金矿后,铁路建造方面尤甚。但导火索还是俄亥俄保险与信托公司的倒闭,而这家公司在华尔街上也有代理。

纳瑟街角落中,俄亥俄保险与信托公司一直被视为金融的支柱,全美都没有其他机构在信用上能与之匹敌,比这家公司更有信心——尽管他们的自信很无厘头。大家听到支付停止的消息,好像遭了晴天霹雳。突然袭来的打击让金融和商业世界中一片沮丧,全国信用普遍遭到破坏。

这次的确是恐慌。银行票据到处都得不到信任,大家纷纷前往银行赎款;银行都暂停了硬币支付,只有纽约化学银行(Chemical Bank of New York)赎回了自己发行的票据。接下来,从缅因到加利福尼亚,商业萧条如浪花般卷过,几千家银行关门停业,近 3/4 的铁路公司和其他大型公司违约,申请破产保护。月复一月,萧条愈发深重,直到恐慌过后一年还是如此,有些曾经价值最高的铁路股每只跌到了 3 美元到 5 美元,包括密歇根南部和黑人区也是如此。同时,公司取消回赎权出售和重组的一幕幕惨案,都向我们讲述了当时金融的崩溃局面。

1861 年 3 月 4 日,林肯宣誓就职,内战爆发,美国仍没从这次大型恐慌中完全恢复。当时国内面临着重大的战争危机,但萧条的影响慢,波及范围小,延迟性大,因此从未被称为恐慌。不过有说法认为,1860 年 11 月林肯当选总统之时,各方面人士预计南北会发生战争,恐慌就悄然开始,直到 1861 年美国政府停止硬币支付后,决定发行纸币,这场危机才结束。

1857 年恐慌以及接下来的萧条,差不多是 1837 年的翻版,也就是众所周知的"乱发纸币"。实际上,这是一些得到比自己应得多的银行票据或者支票的人们作出的一些小变动。在纽约,有偿付能力的纽约银行从未被拒绝付款,而其他银行却遭禁;但变动过后,硬币供给停止,银行也停止了硬币支付。这样一来,除非确切数额得到确定,否则就会出现乱发纸币的现象,控制收支平衡。

纽约当时到处都是店主、酒店、饭店、沙龙、理发店等签发的个人小额债款,很多都是手手相传,直到上面沾满污渍,无法继续传递。这可以说是最不义的不义之财,大家都认为只有银行现金支付,才能够赎回。不过当然,很多一直都没有赎回,金额小则一分,大则几美元,北到缅因,南到得州,到处可见。

黑色星期五的黄金恐慌是华尔街的一次痉挛,和其他恐慌一样,并没有波及甚广。事情发生在1869年9月24日,是一场由杰伊·古尔德为首的囤积黄金阴谋,并且强迫“卖空”和进口商以高溢价购买。古尔德成功控制了纳瑟街第十国家银行,恐慌当天过度认证了价值7,500,000美元与囤积相关的支票,银行于是被政府银行监察部门强行关闭。在这次囤积黄金的阴谋中,许多丑闻都浮出水面,还导致了纽约财政部副部长的辞职,以及两家受黄金囤积人士雇佣买卖黄金的中介公司的垮台。阴谋家们将黄金价格从119.5美元抬高到162.25美元,听说政府将要出售五百万美元的黄金后,火速下跌30%。接着,黄金清算所暂停营业,同时股市关闭,以避免过后不久的股市恐慌。黑色星期五虽然不是商业恐慌,却对华尔街的许多公司有极强的杀伤力。

随后就爆发了1873年的大恐慌,9月13日从华尔街开始,引起了许多著名银行和经纪公司——包括豪斯和玛丽—凯尼恩·考克斯公司(丹尼尔·德鲁是这家公司的特别合伙人)、费斯科·哈奇公司和杰伊·库克公司——的倒闭,然后迅速蔓延至整个国家。许多公司纷纷关门,华尔街从早到晚都人潮汹涌,股市也被迫暂停10天,以防止股票损失。

这次萧条如此严重,可能是因为9月19日那天,22家股票交易市场都停止了支付。银行和信托公司遇到麻烦的谣言四处传播,存款遭到严重挤兑,联盟信托公司被迫暂时停业,以筹集资本应付挤兑。许多银行都没有能力支撑,9月20日傍晚,纽约票据交易所决意按照1860~1861年危机时采取的措施,发行10,000,000美元的票据交易所贷款凭证。同一天,股市也被管理委员会关闭。

9月24日,又有10,000,000美元的凭证得到签发,27日,恐慌势头已经无法控制,所有发行票据进行限制的条规统统撤销。除小额外,银行不再以现金的形式向存款者支付,而是给他们可以通过票据交易所兑换的认证,联盟的每周银行结单也在9月27日暂停,12月28日才恢复。10月20日,票据交易所的贷款认证达到高潮:22,400,000美元。9月30日,纽约股票交易所在暂停10天交易后恢复营业。交易所关闭期间,布罗德街上出现了股票和债券的场外交易市场,但那里现金只能以危机价格买卖。1873年的恐慌比1907年严重得多,恢复得也相当缓慢。1884年恐慌波及范围远远超出了华尔街,但在华尔街,震感最为强烈。

追究起1890年股市恐慌的原因,是伦敦巴林兄弟公司(Baring Bros. & Co.)倒闭,以及为了消除恐慌而从这里出口了大笔黄金,但这一场恐慌并没有传出华尔街,而且马上就画上了句号。然而,1893年的恐慌更为严重,范围也更广,造成了全国范围内15,000家机构的倒闭。同以往一样,这次恐慌是由过度投机和贸易、股票和新企业过度扩张造成。但是更直接的导火索是16—1的白银价格,这导致了美国财政部黄金的挤兑,直到财政部各点持有黄金总量低于约8,700,000美元才罢休。1893年2月,克利夫兰总统作出了广为人知的举动:从摩根—贝尔蒙集团为美国债券购买黄金,其中我们62,312,500的债券40%购买了3,500,000盎司。在集团的努力下,黄金出口停止,财政部黄金储备也再次充盈,美国人开始逐渐恢复了信心。这样,挤兑结束;再后来,大大增加的关税慢慢将我们的黄金输入给政府,其中有很大一部分黄金都并非财政部原先的储备。

我们来分析一下1907年恐慌的原因。罗马城不是一天建成的,就像从前的危机一样,主要起因还是可以兑换现金的债务信用泛滥。贸易和投机长期以来都非常活跃,无限制扩张,而我在危机开始前几个月就反复指出,这样的不平衡已经产生了危险,对我们的安全造成了威胁。我说如果我们不放慢脚步,亡羊补牢,那严重的反作用力就不可逃避,剧变就不能避免。

1857年起我就从事银行业,经历了恐慌风云,以前的经历让我能够预见信用与现金之间的愈发不平衡能够最终导致经济的崩溃。这样的不平衡一般来说会很大,在贸易和投机的活跃时期还会越来越大。但是在美国,尤其是在华尔街诸多从事投机的百万富翁和投机的助长人士中,这种不均衡已经开始失去控制,流动资本已经被转化成无法筹集现金的规定形式。

但大家普遍没有看到危险所在而采取防御措施,直到10月21日,纽约票据交易所得到商业银行通知,第二天不要为尼克博克信托公司(Knickerbocker Trust Company)清算;同时,票据交易所对国家商业银行做了测试,命令其所有的官员和主管立即辞职,准备帮忙。

公众被吓了一跳,纷纷从尼克博克信托公司中提出存款,公司当天开门营业才不过两小时就被迫关门。这种做法对不信任的情绪更是火上浇油,波及了美国信托公司及其公司,林肯信托公司也开始遭到挤兑;在布鲁克林,六家银行和一家信托公司都暂停营业,第二天,黑人区的汉密尔顿银行也被迫关门。

与此同时,各家银行及信贷公司都面临着客户纷纷提款的局面,而提出的钱却不是存放在其他机构中,而是被囤积起来,造成了严重的货币紧缩,股票交换市场上的贷款年利率一次性上升到了百分之四五十,直到这一年结束,还保持在百分之十五到二十五上下。

纽约票据交易所了解到,必须要马上巩固联盟内的银行,不要让存款干涸;10月26日,交易所决意对他们可能存入银行的款项凭证,并且使用这些凭证支付他们在交换所的账目。银行松了一口气,于是纽约其他的银行和票据交易所也纷纷效仿,许多国家银行也发行了自己的支票,面值最小仅有1美元,用它们来支付存款支票。

但我们不能忽略这样一个事实,虽然这次危机产生了巨大的影响,但仍旧在很大程度上是由恐惧——由不信任滋生出的恐惧——引发。

这次危机的主要特点和具体细节,我已在别处加以阐明。但我们不能忽略这样一个事实,虽然这次危机产生了巨大的影响,但仍旧在很大程度上是由恐惧——由不信任滋生出的恐惧——引发。这也是一切恐慌的导火索,若非人们杞人忧天,恐惧根本不会发生。在我们的案例中,恐惧的根源在于因为多方面引发的信用情况严重损坏,而恐惧又造成了银行和信托公司的挤兑,人们蜂拥去提取存款,造成存款焦虑。为填补这种状况造成的恐惧,我们也付出了比以往更多的努力,进口了价值一百万美元的黄金。

钱财的囤积,以及接下来的银根紧缩,再加上81,000,000美元的清算所贷款凭证,造成了货币的溢价,一度高达4%～5%,因为这要求银行部分停止对需要清算所支付的支票进行支付；如果他们愿意用小额货币存款，则另当其说。但幸运的是，12 月 31 日，溢价跌至 1/4 到 3/8 之间，1908 年初就销声匿迹了。同时，在贯穿整个危机始末，许多雇主都发现要想得到足够支付工人的资金，面临着很大的困难，也需要巨大的开销；在匹兹堡和其他劳工中心，工资都是以银行或雇用公司股票支付。而在匹兹堡，这样的票据也能够得到普遍认证。

固然，这样的情况严重地影响了各种形式的买卖，造成了所有公司的堕落和半瘫痪状态，几十万工人都因工厂和其他加工机构停工而失业。但风暴结束后，资本市场再次宽松，各种迹象都显示出贸易和加工产业较快恢复到正常水平。直到 1908 年 1 月 11 日，清算所宣布银行储备赤字消失，1 月 3 日，盈余达到 6,084,050 美元，而在此前，赤字高达 11,509,550 美元，甚至一度触及 81,000,000 美元。

我们不能认为，因为我们从欧洲购买了几亿美元的黄金来缓解危机带来的货币压力，就让其他的国家成为我们的债主。我们所购买、支付的黄金都是以我们的资源为代价，他们的价值等同于现金，只不过形式有所不同：出口棉花、谷物、石油、铜矿和其他美国的产品。

欧洲对这些商品的需求甚至比我们对黄金的需求还要重要。因此，我们双边所做的不过是买卖，谁也没有给谁什么恩惠。实际上，英国和法国都竭尽所能限制我们进口黄金。英格兰银行将利率一举提高到 7%，直到我们停止购买黄金，就是证据。很明显，这是银行的防御和保护措施，不过，终究是在我们前进道路上的障碍。

他们自称这样做是为了防止我们毫无限制地从欧洲攫取黄金，但是虽然我们面对着严峻的困难，竭尽所能地进口黄金，还是等到我们停止购买后，英格兰银行才将利率降低到 6%。这就表明是我们控制了英格兰银行，而不是英格兰银行控制了我们。我们没有受什么人的帮助，我们在自助，也没有让别人给我们什么恩惠。

这一重要的事实，验证了我国不论在金融方面还是在商业方面，都十分强劲，我们有丰富的资源，我们的商业地位也非常巩固，地基十分牢固。国家的坚强带我们走过了危机带来的巨大苦痛，而在危机下，我们也显示出了良好的秩序,也同样证明了上述观点,表明我国是一个伟大的国家——是资源最为辽阔的国家,最能够获得财富的国家。

而美国通过惊人的对外贸易,通过美国游人每年去欧洲旅行,与世界其他国家的人共同分享我们的财富。如果1907年他们花费的1.5亿美元没有带出国外,可能我们就不用从国外进口黄金来缓解危机。欧洲应该谢谢我们,在这种发展的年代,如果没有美国,欧洲的贸易和商业会变成什么样子呢?

在1907年恐慌中,全国的人民都学会了如何面对危机,如何在这样的情形中鼓起勇气,这就预示着我们能够快速恢复,也为国家以后的繁荣和进步铺好了道路;相比1812年、1837年、1857年、1873年、1884年和1893年,这一次的危机有更好的恢复前景,因为毫无疑问,现在我们的财富、人口和资源都比过去丰富得多。

1873年恐慌,纽约清算所仅向旗下银行签发了16,000,000美元的清算所凭证,而在1884年签发了21,000,000美元,到1893年增长到21,000,000美元,1893年达到41,000,000美元,而1907年这最后一次恐慌已陡然增长到逾81,000,000美元。危机虽然严重,但却有净化作用,从银行、铁路和其他事业公司的管理中移除了大量有害危险的投机因素,取而代之的是更高水平的商业道德。可能我们在此可以引用一句莎士比亚的名言:结果好,一切都好;还有一句《圣经》中的话:否极泰来。至少,我们从"危险"的巢穴中,摘到了"安全"之花。

欧洲的银行圈对我国当前局势的看法同我们并无大异,觉得罗斯福总统不应该为这次危机负责。伦敦著名银行家、议员,同时也是不列颠影响最大的金融人士之一拉斐尔(H. H. Raphael)12月时曾说:

"我们觉得罗斯福总统不仅勇气可嘉,而且也是美国总统中最有能力的一位。我们欣赏他的勇气和独立。毋庸置疑,美国人都深深地爱戴他;他按照你们的需要,将美国做了彻底的清理,虽然你们现在正在经历金融风暴和极大的压力,我们却能够感到美国强大的恢复能力,不用多久,美国将会在经济高速公路上快速驰骋,比从前更加井然有序,也比从前更加强大。"

他的观点值得一提,因为他说的都是心里话。赞扬罗斯福,不可能是为了政治原因,也不可能出于选票考虑,如果美国只有一位伟人的公共事业业绩值得我们鼓掌欢呼,那么这个人一定是罗斯福总统。

第十四章
Chapter 14

华尔街的繁荣

华尔街正处在一场繁荣中，而这次繁荣与历史上以往的却都有不同，可能最有趣的一点就是缺乏投机因素。这样看来还算独特。许多股价都升高，价值也有所上涨。市场拥有了一切调动大家情绪，让整个国家都把目光投往股市的因素。可尽管如此，华尔街人士的心态还算平和，也不知道大众有没有认识到，有没有从报纸上读到，这不过是一场再正常不过的繁荣期。我认为，之所以会如此，是因为这次繁荣根源之深，没有任何不自然或者虚假的成分。华尔街只不过是全国繁荣的一个中心。农民、商人、工程师、工人和矿工都在忙于自己的工作，因此没有注意到我们这儿的进程。促进股票繁荣的条件同时也在推动者国内其他事物的发展，这里就也就谈不上什么值得注意。

华尔街只不过是全国繁荣的一个中心。

华尔街繁荣中没有以往的兴奋情绪和喧嚣事件，还有一个原因——缺乏中心力量。一般说来，每次繁荣期中都会有中间人物操纵着市场价值。这一次却悄无声息。市场被操控这样的情况，甚至最不经意的观察者也能一眼就看出。但是根源可能只有几个人能看清楚，其他人只不过是华尔街上蹒跚学步的婴儿。他们知道新的命令颁布下来，命令来自华尔街上最具实力的力量，其中最主要的标准石油公司

(Standard Oil Combination),也是悄无声息地进入华尔街的操作中,但是他们在公司事务中所采取的措施都不可抵挡。与标准石油相比,其他在华尔街上的个人和组合都相形见绌。突出的大运营商出现在华尔街上,但不过是瞬间闪过的流星,在华尔街的头目的强光照耀下,已经见不到踪影。

罗斯维尔·P·弗拉沃(1835—1899),美国纽约的政治家,于1892年至1894年间任纽约市长。

杰伊·古尔德最辉煌的日子中,也经常会有失败的顾虑。范德比尔特虽然总是把华尔街控制于指掌,也曾有过为生命而挣扎的时刻;不管是投机个体还是投机集团,都有过这样的经历,直到标准石油掌权时,才呈现另一番景象,操控不再是投机。他们资源充足,只需要集中上几只股票,就可以呼风唤雨。因此,他们在股市外挑选了几只感兴趣的房产股,这是但凡会思考的人都知道的事情。他们是世界上最富盛名的操作者,手段巧妙在于不作声色,而且在进行中没有排山倒海的架势。他们没有弄得风雨满城,没有让事件登上报纸头条,没有兴奋的疯狂,而是循序渐进,不出差池。他们赚了多少钱难以计算,就算过去最大胆的投机商,所赚的数目跟着一比也是九牛一毛。标准石油公司几乎完全地控制住了华尔街。许多最有实力的金融公司都随时为他们的需要提供资源。他们的实力和设施让人们几乎无法想象,在市场上一呼百应。幸运的是,他们现在的操纵都是在走上坡路,而在此繁荣时期,为华尔街大部分人都带来了效益。

我们时不时也会听到他们亏损的消息,但跟他们赚的钞票相比,这根本不值一提。

很难想象,华尔街所经历的上一次繁荣期与现在的繁荣全然迥异。在上次的繁荣中,只有一个人站在镁光灯下,让股票交易市场一直处在沸腾当中,报纸上到处都是激动人心的故事,为许多持股者带来了上百万美金,让市场震荡了一个月之久。曾任纽约市长的罗斯维尔·弗拉沃(Roswell P. Flower)是这次繁荣的领导者,也是华尔街上的风云人物,就很能说明问题。弗拉沃长相平平,说话一般都是开门见山,不加粉饰,走起路来不稳,看起来像个家境不错的农民。他也从来不嘴角左边叼着根烟。办公室中,很重要的一个家具是他的痰盂,衣架上的衣服看起来就像餐袋。帽子从来不刷,而且可能好几天都不刮胡子。总而言之,觉得让他来领导华尔街这些受过良好教育的人们,简直是天方夜谭。弗拉沃没上过大学,从他平常的动作一般人也能看出来他有残疾,但是那些精英们却给弗拉沃打下手。因为他说话直接,人们也对他的话很有信心。他教育有限,却能根据一定的准则清晰地思考,而不会因为其他事情分散注意力,不过,弗拉沃原本也是个非常聪明的人。

弗拉沃先生兼任妹夫亨利·基普(Henry Keep)公司的管理员和地产经理,小二十年前来到华尔街,利用职位之便掌控了很大一笔基金,用保守方法获得了很大的利润。在他纽约市长任期结束之前,在投机领域很少见到他的身影。当他从奥尔巴尼回到华尔街的时候,固然德高望重。帝国州的前任市长在股市上可并不多见。他也带来很多政界的随从。纽约的两大党派都有许多人想要在华尔街赌一把。弗拉沃在首都任职期间,结交了不少共和党和民主党的朋友,然而没有人怀疑过他对党派的忠诚,而基普也和他有许多相像之处,结交了很多大资本家。离开政界,专注经商后,弗拉沃选择性关注了几只股票——芝加哥石油、联邦钢铁和罗克艾兰就在其中。在他的操控下,上下跌宕的股票都显出了大幅的上升迹象,并且显出了非凡的力量和巨大的活力。看跌人士经常对他破口大骂,想把他拖下舞台,但他每次都能挣扎着再回到前线,每次都会赢得争斗的胜利。他盘踞于手上的股票之时,突然进入了布鲁克林快捷运输公司,前所未有地搅乱了华尔街。他以6美元每股的价格买入股票,在很短的时间内就将股价推至138美元。几乎纽约所有的政客都因为这些票据赚了一笔。华尔街的新闻报道中,弗拉沃是个焦点人物,而媒体日复一日的报道也帮助弗拉沃的资金日益上升。

在快捷运输公司的一场风波冲击下,华尔街几乎所有的股票一路飘红。

每次一出现下跌的迹象,马上就会被淹没,然后更上一层楼。前任市长鼓吹着美国主义,赞扬着经济的信心,让所有的人相信,但凡股票在美国落脚,您就随意购买,而且总是安全的。

这次繁荣没有造成恐慌,原因只有一个:弗拉沃突然辞世。如果他再多活 30 天,泡沫就会被戳破,结果就会大不相同。弗拉沃去乡下休整了一天,吃了些汉堡胡萝卜,喝了很多凉水,因急性消化不良撒手人寰;他的去世,拯救了华尔街。

洛克菲勒、范德比尔特家族和其他有钱的朋友都带着几百万美金冲进了市场。他们指出让弗拉沃的去世影响股票价值的说法非常荒谬。他们否认价值的中断是在高压下的自然结果。于是报纸上流言遍布,中断得到制止。这本来是一道大口子,但只出现了一些小问题,事态之所以没有发展得更严重,是因为标准石油和其他公司一直在支撑着局面,及时出手防止了大面积的崩溃。着手小盈利的小投机商一个不剩,但大公司们却得以幸存。这可能是历史上唯一一次大操纵者去世而拯救整个股市崩溃的例子。受伤的是政客,是那些小本小利的操纵者,他们分文未赚,反而全盘皆输。

弗拉沃繁荣,一部分是年轻的乔伊·莱特(Jeleiter)的功劳。莱特虽然从前碰过壁,却给弗拉沃意外带来了一些好处:发行数百万美元,支援农田抵押。莱特开始囤积小麦的时候,均价是 60 美分一耳。而在他破产之前,将小麦价格抬高到 1 美元每耳。这让许多农民大赚了一把,小麦带立即刮起繁荣之风。利用收成中赚到的钱,农民们以两三百万的价格赎回了土地,抵押贷款基本上都在东部地区。弗拉沃在华尔街打开了繁荣之窗,持股者高兴万分,此后再抬高价格就成了比较容易的事情。

约翰·皮尔蓬·摩根(J. Pierpont Morgan)现在是个响当当的名字,曾经在著名的邓肯—谢尔曼公司这家银行工作。后来他同当时美国最富有的银行家安东尼·德雷克塞尔(Anthony J. Drexel)结交。他们共同创建了德雷克塞尔—摩根公司,摩根为纽约的任事股东。德雷克塞尔去世后,摩根包揽了公司全部业务,几年以后他父亲去世,摩根又当任伦敦摩根公司主管,成了当时的名人。后来,他重组了里士满西点枢纽铁路和仓库公司,易名南方铁路公司,吸纳了一些小的铁路——其中许多财政运转都处于困境,而没有一家效益良好——将这些公司合并统一管理。该铁路组合也是现在美国最伟大的资产之一。摩根先生接下来开始集中进行当时效益很差的雷丁和伊利铁路重组。在他的操作下,这些公司脱离了混乱,铁路界一片繁荣。然而,他也同一些比较重头的持股人发生过激烈的争斗,他们觉得摩根的计划太过戏剧性,想要站出来反对他,争斗中他又频繁使用一贯伎俩:打破价值,低价购买,强化控制。

在这样的过渡时刻跟着摩根走的投资人,基本上都赚到了钱。

几年前,另一笔这样的交易由怀特先生——也就是著名的怀特执事——主控,因为他当时是朴茨茅斯教会的执事。怀特先生是华尔街上资历最老的几位经营者之一,也是最有名的几位之一。他通过投机赚了几笔大钱,却统统打了水漂,可他一点也不怵,尽管年过古稀,还是每天活跃在市场上。

这可能是华尔街上最独特的一次股票交易,当时约瑟夫·巴尼甘(Joseph Bannigan)还在鲁伯信托公司做董事长。这件事情一度引起了工业的繁荣,但是只有几个人知道,而这些人大部分都是此事的受害者。

巴尼甘是爱尔兰人,几乎没受过教育,文盲。他最早是在新英格兰的一家橡胶厂工作,每天挣1.5美元,去世时身价却高达500万美元。他精明能干,知道钱的价值,成为美国最大工厂的董事长。他深谙贸易,虽然他在写信时总是用小写i来代表自己,却成了信托公司的董事长,持有4万多股。一段时间后,巴尼甘觉得公司中其他的领导人对他不公,自己最好离开这浑水。然后他就把凭证装进手提袋里,连夜乘船离开了公司所在的普罗维登斯,一大早到了纽约,吃过早饭,直接去了股票经纪人的办公室。他之前反复确认这个经纪人可以相信,于是开门见山地告诉他自己想做什么。

“我想卖掉这包里的东西,”他说,“里面有4万股份。都在这儿了,放市场上卖了吧。”经纪人告诉他这个做不到。如果他想要拿到股票的全部价值,必须要换另一种方法,因为如果他就这样把股票抛到市场上,股价必然会有一阵猛跌,他会一无所得。巴尼甘明白了这个道理,于是向经纪人请教该怎么做。

“买。”经纪人说。

"可是我不想买；现在我手里的还不够多吗？"

"没错。不过这样就能为股票创造市场，到时候您就可以抛出啦。"

"那我该买多少？"

"大约25万美元的吧。"

"可是我手上没有这么多钱啊。"

"那您也可以借啊。您这样的名望，巴尼甘先生，借25万还是什么难事儿吗？"

他极不情愿地听了这位经纪人的话。两周后，经纪人又写信告诉他还要多买些，再买20万美元的股票。巴尼甘听后连粗话都说来，但还是从了经纪人。他借到了20万美元。拿到钱后，经纪人又开始操控市场。知道内情的人们马上发现一股强劲的力量正在购买这些股票，但是也无法查明究竟是谁，巴尼甘也很巧妙地隐藏了自己。经纪人也很小心，第一天买，第二天卖，好让股票一直处于活跃状态。一段时间后，经纪人开始大笔借贷这些股票。知情人士马上就觉得这必然会有很大的差额，于是一起做空。这些持股最多并且一起做空的人们，将价格推到61美元，巴尼甘趁机脱手。现在巴尼甘赚得盆满钵满，其他的人手中都持有他的股票。直到公司总裁股份站到他们的对立面，这些购买者才意识到总裁已经出售了全部的股份。接下来鲁伯股票一落千丈，从61美元直跌到16美元。这笔交易充满了戏剧性，如果有什么作家能够抓住这个材料，定会千古留名。我这儿只不过点明了其中的一些重要事件。初到华尔街的新人们很少能做的这么漂亮。他们时而兴致大发，股市一片繁荣，但是最后却可能一败涂地。斯托克威尔就是一个很好的例子。他现在仍在华尔街的某个角落，但是已经在人们的心目中是过去式，跟其他那些曾经辉煌过的精明经营者一样。他身价一度达到上百万美元，而今天，他却穷困潦倒。初出茅庐时，他是伊利湖一家汽船公司的出纳员，传言他的父亲在克利夫兰做车马出售生意。斯托克威尔曾经与缝纫机上"针眼"的发明者伊利亚斯·豪（Elias Howe）走得很近。当时与豪随行的还有他的女儿。斯托克威尔让豪小姐喜欢上了他，过了没多久就与他结成连理。豪先生死后，斯托克维尔夫人就继承了父亲几百万美元的财产。有了这笔钱，斯托克威尔就开始闯荡华尔街，大家还没太认识他，他就已经成了华尔街上的风云人物。他将妻子继承的钱全部投入太平洋邮船公司的股票,掌控了整家公司。刚进华尔街的时候,人们叫他斯托克威尔,后来因为他为人宽厚,热情友好,人们开始叫他斯托克威尔先生;掌控太平洋邮船公司后,他成了海军准将斯托克威尔。大家见了他都鞠躬致意,他地位之高,甚至握手都成了不光彩的事情。斯托克威尔掌控太平洋邮船公司的时候,股价还是40美元,然后他将股价抬升到了107美元,出手时股票价值根本不及这个价格。他孤立无援,华尔街上其他的人也幸灾乐祸。他想要卖掉股份,却找不到市场。随后,大家纷纷要求他偿还贷款,为了满足这些人的要求,他只能再将价格压低到最初买入时的40美元。这次,他输掉了自己所有的票据和妻子几百万的家底,让他身无分文,也失去了光辉的头衔,又成了"斯托克威尔",甚至还有人叫他"小个子红头混球"。这是太平洋邮船公司历史上最具盛名的一次繁荣期,尽管后来,列纳德·杰拉米(Leonard Jerome)也曾经给公司带来上上下下的动荡。

列纳德和埃迪森·杰拉米(Addison Jerome)曾经在太平洋邮船公司有过一段美好时光,几次将股份抬到高价;但是还是和斯托克威尔一样的下场。两人一度是华尔街上的明星,后来却不为人所知。列纳德·杰拉米是兰道夫·丘吉尔女士的父亲,他留给女儿的遗产只有房子,后来被麦迪逊大街上的曼哈顿俱乐部所租,一年收入1.5万美元,丘吉尔女士从中得到1万美元。

这就是华尔街上几次繁荣期的故事,和基恩繁荣、古尔德繁荣还有范德比尔特繁荣一样,在前面的章节中都有所提及。

信任和贸易合并的问题,在近年来激起了大家不小的兴趣。在这次事件中,最有趣的一个人物就是约翰·洛克菲勒(John D. Rockefeller),未来的历史学家必然会认为他是19世纪经济史上的一位重要人物。历史应该是关于历史本身,而无关政府,不是帝王、总统甚至政党的意志,而是应该记录人们的生活。麦肯雷爵士、约翰·巴赫·麦克、麦克马斯特这些历史学家都清楚地点到了这一点。如果从这个角度看,洛克菲勒先生必然应该是大型商业势力中最为有趣的人物。他是一位先驱者,是商界的丹尼尔·布恩,出现在了创业的新园地中,对风险大谈特谈,他经历过新时代的严重金融危机,得到了全面而永久的胜利——让他名扬世界的胜利。他从纽约泰奥加县的农舍中起步，取得了今日之成就。他于1838年出生，现在正处于生命的黄金时期。他从小接受家中严格的宗教教育，不说谎话；他就是商业诚信的灵魂，是简朴、创业和忍耐能对一位一无所有的青年带来什么样改变的典型例子。可能，最早将他带入石油提炼领域的，是他的老师。几年前，人们还是用精油，每加仑1.5美元。如何提炼在宾夕法尼亚州的水中找到的难闻的油成了个难题。那简直是黑色的黏液，但是洛克菲勒通过一种方法，并且将油引入家中，让他谱写了大富翁的神话。21岁之前，他同一位叫做休伊特的男人合伙，开始做仓库生意，在宾州制造了一场疯狂的油热。贫穷的农民一夜暴富，许多人都蜂拥前往油田。但是洛克菲勒保持了冷静的头脑。朋友让他投资克利夫兰的油井，他却成功地劝说朋友，现在油田的开发已经过度，自己于是同熟谙提炼程序的萨缪尔·安德鲁共同开展了石油贸易。公司不久后改名洛克菲勒—弗拉格勒—安德鲁公司，迅猛发展，1870年以1,000,000美元组建了标准石油公司，开始使用管线向海港运输石油，用被视为无价值的副产品赚了几百万美元，在世界各处建立起市场，降低生产成本，把所有的对手都甩在身后。这样一来，1899年的“额外”分红高达23,000,000美元，高于整个市场的平均水平，也就不足为奇了。洛克菲勒认为，自己能够取得成功，是因为早期的教育和坚持。他在经历的大小风波中塑造了自己的人格，可以说是一位因果论者；他相信不经历风雨，不会见到彩虹；相信有果必有因，成功是因为他的坚持。他相信坚持能够战胜一切，甚至战胜自然，于是，他在生意上非常现实，有着同古代哲学家一样的观念。

最大的慈善就是帮助别人学会伸出援助之手。

他和标准石油公司中的其他人，都是股票市场的一股重要力量。当然，他们都是铁路股和债券非常大的股东，有时候势力甚至能够匹敌重力。约翰·洛克菲勒个人的影响非常大，是美国最富有，甚至是人类历史上最为富有的人之一。他一生中聚集的财富，无人能够比肩。作为富人，他也感到了财富的压力，经常为教育机构、慈善机构和教堂等机构捐款。而他对教育机构的慷慨，可以与安德鲁·卡内基媲美。他们都相信，最大的慈善就是帮助别人学会伸出援助之手。

第十五章
Chapter 15

华尔街的疯狂投机

麦金利连任，布莱恩主义投机盛宴在华尔街告终。——大小投资者的巨额投资。——大家蜂拥建立新公司，创建新产业信托和铁路联盟。——美国钢铁公司和其他企业在超出世纪价值的基础上进行大型资本化。——信托公司的快速成长和风靡，银行在同其竞争过程中被迫联合。——新建成的西方资本公司在铁路股上鲁莽的投机。——1901 年 5 月 9 日大北方太平洋公司恐慌。——约翰·盖茨掌控路易斯维尔和纳什维尔公司，而后由摩根大通公司赎回。——1902 年 9 月后，在银行和保守派银行家的影响下，疯狂股票投机的放缓，从而避免了进一步的通胀和大型金融痉挛。——1903 年的清算和萧条是从前泡沫繁荣的自然后果。——苏里破产时，棉花价格大面积上涨，牛市投机崩盘。——1903 年钢铁工业的突然坍塌，1904 年的总体局面。

随着布莱恩银本位一党的垮掉，1900 年 11 月麦金利再次当选，华尔街由昔日的萧条恐惧景象魔术般地改颜换貌，信心满满，一片繁荣。全国上下，大资本家都开始大量购买股票和债券，价格飞速上涨；没过多久，四面八方的平民百姓就开始将订单寄往股票交易市场，牛市繁荣起来，很多人都搬出了自己的家底，想要豪赌一把。

华尔街的投资资本家和大运营商，当然也不排除标准石油公司巨头和詹姆士·基恩，很自然地在这样的情形下大幅操纵股票。他们抓住开始，低价买下许多股票，然后将价格大幅推涨，我们目睹了投机狂欢的序曲，目睹了大家前所未有地将实业和铁路利息及信托结合起来，将从前的资本或实际价值资本化。这样一来，允许在华尔街进行交易后，股票就得以创建，一度活跃，被推销的人们哄抬起来吸引买家，而公众已经陷入了购买狂潮，大批买入，但后来却后悔不迭，大部分被套牢，而价格的缩水所造成的损失共计几亿美元。

威廉·J·布莱恩(1860—1925)，美国政治家，民主党领袖。1896年被民主党及共和党银币自由铸造派提名为总统候选人。他提出以金银复本位制为美国的财政政策的政纲，竞选中被麦金利击败。1900年布莱恩以反帝国主义、反托拉斯为政纲，第二次参加总统竞选，再度为麦金利所败。

华尔街和美国都很幸运，这场一直到1902年9月才停止的通胀狂热，因为银行和我这样的一些人作出的保守动作和警示得以制止，如果不是我们，危机可能还会发展半年，最终以一场灾难性的金融痉挛，泡沫的大面积爆破结束，而这场灾难的影响会遍及美国，会冲击到所有的商业部门，就好像1857年和1873年金融危机一样。我是首批拉响警钟，阻止这场灾难性疯狂投机的人之一；1902年9月13日，我在一周的信件中，写了下面的话：

如果一个人认识不到事情的结果是原因造成的，那他就是一个醉汉。而在这种酒劲儿的作用下，他有时候会违反法律和秩序。而这是他自找的。最近的股票市场，也因为许多人的头脑状态，出现了很多这样的情况。他们一段时间以来一直疯狂购买,拿出自己的家底想用来赚钱,他们就好像喝醉了一样,对负面的影响视而不见。高价没有让他们害怕,金钱的匮乏和高利率也没有让他们恐惧,警示信号没有让他们胆怯,罢工也吓不倒他们。他们购买,持股,已经成了一种习惯。在强制清算之前,这样的情况不会一直就这样延续下去;而根据现在的资金情况,清算只不过是个早晚问题。我建议购买股票的人们应该小心为上,最好不要以眼下的高价购买。我认为,如果不进口黄金,这样的市场状态不会缓解。全国范围内的商业活动情况,加上粮食收割的影响,从现在开始直到新年,利率都会居高不下。所以说,现在购买股票想要为以后绸缪的人们,如果您不是以低价购买,往后一定会因为金钱的贬值而感到后悔,而且您会痛苦地发现,以合理的利率获得金钱都成了难事。

亨利·克卢斯

威廉·麦金利(1843—1901),美国第25位总统,1900年连任。他是最后一位参加过内战的美国总统。

人们逐渐从酒醉中清醒,价格下降,我们逃过了曾经让受到巨大威胁的猛烈而广泛的恐慌——如果我们没有及时"放缓脚步",灾难将不可避免。价格下降的趋势保持了很久,而且造成了严重影响,让几十万人家徒四壁,其中也包括不少从前的富人们。大小投机人士都成了这次价格下跌的受害者:但是整个国家看来,还是逃离了严重的混乱和萧条。这对我们的物质利益不无好处,华尔街的保守势力也因为成功刹闸避免了崩溃而四处欢腾;如果股市真的崩溃,那么美国上上下下都要受到巨大冲击。

1901 年是美国金融历史上最让人铭记的一年,华尔街是这场演出的舞台,不仅震动了整个国家,而且让世界为之赞叹。华尔街的表现可以说是史无前例,就算在南北战争期间也前所未见。如果想追忆在这段特殊事件内的重大事件,恐怕要写好几本书,而这段故事让股票交易市场继续充满着狂野的兴奋、无畏的操纵和不曾有先例的通胀。

说华尔街让美国人瞠目,让保守派商人结舌,并不夸张。当年的影响因素总共有六个:铁路联合,实业公司价格大幅通胀——包括损失惨重的北太平洋火箭“囤积”——大家不加考虑地投机股票,让美国人民陷入一场旋涡,还有美国华丽地由欧洲的出借人转型为心切的借贷者,谷物收成不佳,谷物和钢铁之外几乎所有的主要产品价格下跌,还有许多新实业联合体的收入和分红减少。这其中包括联合铜业公司(Amalgamated Copper Company),股票跳水,几千名投资者都输得分文不剩,股价最开始飙升到 130 美元,而后飞速被操控者压到 60 美元;他们先买入,然后卖空,通过差价赚得 5000 万美元。最后,这样的低价也落半,一直跌至 32.5 美元。

对了解华尔街运作机理的人们来说,简要回顾一下,可能是一段不错的故事;可是最有趣的,还要由股市行情收录机讲述,人们讲述的是这儿的喜乐悲欢,苦痛叹息,繁荣毁灭。但是收录机就像丁尼生诗中的小溪一样,工作时间一直运转着,因为我们一直需要市场,需要投机。

牛市繁荣起来,很多人都搬出了自己的家底,想要豪赌一把。

纽约股票交易市场 1901 年的交易量之大,已经创造了奇迹。但是这仅仅代表了投机的兴奋和当时人们的沉醉。上半年,交易量达到 175,800,600 只股票和票面价值的 637,100,800 美元的债券,相较 1900 年同时期的六个月,分别增加了 109,906,300 股和346,900,700美元。

价格冲破云霄,投机数目也随之增加,1 月 7 日,日销售量达到了 2,116,500股,4 月 30 日达到 3,271,000 股才停止。接下来又迎来了北太平洋公司的爆破,5 月 9 日,股价一落千丈,而实际交易量却还在增长,但是因为四处弥漫的兴奋、堕落和迷茫,很难把所有的交易都记录下来,收录机仅仅记录了 3,073,300 股。

突如其来的灾难,让股市发生巨大震动,为出借人敲响了警钟,打击了华尔街上下的信心,大家蜂拥出售股票,引起股价大幅下跌,造成了几千笔重大损失。感觉上的恶化,华尔街情绪的转变,就好像一场猛烈的地震一般。就在这场金融风暴的前一夜,投机界还在欢歌狂舞,这些大小投机者让我们想起了诗人拜伦在布鲁塞尔舞会上的诗歌,当时正值滑铁卢战役前,枪炮的声响出乎意料地在音乐上方打响:

“狂舞还在继续！让我们无尽地欢乐；
年轻与欢乐相遇,今夜无眠
用飞一般的脚步,追逐流光的岁月。
美女勇士上方,灯光闪耀；
千万颗心脏,欢乐地跳跃；
撩人的气息中音乐升起,
脉脉的目光含情相视,
像婚礼的钟声一般,一切洋溢着幸福；
但是突然！轰！深沉的炮声打响,
武装起来！武装起来！战争打响了！”

幸运的是,在北太平洋公司中,金融业的这些交战者们却联手阻止。他们竞相出钱控股,才造成了“囤积”局面。但因为缺少出售者,购买竞价后,卖空价格又创下了新高。竞争者看到了应该恢复信心,阻止了即将发生在股票交易市场上的灾难,当天股价少则跌落15%,多则下降50%,而北太平洋普通股却每股卖到1000美元。因此摩根大通集团、希尔—伯灵顿—格雷特北方党的银行家、库恩—勒布公司,还有哈里曼联盟太平洋党的银行家们火速聚集,对他们买下的北太平洋股票达成协议,正式通告后,股价第二天剧烈回升,但是仍然没有赶在大规模的毁灭影响之前,还是有几家股票破产。恢复过后,又刮来了一股出售飓风,将股价压低到恐慌时期水平,又再次恢复,这样的循环往复,在信用受到强烈冲击的危机中非常常见,许多人都深受其害。

协议过后，双方建立起北方证券公司，安排同摩根大通和库恩—勒布公司一样，摩根先生经双方同意后任命董事会成员。这家持股公司中，希尔和哈里曼——也就是论战双方——加入了他们的北太平洋股票和大北方股票，北方证券公司随后发行了自己的股票，才换掉这些。

但是在1901年，美国最高法院判北方证券公司违反反垄断法，分散资本就成了必须，新的矛盾产生。董事会成员提议按照比例分配存在公司中的北太平洋和大北方股票，而太平洋联盟的哈里曼主席因为在北太平洋存股占大头——78,000,000美元——想将所有的股份要回，想兼而得之。如果这样，太平洋联盟就会有北太平洋的控股权，而大北方伯灵顿的希尔主席必然不会同意，我们都知道接下来双方的争讼，因为法律也有很大的不确定性，这个时候就预测最后的结果，未免过于匆忙。

在股票交易市场中，4月是1901年最为活跃的一个月，总共贸易量达到41,689,200股，日均1,812,600股。4月24日，太平洋联盟股票至少卖出652,900股。这就是疯狂投机的例证。

这一年新加入了一大批资本，总量超过了以往任何一年，甚至1899年许多信托组合形成的时候。其中最大的，也是受到非议最多的莫过于美国钢铁公司，拥有普通股价值508,478,000美元，优先股价值510,277,300美元，还有债券价值304,000,000美元。在大幅通胀资本的基础上组建新公司，合并旧公司的狂热，传遍了美国上下。而实业企业的倡导者竞相比较，谁能化腐朽为神奇，在过度资本化的基础上超越对方。他们最主要的目的，在大部分情况下是向公众出售股票，可怜的公众买了账后，吃了不少苦头，因为新项目中的股票作为抵押品，抑或在股市上，很多都完全失去了价值，其他的也经历了很严重的贬值；形象说来，这些股票就像它们的公司一样，摇摇欲坠、衣衫褴褛，显出艰难时光中的境况。

在所有的州中，新公司都接二连三地拔地而起。新泽西州1901年成立新公司2346家，资本总额4,773,702,000美元；相比之下，1900年新公司只有2181家，资本总额1,350,208,400美元；而在纽约、俄亥俄和得克萨斯州，新建公司的虚假资本都被相应挤出。

商业和加工性质的公司一般来说不为人所知，直到1850年，铁路发展起来以后,它们才以实体的形式出现。1848年,第一家公司法案——《制造法》——通过,公司开始按照其中的条例组建;但是这项法令对它们的资本有所限制,还提出种种要求,而现在公司可以以无限的资金组建一千年。1850年和这个信托的时代,标志着国家这段时间内在人口、商业、加工工业、银行、铁路建造和一般物质繁荣上的飞速发展。

信托公司的成长,是我国工业和经济发展的必然结果,也要归功于我国法律在金融事务上所允许的自由。在英国、法国和其他欧洲国家中,对公司权力特权进行管理的法律相当严格,因此他们的生意发展不如在我们这里一般自由。于是,在这里,信托公司几乎不存在。最近几年中信托公司的发展,让银行蒙受了不小的损失。1882年,这些公司在美国的总存款达到144,841,000美元;1892年为411,659,000美元,在我国的大小城镇中,新公司都如雨后春笋般地发展起来。

同作为银行的竞争者,他们业务冲突,导致了许多银行合并。1902年6月末,这些机构的存款总额达到了1,525,887,000美元。10年中,美国一半的国家银行储备都上涨了1,114,228美元,1902年7月16日,达到3,098,875,772美元。此外在纽约,信托公司存款超过国家银行水平——国家银行在1902年9月15日共计达到603,565,374美元,而1902年6月30日,根据上交州级银行业监督的半年度报告显示,信托公司存款已经达到760,776,124美元。通过上述比较,我们就能对金钱的去向有所了解,并且知道,信托公司是怎样以银行发展为代价繁荣起来的。

1902年,又是一些主要因素对美国的财经起到了控制作用,塑造了当年的金融历史。去年庄稼歉收,今年却收成不错,资本和货币需要投入到正常的贸易商业活动中去,美国银行资源过度紧张,无法支撑新的信托和不稳定公司;从国外进口大增,而与此同时出口量跳水;加工业中使用的原材料价格上涨,劳动力价格也有所增加;大型投机资本家努力扩大持股,希望能够永久控制他们的铁路和事业公司;铁路和其他股票市场上,由于被人们称为“芝加哥帮”和“匹兹堡帮”的富有人士控制,在高利率银行贷款的支撑下,投机行为如同维苏威火山一样爆发;最后,还有公众拒绝购买他们的股票。我曾经说过,保守银行和银行家叫停疯狂的投机行为,这样的情形就与此一致。

1902 年,乔治·盖茨(John W. Gates)在他的投机同伙的支持下,买下路易斯维尔和纳什维尔铁路公司的大头股票,是他在股票交易市场上狂赚几百万美元的最后成功。此后,他们在推涨股票价格方面遭遇了重大损失。但是在购买铁路公司的时候,盖茨先生得到了摩根大通公司支付的 1000 万美元盈利;摩根大通的一位合伙人知道了盖茨先生真的得到了股票的控制权后,跟他凌晨三点钟在沃尔多夫豪华酒店中谈妥了价格。

有人报信说,当时珀金斯先生正为了此事前来,盖茨还在熟睡。给他这么一大笔钱,正好让他不用再捣乱,因为虽然他掌控着铁路公司,但是却没有任何迹象表明他想要得到南方铁路系统。他就好像是闯进瓷器店的一只公牛,被激起了情绪,不管自己身边的东西多么价值连城,就用牛角到处乱顶。

盖茨对珀金斯先生说:“既然你这么想要这只股票,这么想控制贝尔蒙德的股权,保护南方铁路,多付我 1000 万美元,我拱手相让。”双方立即成交。路易斯维尔和纳什维尔铁路公司、南方铁路公司都对这笔购置感兴趣,但是盖茨的股票还是被转卖给了大西洋海岸航空公司。

从盖茨先生手中购买路易斯维尔和纳什维尔公司,比希尔总统为大北方公司购买伯灵顿昆西股票更大胆,也比摩尔兄弟购买罗克岛控股权以及其后对其股票和债券进行的通胀高出一筹,因为盖茨先生购买仅仅是为了投机,而并无管理铁路公司之意。而他也很幸运,能够让对方慌张,如此容易地就将公司出手。

比较一下 1903 年和 1901 年、1902 年影响华尔街的主要因素,会比较有趣。相比 1902 年,这一年的股票交易所交易量要小得多,但是 1902 年还在 1901 年之下,而 1901 年堪称投机的最活跃时期。1903 年的销售量共计 161,099,800 股;相比之下,1902 年为 188,497,600 股,而 1901 年为 265,945,700 股。1903 年日交易量最高达到 1,539,000 股,1902 年为 1,996,000 股,1901 年为 3,202,200 股。1903 年的月交易量在一月达到高峰,为 16,002,300 股,1902 年是在 4 月,26,568,000 股;而月最低交易量在 1903 年是 11 月的 10,731,000 股,1902 年是在 6 月,为 7,884,900 股。

1903 年初,铁矿石贸易继续升温。粮食收成不错,卖价高;铁路盈利不菲,铁路公司也花大价钱购置新设备,进行改良,商界和加工业也看似一片繁荣,铁矿石贸易达到了全盛时期。因为对钢铁的需求量很大,而我们工作能力不够,就从国外大幅进口,恰似1902年的场景。

但到了六月,钢铁工业经历了一次闪电般的剧变。热度突然不再。大家还没反应过来,各个部门的需求都已经消退,11月的价格甚至比1月低了50%上下。1899年开始的钢铁繁荣,在历经四年后,走向了尽头。然而到了年末时,钢铁交易却焕发了第二春,根据美国钢铁公司盈利报告显示,1904年经历了一场缓慢而稳定的提高。因此,这家高度通胀的公司在1903年被迫暂停普通股股息后,又再度被鼓励以7%的股息发行优先股。但这对几十万因为高价购买而输得身无分文的人们来说,不过是敷衍。

1903年末前,股票中大规模清算气数已尽,市场也相对安静下来;1904年,我们的市场整体上已经非常无聊,外部的公众也很少参与。但总体说来,还是呈现上升走势,虽然铁路和实业公司的净收入平均水平有所缩水,表明在前几年价格注水的繁荣后交易的萧条。1901年,市场上经历最疯狂的通胀,1902年,整个商业街都在努力避免下降的趋势,1903年,我们同样感到了这样的影响,而因为拖延时间之长,影响也愈发严重。

在棉花市场上,在1903年到1904年初,在纽约丹尼尔·苏里(Daniel J. Sully)和新奥尔良威廉·布朗(William P. Brown)以及南方财团的带领下,牛市投机都几近疯狂,同样也刺激了股票交易市场。在棉花价格以及产量下降预期的帮助下,他们操纵棉花价格从每磅8美分一直到17美分,期间经历不少波动,而苏里先生发现产量下降,资源不足以达到他购买的数量,也公然表示要将价格抬高到20美分。在价格火箭般上升后,苏里先生败落得一塌涂地,尽管之前的飞速增长让他赚了几百万美元。棉花狂热的投机局面后,经历了一阵停顿,对纺纱业造成了巨大损失,导致许多工厂的关闭。苏里的失败,是因为他的投机过于鲁莽,也告诉我们,太过自信,终究会耽误自己。

而看看其他的国家,我发现加拿大在1903年取得的物质成就比以往都要丰富,粮食收成不错,新纳入150,000移民,商业取得实质性的增长,贸易财经各个部门都非常有起色。但是在英国,永续债券的持续下滑,跌至二十年谷底,显示了这段时间的金融低温,也是南非战争的副作用。然而法国与此同时却在欧洲国家中表现出了金融和繁荣的最佳时期；德国之前因为投机过度和银行破产陷入萧条，现在也经历了一段繁荣的复苏期。

有关新的产业合并，大家很感兴趣的一个问题是：对他们大幅通胀的资本和过度的收费作出调整，会让他们永远高效、多产、拥有偿付能力和繁荣的业绩，还是会一个个飘零，因为他们无法维持，落入接收者手中，抑或像船舶建造信托公司（Shipbuilding Trust）一样，毫无希望地垮掉。欺骗和误导下，许多其他的大型债券发行也会遭遇同样的命运。其中很多都是因为无视或者轻蔑合法金融，而让股票市场和所有的金钱利益都暴露在水深火热之中，那些招股的通告上，也从来没有像法律中要求的那样，阐述"绝对的事实"。

正是这一段暂停成就了这样过度通胀的产业联合，铁路公司发行了一些不必要的兼并和通胀股票。铁路公司通过华尔街的银行利息发行这些股票是为了权力、盈利和发行股票。我曾经说过，新公司的过度掺水，新股票的营销，还有股票交易所中股价的上升已经脱离了安全的尺度，而外界的公众所做的投机也超出了他们能在这个下滑市场期中的掌握能力。

因此，他们认为公众的购买力和购买倾向已经消耗殆尽，股市大体上已经成为某些重头投机商的游戏场，而这些人可以一起组建新的信托和铁路联盟赚上几百万美元。这其中有些人在早年美国钢铁公司组建的时候，用自己的工厂换取了美国钢铁股票，又通过倒卖这些股票成为百万富翁。从这点上来讲，他们和那些进入华尔街之前通过自己在西部的产业合并赚得一大笔金钱的人们颇有相似之处。

大银行向这些大运营商的经纪人贷款逐渐被召回，却没有替代方案。没有贷款，他们就不可能购买股票，并且像以前一样将其抬到不正常的高价位。因此他们发现，在很大程度上，自己已经失业。他们不过是折翼的雄鹰。

1903 年大小运营商的重大清算，造成了股票交易市场上价格的严重持续下滑。许多富人都受到这次金融缩水的影响，银行取消他们的贷款，出售大批铁路和工业股票。其中不少都损失了资本，而其他人也卖出了自己最优良的股票，来赔偿那些无法出售股票造成的损失。

1904 年，这段清算和萧条时期让华尔街甚至整个国家，到处都是可怜的富人、资本家,他们曾经拥有包括地产、个人财产和股票,但如果不以跳水价出售就没有市场。他们当然会持股等待东山再起,如果他们能够坚持到这一刻必然会有所收获。不论是在华尔街还是在别处,历史总是在重复上演,看到这一幕景象,他们大概可以乐观地想到一首老歌:"孩子们,好时光即将来临,我们只需耐心等待。"

同时,在这一段通胀和投机的多事之秋中,华尔街的活跃人士必须要注意到,不管是在华尔街,还是在其他的地方,巨大的变化总是会盖过人们的悲欢离合,人们的评论观点。

不论是在华尔街还是在别处,历史总是在重复上演,看到这一幕景象,他们大概可以乐观地想到一首老歌:"孩子们,好时光即将来临,我们只需耐心等待。"

华尔街和外部的公众都对许多他们从前相信的股市领军人士失去了信任,他们从前可是盲目地跟随着这些人的通胀计划,认为他们的无所不能。这些领军人士的权力和特权,至少到目前为止,已经完全销匿,人们对他们不再敬畏。华尔街人士也不再相信旧日的偶像。

华尔街和大众也不再相信创业,不再相信新的铁路和实业股票以及与其相关的推动者和公司。法庭上和其他各处的欺骗及过度资本化,已经无法骗过甚至最木讷、最容易上当的顾客的眼睛,还有那些在华尔街投机猖獗的日子中在这里拨弄风云的策划者。

否极泰来,从盲目轻信到过度通胀再到歧视性不信任以及严重紧缩的转变,对我们在华尔街上创造一个更加牢固、安全和舒心的环境产生了整体上的影响。但同时,有一点恶兆值得一提。大公司因为不能将新股票推向市场,于是从银行集团中以5% ~6%的利率进行一到三年的大幅借贷。这必然会有风险,而借贷人也要有一些严格的规定。但是最终的结果能够为手段正名,美国从东到西,经济还是同往常一样,飞速发展。

在前进的道路上我们迈出了漂亮的步伐,没有什么值得伤感。华尔街总是以物质繁荣的形式表现出我们的进步和成长,也表现出我们可能遇到的萧条,因为华尔街就好像温度计,不仅是美国,是时代的尺度,也是整个世界的风向标。

第十六章
Chapter 16

华尔街风浪

由当时华尔街领军人士个人回忆整理而成。

华尔街的风云突变，世事变迁，如加以诠释，那么最合适的，还是那些领军操盘手们，他们的生活、事业和经历本身就是让人回味的故事。他们崛起时声势赫赫，败落时销声匿迹。

暂且不说那些现在在华尔街上名声赫赫的人们，我们回顾一下在纽约证券交易市场上家喻户晓的雅各布·利特尔(Jacob Little)。

华尔街的风云突变，世事变迁，如加以诠释，那么最合适的，还是那些领军操盘手们，他们的生活、事业和经历本身就是让人回味的故事。他们崛起时声势赫赫，败落时销声匿迹。

六十年代他就与世长辞，当时南北战争正水深火热，1857 年恐慌后，他在华尔街也失去了以往的势力。战争打响后，他一直看好货币通胀，于是输得一塌糊涂。

他是个怪人——特立独行，生意方法与众不同，但二十多年来一直在华尔街享有盛名。说得不客气点儿，他凭借他的自信和大家对他的共识，在华尔街上称王称霸。

他继承了雅各布·巴克(Jacob Barker)——来自费城的华尔街第一位伟大领袖——的位置，在巴克的办公室中接受了训练，1835 年开始就成了独立股票操作员。

1837年恐慌中,他树立起了威名,聚敛了财富;他向来看跌,基本上都是"卖空"股票。这场危机横扫美国,将整个国家一举毁灭,股价一度接近零。危机过后,他看跌的势头更猛,成了不信任的传道士,破产的预言家。他从灾难中崛起,在这次金融痉挛后的几年萧条期中,越来越富裕。

JACOB LITTLE.

雅各布·利特尔,华尔街史上第一位大空头,虽然纽约市1812年立法限制卖空交易,但做空在十九世纪仍是很常见的交易。依靠做空股市而获得非凡名望的非雅各布·利特尔莫属,他是十九世纪前半叶做空操盘手中的领军人物,有着"大空头"、"老空头"和"华尔街拿破仑"的称号。美国内战让他财富损失殆尽,去世时一贫如洗。

1835年到1846年是利特尔的辉煌时期,没有人质疑他在华尔街的领袖地位。但是接下来他却遭遇困境,不过这次不是因为看跌,而是通过对诺维奇和伍斯特铁路股票的"看涨"。他和波士顿集团一道,试图控制股票,拿出25,000美元上了波士顿集团的船,不以低于90美元的价格出售。

但股票却在一直疯长,不肯停歇。他支付了罚金,以他能力范围内最好的价钱卖掉了股票,损失100万美元——换做今日,也就是大约一两千万美元。这是他所参与过的第一次看涨投资,也让他更加肯定,自己还是看跌为妙。

但不久之后,他打破了伊利股票的"囤积"局面,东山再起。他基本上"看空"伊利股,相关集团也买下了市场上所有的股票,日益抬高市价,但是雅各布·利特尔却不为所惧,不肯"还债"。他是站在买断方对面唯一的"看跌"人士,也不急于买进股票。整个华尔街都在注视他,大家都认为他们肯定会欠下一屁股债,甚至干脆破产。

但他还留了一手,囤积集团也从来没有料到;合同到期,大家都等着看他投降认输的时候,他拿出了一叠新伊利股票凭证,偿清了自己的契约。这些凭证曾经是以交换公司的可转换债券而到了他的手上,囤积集团并不知道,他们也不清楚关于可转换股票的条款。

这样地出乎意料被将一军,华尔街从前还真的没有遇到过,"囤积"就这样被打破,相关集团也士气大跌,经历了一场灾难,而雅各布·利特尔却获得了巨大盈利和满场喝彩。接下来,他虽然几次都因"看跌"吃亏,但后来总是能再获一笔成功,把从前的负债偿清。作为债权人,他非常慷慨,为人可亲,总是给向他借钱的人重新振兴的机会。这样,虽然他总是咄咄逼人,而且因为和华尔街其他人对着干总造成一些混乱,却仍旧受到广泛爱戴和普遍尊重。

他天生就是一位投机家。投机的血液在他的骨子中流淌。他因为喜欢投机而投机。他有掌控股市的雄心壮志,也愿意冒着很大的风险来达到自己的目的。他曾经说:"我更看重的是这场角逐,而不是结果,输赢并不重要,我喜欢参与其中!"

正是在这样的快感驱使下,他的金钱、权利、成功的名望,甚至于他的身体一日不如一日之时,还是在华尔街活跃着。他摆脱了债务,但手上也没有多少钱了。他更像是从前那位伟人的身影,他的名字只是个传说。然而,他还是以小笔资金激情地进行投机。不过,身体不饶人,一天早晨,利特尔昏倒在在董事会办公室中,过后不久,他就撒手人寰。

他说:"我死了还是个穷鬼!"但在他的资产废墟和未交付的账户中,他的家人却成功攒下150,000美元。他本人从来没有在乎过这笔钱,觉得财富如浮云,也认为金钱除了投机一无是处。他根本不是一位守财奴,因为他从来不会攒钱。

雅各布·利特尔事业的最后一笔投资由安东尼·莫斯(Anthony W. Morse)完成;尽管利特尔在六十年代初在做空,莫斯却像一头疯牛一样闯入了看涨的投机市场,认为股价会有所上升,让董事会上其他那些顽固不化的人们大为震惊。他们觉得这个人简直就是胡闹。但是莫斯预见了美国会为战争发行美钞,于是肯定会大幅抬高股票价格,用比较文学的言辞来说,他冲入了天使不敢践踏的土地。

他成了飓风的中央,成了整个股市的中枢,成了这个国家股票投机前无古人——而且很可能后无来者——的疯狂骚乱;那他有什么来头呢?从前他就是个小个子白人,一位庄稼汉,身无分文来到纽约,成了股票经纪机构的办事人员。他娶了一位有点经济基础的女人,劝说她让自己为她做点投机,赚了点小钱,也得以在股票交易市场上买到了一席之地——当时入会费只有500美元。

当时是1862年,他还是个无名小卒。但他火速推动铁路股票价格,用自己的雷厉风行惊倒了纽约那些思想顽固的老骨头们,成了风云人物。如果他对市场的判断不正确,一开始就会全盘皆输,但是市场却按照他的想法持续上涨,董事会老顽固们都说:"哎,后浪推前浪啊!"

对克利夫兰和匹兹堡公司,他认为只是皮毛小事,轻松高效地完成了工作。他成功地掌控了俄亥俄—密西西比、罗克艾兰、伊利和韦恩堡,也让这些公司经历了华丽的动荡。他将韦恩堡的股票从118美元推至152美元。他知道自己走的是一条正确的道路,信心大增,而整个华尔街和外部的公众也都跟着他的脚步前进。原本65美元的匹兹堡股票被他在极度的兴奋情绪中抬高到了108美元,整只资本股票要价高达100美元。随后,他以96美元至108美元的价格卖掉了所有的匹兹堡股票。而他运营的莫斯公司中,威廉姆大街上的一楼大厅内,委托业务已经应接不暇。1863年上半年,他让那些青睐熊市的人们栽了大跟头,赚了至少1,250,000美元,而他的华丽成功仅仅延续了两年,他在此期间也赚到了金山银山。他的名声之大,每建立一家资产池,人们就会蜂拥而至。大家都挤在他的办公室门前,看看他都说了些什么,在做什么,自己好去模仿,如果他说哪只股票要跌,听说的人几乎就都有动作,都觉得这只股票已经走到了生命的尽头。他后面有一队跟屁经纪人,就好像华尔街的跟风潮流一样,因为他总是对的。他是华尔街历史上最被盲目追随的人,整个美国上下都加入了这股投机热潮,而他就是这股浪潮的峰顶。

晚间交易市场的一天夜里，莫斯以 112 美元的价格买下了 10,000 只伊利股，丹尼尔·德鲁卖出，然后他又以相同的价格买下了 20,000 只，德鲁再次卖出。一两天后，德鲁就蒙受了重大损失。莫斯掌控俄亥俄—密西西比公司时，他将股价几天内就从 49 美元抬高到 69 美元。

因为通货膨胀，钞票不值钱，呼之即来；投机活动活跃，许多股票交易所员工都要上夜班。与此同时，黄金投机和股票一样猖獗，新煤矿和石油公司拔地而起，股票市价也持续高涨，而从前那些如巴克斯铅业公司等贬值的股票也再度复兴，随着大流一同繁荣起来。

牧师们也都卷入了投机热潮，但凡跟"金"沾边的股票都成了抢手货。大家都觉得股票都很好，上升势头很足。莫斯引领了一切事物的疯狂，单列几项，他就将罗克艾兰股票从 106 美元抬高到 149 美元，然后买下了当时只有 56,000 只的全部股本。

因为通货膨胀，钞票不值钱，呼之即来；投机活动活跃，许多股票交易所员工都要上夜班。

直到财政部长萨尔蒙·蔡斯出面制止疯狂的通胀，莫斯的昏暗才得到制止，通过以黄金购买货币，在分库中存积现金，而导致资本市场进账的黄金看涨投资尤甚。这样也取得了他们想要的结果，制造了金钱的短缺局面，迫使大型的投机持股人通过银行赎回贷款出售股票，导致了恐慌，而当时，正式莫斯身负股票责任最重的时刻。

他现在身体已不如往日，天天都看起来很疲劳，想要卖掉所有的股票，跟随者们就乱了阵脚，急于出手，价格也跌破谷底。1864 年 4 月 18 日，周一上午，韦恩堡股价在莫斯恐慌中从 153 美元跌至 119 美元。莫斯最后一次走出了董事会，来到自己的办公室对助手说："游戏结束了！"那天早上，雷丁股票也下跌了 19%；匹兹堡 17%；哈得孙河 23%，其他比较活跃的股票也是大幅跌落。

这次财政旋风中，莫斯身负过重的股票负担，即时即地被股票交易市场扫地出门，他知道自己已经毫无希望，于是书面通告莫斯公司停业，离开董事会几分钟后就将通告递交。他这是一次彻头彻尾的失败，公司再也无法复兴抑或重组。莫斯再也不是华尔街的领军人物，他的很多客户乱了思绪，冲到他身前就对他冷言冷语。国王被拉下了宝座,再也无法戴上自己的皇冠,也无法重新开始。

接下来的一天内,股市一片混乱,晚上在夜间股票交易所也是如此。投机已经波及得非常广泛,大家都对莫斯深信不疑,于是他的倒台,让许多人一夜毁灭,其中也包括许多女性。一群骂骂咧咧的人们挤进了晚间交易市场,占满了第五大道酒店。这一晚对几百户人家都是恐惧的一夜。莫斯遭到了一轮又一轮的咒骂,他的很多客户都像以往在经纪人办事处亏损时表现的一样,觉得自己的损失是因他所致。

接下来,莫斯有一年都不见踪影,再次归来的时候,看起来比以往更加疲惫,过了没多久就贫穷地死去。从来没有人说莫斯不诚实,因此他败走滑铁卢,倒是招来了不少同情。从整个职业生涯看来,华尔街很少有人像安东尼·莫斯这样,有如此多的朋友。

约翰·托宾(John M. Tobin)曾经是范德比尔特在斯塔腾岛的一位轮渡看门人,后来也成了黄金屋中的投机商,也是一位股票操作商,在莫斯叱咤风云的两年中,他见过了许多风云起伏。莫斯 1864 年沦陷之后,他又开始频繁出现。大家知道他是范德比尔特的一位哈勒姆股票代理人,借着他的光环自己也增色不少,虽然他自己本身也是一位很有派头的操作员。

哈勒姆"囤积"是一次值得纪念的事件。1863～1864 年冬,股价一度为 60 美元,范德比尔特是公司的总裁,持有公司大部分股票,而且他希望从这里"作出点成绩"。然而大家都认为,这段铁路除了运输牛奶几乎没有什么作用。他凭借自己的马路—铁路项目的关系,将股票操纵至 117 美元。他希望市议会能够给他特许,但议会成员却作弄了他,先是通过了有利于范德比尔特的法案,然后"卖空"股票,撤回决议,股价跌至 72 美元。他们踩着范德比尔特的身体,淘到了自己的金子。

他接着向奥尔巴尼立法局申请哈勒姆的专营权,以方便在布罗德街上铺轨;而立法局成员又看到了在此投机的空间。他们发表了一则报告,表示范德比尔特的申请可以得到允许,哈勒姆股票急剧上涨到 150 美元。然后这些成员和他们的朋友——包括纽约市议会成员——卖空这些股票,他们觉得自己胜券在握,而托宾替范德比尔特买下了市面上的所有股票。1864 年,

3月25日,他们按照预先的安排,投票反对此议案,哈勒姆股票跌至101美元。

卖掉哈勒姆股票的人欢欣雀跃,得到了巨大的票面盈利,但是托宾仍旧继续购入,股价马上回升。看来,范德比尔特会长是铁了心要惩罚他们了。10天内,股票价格回升至150美元。又过了一周,已经增长到185美元,此后十天内在175美元与200美元间徘徊。丹尼尔·德鲁觉得这样的势头不会长久,做空30,000股;而其他股票交易市场内外的专业投机家也这样认为,同样做空。4月份,莫斯恐慌袭来,但股票岿然不动,就好像沙漠中的金字塔,托宾也持续为范德比尔特买入。

5月,哈勒姆股票已经被抬高到300美元。15,000只股票交割日股价保持在285美元。托宾对丹尼尔·德鲁作出了让步,让他偿付"卖空"亏欠的1,000,000美元——原本金额则应该是1,700,000美元。就算这样,德鲁还是威胁要起诉。托宾在这次囤积中赚得200万美元,也让他树立了在华尔街的威望。

海军准将范德比尔特笑了,将哈勒姆铁路以8%的盈利交给了纽约中央和哈得孙公司管理。从头至尾,哈勒姆都是范德比尔特的福星,也是他的后代中值得引以为傲的一笔资产。"囤积"过后,北方联盟获胜,南北战争后托宾抬高黄金价格,1865年初,从198美元推至211美元,但却遭遇惨败,损失了1,500,000多美元。接下来,他遭遇了股市上的一系列灾难,输得精光,而且还欠了一屁股债。他归隐同姐姐住在了斯塔滕岛的农场里,再也没有在华尔街现身,以复仇的心理旁观股市风云。同在董事会的科赖先生也是如此,损失惨重。

埃迪森·杰拉米在华尔街的时间比安东尼·莫斯要短得多,但现在还是那里的明星。1863年初,做完一场干货生意后,他以操作员的身份进入华尔街,整一年人们都叫他"公共事业董事会的拿破仑",他在生意中活跃、大胆而且成功,非常引人注目。他是约翰·托宾的朋友兼纪人,两人一道哄抬股票价格,从中赚了许多钱——起初是在范德比尔特和纽约市议会交涉的时候,把股票从60美元抬高到117美元;然后又狠狠地惩罚了——按照他自己的话说——在1864年"囤积"中背叛他的奥尔巴尼立法院成员。

他成了一位出色的领袖,身后有众多的跟随者,哄抬密歇根南方铁路公司股票之前,一切事业都一帆风顺,他通过自己成立的集团,买下了密歇根南方铁路的控制权。他将价位抬得很高,也对自己这样的做法抱很大的信心。但公司财务部长亨利·基普也热衷炒股,涉足此事,坏了杰拉米的计划。

亨利·基普知道一些杰拉米不知道的事情:密歇根南方铁路的一则条款允许董事会成员增加股本。他秘密召集董事会议,对增加14,000股进行投票。期货交割增加后,他又做空股票,借款交割,于是杰拉米就一直认为基普"看空"密歇根股票,继续买入,抬高价格,而基普却继续卖出。最终,杰拉米收回了所有的股票贷款,基普此时却交付了全部14,000只新股票,致使当天密歇根南方公司股票下跌20%。杰拉米没几天赚来的300万美元马上就化作了泡影,也让他失去了领袖的地位。不过他后来的反应倒是显示出了自己的绅士风度。这件事情对他产生了很大的创伤,他第二年就得怪病去世,当时他已经完全被毁掉了。但幸运的是,在他取得辉煌成功的9个月里,已经积攒下了足够的金钱,让夫妻二人不会挨饿。他成功之迅速,失败之惨烈,即便在华尔街,也算惊人。

列纳德·杰拉米是埃迪森的弟弟,不论是在华尔街还是在美国都很有名,他是一位马车司机,在埃迪森去世之后很长时间一直都在华尔街。他的职业生涯中,同样有诸多的起起伏伏。1863年他持有哈得孙河铁路股票的大笔股票,而卖空者将这只股票下压到了107美元。他组建了一个非常有势力的集团,哄抬股价,买下了市场上这只股票的所有份额,直到几乎拿下了所有股本。随后,他将价格逐步推升到175美元,并造成了市面上股票的短缺,将囤积的股票以每天5%的高利息用来借贷给卖空者交付。据估计,卖空者需要拿出50,000只股票,却没有其他的办法,于是只得蒙受巨大损失,而杰拉米却通过压榨他们,赚了两三百万美元。

随着财富的聚集,他的名望越来越大,他成了社会上——也是金融界的——一头巨狮。自从1856年太平洋邮轮公司接管尼亚瓜拉运输公司后,他就一直关注前者。1861年,太平洋股票跌至69美元,但第二年却盈利巨大,40,000只股票中有26,000只被许多运营商买下,其中大部分是总裁级别,而他们把这笔资金转移到布朗兄弟公司,并让布朗兄弟管理5年之久;他们选择了列纳德·杰拉米在开放市场上推动股票价格上涨。在他的操控下，股价13个月内就上升到了160美元。当时"卖空"有着很大的利益，为了让"卖空"停息，他将股价推至200美元，维系了很长时间，卖空狂潮才得以平息。

1865年，太平洋邮轮公司资本从400万美元上升到1000万美元，股票却仍旧保持在240美元，每年分红20%。第二年，资本上升到200万美元，然而股价却跌至180美元，杰拉米仍然在哄抬价格。1867年他却遭遇滑铁卢。用他自己的话说，一肚子苦水没处倒。公司盈利陡然下降，报告显示资产从3400万美元跌至2200万美元，政府发行的纸币价格急剧缩水，股票"掺水"开始产生影响。然而，杰拉米已经同意以160美元的价格购买股票。鉴于以上原因，再加上股市整体不景气，太平洋邮轮公司大幅变卖，处于倒闭边缘，股价在他的手中几天就从163美元跌至115美元，他几乎一无所有，只剩下了一些房产。被太平洋邮轮公司摧毁之后，列纳德·杰拉米不再是华尔街的一股强劲实力。他在这里再也没有什么特权，不久后归隐。他在伦敦的女儿兰多夫·丘吉尔女士家里去世，身无分文。他算是经历了华尔街的惊涛骇浪。

列纳德·杰拉米惨败后，太平洋邮轮公司就对他失去了价值，他也不再对太平洋邮轮有任何意义。公司走过了最为辉煌的时期，而现在掺水的股票在股市上飘荡。运输量减少，管理不善，公司受到很大影响，1871～1872年，股票跌至谷底，董事会认为应该作出一些拯救措施。他们手上没有什么股票，于是决定不再进行重新选举，而是干脆放弃。1871年，他们共同创立了新的董事会，奥尔登·斯托克维尔（Alden B. Stockwell）任主席。名义上是新的董事会将他推上了主席位置，但实际上却是他任命了董事会的成员。

当时华尔街的人们还不知道他的大名，但大家知道他曾经是伊利湖上的一名汽船员工，最近娶了缝纫机发明者和布里奇波特的制造商埃利亚斯·豪的千金，并且借此获得了财富，成了豪氏缝纫机公司和威尔科克斯—吉布斯公司的老总。

他来到华尔街，看看自己能做什么，发现1871年太平洋邮轮公司的股票已经跌至40美元，就开始哄抬股价，并且创造了一些奇迹；后来他发现自己手中的股票和代理已经足够选举董事会,于是奇迹更加壮大。他以118,000股投票选择了自己的董事会,一跃成为斯托克维尔海军准将。他的意愿就是联席董事的法律,局外人看来,董事会形同虚设。

现在他的手下有太平洋邮轮公司,而且受他的指挥,于是斯托克维尔马上就得到了公司的控制权,成了巴拿马铁路公司的主席。收购太平洋邮轮公司后,他开始重新通过华丽的诺言,抬高太平洋邮轮公司的股价。1872年10月,公司的汽船日渐衰落,经常发生烧毁事件,他宣布公司已经通过大型收购增加了资本,盈利每年超过政府补助金,高达11%。他说,如此一来,公司就能从1872年1月1日开始,支付12%的股本。接下来,他要求奥尔巴尼立法部门给予公司将股本由2000万美元减少到1000万美元的权力,并且得到了批准;但是公司却从没有使用这一权力,直到今天,公司资本仍旧为2000万美元。

一度跌至40美元的股票对他的"抬高"举措作出了回应,华尔街看出了这一动作的意图所在:至少要将股票价格有所提高。股价在经历拉锯战后,上涨到107美元,斯托克维尔海军准将是当时华尔街的风云人物。他同列纳德·杰拉米一样,掀起了一股"大浪"。他拥有麦迪逊大道上最大的房子,踏入全纽约最浮华的人群,然而他的"海军准将"身份只维持了还不到1年的时间。

他没有局限在太平洋邮轮公司等利益上,而是利用了这场铁路危机,买下了波士顿、哈特福德和伊利公司,以25美元的优先股价格买下了30,000股大西洋和太平洋铁路的股份,尽管的这只股票凭证已经打印出来,但法律地位仍不确定,因为这次发行凭证的过程中没有法律权威部门的加入。但这并没有阻挡住这只股票在华尔街价格短期飙升的势头。

过了没多久,这只股票就失去了信誉,波士顿、哈特福德和伊利股票也是如此,而太平洋邮轮公司也蒙受了新的损失,盈利减少。三家公司的股票受到了看跌人士的沉重打击,一同下降,而斯托克维尔也无法支撑,只有接受亏损。这样的状态将他卷入了太平洋游轮公司库存股票27,000股的混乱局面中,结果只能妥协:据说他通过抵押豪氏缝纫机公司,以1,140,000美元的价格偿还了太平洋邮轮公司的债务。

下一轮的选举中,他不再担任主席,而是选举了新的董事会。他也从巴拿马铁路公司董事会和太平洋—大西洋公司董事会中抽身。他损失了金钱,丢了名声,大家都唾弃他。从此以后,他进行小额投机,生活得心惊胆战,去世之前,在联合股票交易所还亏掉了一小笔钱。

他是个洒脱的人,描述自己的命运更迭时,他曾幽默地说:“我刚到华尔街的时候,人们问,‘那个斯托克维尔是个什么人物?’但是我在抬高太平洋邮轮公司股票价格的时候,赚了一大笔钱,人们就开始叫我‘斯托克维尔先生’;当上太平洋主席之后呢,大家都用‘海军准将斯托克维尔’或者‘华尔街领袖’这样的称号,认为我是个伟人。后来公司破产了,我也破产了,我又成了‘那个红头发庄稼汉斯托克维尔’。这就是华尔街的风云起伏,华尔街的观念,它们都在现实生活中体现出来了。”

在华尔街所有的经营商中,丹尼尔·德鲁是长久成功的最辉煌案例,但后来却一败涂地,失意破产。因为他不读书识字,早期作为股票投机商的成功就更加令人惊异——他甚至只能用涂鸦的方式模糊不清地在文件上签下自己的名字。

他曾经是个牛仔,后来在纽约牲畜场看管牛头酒吧,进入华尔街前从未接触过任何银行业或股票交易;他还从来不看报纸。德鲁一开始就赚了一大笔钱,然后跟着其他人投资哈得孙河上的汽船;虽然自己对这些一无所知,但却在其中投资不少,赚钱不少。

因为他的精明,投机股票赚到了几百万美元,但过了没多久,在缺乏经纪专业知识的情况下,却成为股票交易市场的合作伙伴,建立德鲁—罗宾逊公司。多年来,这家公司都繁荣昌盛,但浮华退去后,德鲁对一位报价 2000 万美元的朋友说:“估计 1600 万美元就够了。”

此后,德鲁的聪明才智似乎离他而去。他因为判断失误遭遇了一系列的灾难,但是在捐赠德鲁科技学校和其他为公理会的机构方面,却更加慷慨。不过他没有给这些机构现金,而是以公司票据的形式,而且为此支付利息。结果当他输得真的到身无分文的地步而破产时,这些票据也因为公司没有资产而变得一文不值。破产之后,他在儿子家辞世,他的离去几乎没有像其他的华尔街灾难那样引起轩然大波。他静静地走了,在没有一分钱的情况下去世了。华尔街上下起伏,动荡之最,都被丹尼尔·德鲁经历了。

查尔斯·沃利士欧福尔也是证券交易市场上的一位非常有头脑的交易员,他空手套白狼,1884年恐慌中却在熊市中待得太久,将大部分钱财付诸东流。

詹姆士·基恩携几百万美元来到纽约,这笔钱是同弗洛德、奥布莱恩、麦卡和约翰·琼斯一道,加州黄金山发现富矿带时所赚。但是八十年代,他却因为哄抬股票和谷物价格过度,失去了所有的财产。不过一些大公司后来雇用他投机股票,他也为自己掀开了新的一页,几番跌宕后,又成了一位富人。

挣钱很容易,丢钱更容易。因此,在华尔街追逐金钱的时候,可以大胆,但总要谨慎。

亨利·史密斯曾经是杰伊·古尔德的合作伙伴,投资投票赚了五六百万美元,但是后来全盘皆输,死时十分贫穷。引诱格兰特将军创建格兰特—沃德公司的费迪南德·沃德在华尔街的职业生涯恍若流星,但却为众人铭记。他一度爬到了金字塔的顶端,不过后来落魄进入了辛辛监狱。缅因银行行长费奇先生也是,一辈子好名声,却晚节不保。

范德比尔特、古尔德、拉塞尔·萨奇、亨利·基普或者亨利·维拉德的故事都不必详述,因为他们在华尔街没有经历过彻底的大逆转局面;但在六十年代,原本价值500万美元的罗克艾兰铁路公司,在约翰·特雷西股票投机下毁于一旦,他活该放弃主席席位,贫穷而死。塞勒斯·菲尔德也一样,负担了太多的曼哈顿铁路股票,丢掉了所有的财产;还有华尔街的北斗星埃迪森·卡马克,死时跟他曾经拥有的财产相比,着实寒酸。

华尔街的往事经历了多少惊涛骇浪,有时候我们如果想想1869年9月24日黑色星期五的那一天,黄金阴谋造成了多大程度的金融痉挛,就能够勾勒出当时的图景;在黑色星期五的影响下,股票交易市场和黄金清算所、黄金外汇银行都被迫关闭;或者,如果我们想想1901年5月9日北太平洋公司的骇人恐慌,抑或1873年恐慌造成的长期而深远的破坏。

在最近提到的那次恐慌中,杰伊·库克公司的垮台,将会被深刻铭记,就像1857年恐慌中俄亥俄人寿和信托公司的崩溃一样,栩栩如生。

华尔街这些沉浮的回忆,会让读者们记住这样一个道理:挣钱很容易,丢钱更容易。因此,在华尔街追逐金钱的时候,可以大胆,但总要谨慎。

第十七章
Chapter 17

格兰特的第二任期

总统最佳人选，最值得我们尊重的伟人。——“繁荣期”如何对格兰特有利。——金融家和投机家们为国家繁荣走上前线，力挺美国的拯救者。——库珀研究所前的骚乱。——斯图尔特为什么拒绝任主席。——集会后果，候选人及商业集团代表的朋友如何看待，大众媒体和中立方如何评价。

我想在这儿简要说一下我在格兰特将军连任时扮演的角色。当时他在党内竞选提名时，身边有很多来自各行各业的竞争对手。他从前的朋友和拥趸者中也存在着很大的阶级差异，外界也有一股力量在阻止他参与费城会议。

他的政敌，一些寻求总统职位失望而归的人们和他们的朋友设下了政治机关，所有的计谋和偏见都在4年之后收到了成效。

我心中明白，换上其他候选人，共和党必然落败，为了共和党的力量和自主，格兰特将军也应该再次成为我们的选择。他曾担任过一期总统，深得人心。让他竞选第二任期总统，没有什么特别大的风险，而如果在这种还不稳定的重建情况下，试用其他人，对国家的政治和工业可能都没什么好处；而如果提名的是民主党人，情况就会更加危险了。

当时,南方的心境还没有平复下来,也不愿意将控制权交到联邦政府手中。我认为在这样的情况下,共和党人应该提名一位有很大成功希望的候选人,如果不选择格兰特总统,那这样的成功希望就会被画上问号。

格兰特第二次当选美国总统时的宣誓仪式,由联邦最高法院首席大法官萨尔蒙·蔡斯主持。

更何况格兰特总统为国家的生存,为战争的结束立下了汗马功劳,在镇压反动势力方面也立了头功,除了他,还有谁更能配得上全国人民的赞誉呢?他的才智和勇气,是国家共和党政府的需要。就因为这样的原因,人们也不应该在表达感激之情的时候有所含糊。

这是人民群众的爱国呼声,但还有一小撮"暴躁"政客,发起了秘密行动,他们的身后是更为危险的对手,想要阻挠爱国主义的行动。阴谋者蓄谋已久,格兰特第一任期结束之前就已经开始做具体安排。他们努力地用尽手中的一切力量培养公众观点,阻碍格兰特得到提名。

这些敌对势力刻意生产丑闻,通过下属的报纸和其他渠道放出风来。

敌对势力劲头越来越猛,总统选举时期到来的时候,格兰特将军能不能得到提名开始成了问题,就连他最热心的支持者也不敢肯定。大家早就觉得,民主党人应该从共和党人中汲取经验,《论坛报》更是加强了这一观点,鼓吹霍勒斯·格里利(Horace Greeley)应该得到候选资格。因此,必须要采取有力的措施,确保格兰特将军能够在费城会议上获胜。

我这样认为,其中有很强烈的个人情绪。我的动机是什么呢?有的读者可能会问了。

因为我相信,如果格兰特当选总统,契约就能继续保持其神圣地位,财富能够继续稳定,创业还会取得成功,整个国家都会繁荣昌盛。

一般说来,读者都会想要找到其中的自私意图,我也很愿意与大家分享。当然了,我明白如果大体局面都繁荣起来,华尔街必然受益。这就是我的自私动机,大家都有此私心。我当然是希望能够从华尔街的繁荣中分得一羹粥。

尤利西斯·S·格兰特(1822—1885),美国军事家、政治家,美国内战后期联邦军队总司令,第18任总统。

我不想从政,虽然一些身居高位的人曾经邀请我就职,但被我礼貌地拒绝。从政并不能给我带来财富,而且,我的最高理想是希望在商业上获得成就。

于是,我开始为格兰特连任奔走。我自己掏腰包雇佣了很多游说者,想要看看生意人对这件事情看法如何,和倾向共和党胜利的人们讨论。他们每天都向我汇报,没过多久,我就了解了这些在国家中分量最重的人们是怎么想的,一旦发生什么重大事件这些人的影响总是最大。我发起了一个集会,招徕了抱有各种各样观点、立足各种政治立场,然而都倾向格兰特胜利的商人们。我们的集会口号是:

"公众的集会"

"致支持格兰特将军连任的商人们、银行家门、厂商们和其他商业人士们:

以下签名的公众,抱着我们的智慧、忠诚还有矢志不渝的爱国主义,希望尤利西斯·格兰特恢复国内的和平,在国外宣扬美国的权利,在全世界的范围内维护美国的荣耀。在这里,我们请我们的市民于1873年4月17日,在库珀研究所前集会。"

这样的号召能够得到响应,很大一部分原因归功于我前几周所做的调查。我每天都在筛选人才,让大家努力工作,最后终于拉拢了纽约几乎所有有名望的公司。下面的名单就是原来的签名,直到现在我仍旧保留。

威廉·道奇
约翰·格林
亨利·维尔
乔治·阿迪
萨缪尔·奥斯古德
威廉·福格
本杰明·谢尔曼
罗伯特·斯图亚特
威廉·亨利·安东
摩根
詹姆士·比尔
克拉夫林
弗米利耶
费米利耶
查尔斯·佛罗斯特
麦克迪
约瑟夫·塞里格曼
西奥多·罗斯福
威廉·奥顿
查尔斯·柯克兰
彼得·库珀

休·黑斯廷斯
萨缪尔·拉格尔斯
科特兰·帕尔默
乔纳森·爱德华兹
查尔斯·尼兰
卡姆斯托克
皮特·库克
托马斯·欧文
奥提斯·斯万
纳撒尼尔·海登
杰西·霍伊特
威廉·巴顿·皮克
埃米尔·绍尔
雅各布·奥托
约瑟夫·斯图亚特
斯图亚特
托马斯·加纳·安东尼
弗雷德里克·温斯顿
布莱恩特
乔治·奥迪克
哈珀兄弟

约翰·汉密尔顿　　范德比尔特

乔治·罗德　　谢泼德·纳普

萨缪尔·斯基德莫尔　　阿斯平沃尔

乔纳森·斯特奇斯　　洛克维尔

但是很遗憾,有些已经不在人世了。

这些名字也提醒着我们,伟大的人们一年年都在离我们而去。

仍旧在世的签署者也有很多。其实,没有签名的人,签名也并不重要。换句话说,我拿到了所有我需要的签名,接下来要做的,就是打乱敌人的内部,让我们的军团表现出力量,爆发出运动后的热情。1872 年 4 月 17 日,我们在库珀研究所的请愿集会中就做到了这一点。

集会人员众多,智慧云集,且得到了很大尊重。大厅挤满了人,外面的群众数量更多。

斯图尔特(A. T. Stewart)先生曾受邀任主席。他过去是格兰特将军的密友,后来却因为没能为妻子的一个近亲获得海关上的提拔,就疏远了起来。我磨了好几天嘴皮,想要让斯图尔特先生心软,做会议主席,他却顽固不化。我最终通过种种手段,让他承诺,就算不投格兰特的赞成票,也不能反对,其他的我也无能为力。他一旦下了决定,七八头牛都拉不回来。因为他不是出生在美国,通过正常的商业手段无法坐上财政部长的位置,而后来把这样的职位送到他的手中,他也忘不了当年拒绝给妻子的亲戚升职之仇。

没能过斯图尔特这一关,我于是邀请了威廉·道奇。他盛情接受了邀请,事后证明,他也是一位非常不错的主席。

而会议的副主席们,据说是这个城市所见的任何类似组织中最优秀的集合。

我也曾经邀请出色的黑人演说家弗雷德·道格拉斯和平奇巴克到会,他们终究没去,因为有自己的新奥尔良会议要忙。雷尼先生也是一位有色人种的绅士,言辞典雅,颇具说服力。这是内战之后,有色人种第一次在纽约——可能也是整个北方——人群面前向一群白人致辞。此前,人们并不确定有色人种会不会为格兰特投票,因为霍勒斯·格里利的名字总是和他们联系在一起,而且这段时间一直在南方活动,目的是想获得爱戴他的有色人种们珍贵的选票,也尽量说服憎恨他的民主党人站到自己这边。可是他却竹篮打水一场空。布莱恩曾经这样诚实地评价他:“从来没有一位总统候选人能够像他这样,坚强的同时还透露着软弱。”

在此之前,国内已经有很长一段时间没有进行过集会了,这次集会中,库珀研究中心前聚集了这样强大的人群,整个国家的政客们都苏醒了过来。这次集会,摧毁了所谓独立主义者的希望,也让民主党停止了念想。

为了给大家讲述一下这次机会对1872年大选政党的命运产生的影响,我们应该回顾一下这次集会对关注大选结果的各方眼中都是怎样的印象,讲述一下他们各自对此的观点。未曾公开的历史总是会告诉我们一些事情,时间也对它们作出了评价,而这些一度都是政治机密。

会议的那天晚上,有许多震撼的事件,我清楚地记得麻省亨利·威尔森参议员的事情,就好像事先安排好了一样。会后,我和许多演讲人和其他名人在联邦协会俱乐部共用晚餐,我们祝言辞优雅的威尔森参议员长寿健康,我提议,让他去做副主席,后来,他就真的当选了。

在这儿,我冒昧向读者展示几封未曾公开的信件,看过这些,大家就能对我和我的朋友当时作出的工作有所了解,就会知道我们的努力对那些关注结果的人们是多么有帮助。

下面白宫的来信,显示了中央部门当时也在心急火燎地观望着当时的局面:

白宫

华盛顿

1872年4月17日

亲爱的克卢斯先生:

关于纽约那次伟大的会议,我已经收到了您几封有趣的来信,并已呈给总统,总统先生读后也非常感兴趣。我没有什么建议,因为我知道,您能根据当时的情况和纽约人的心理,作出更好的判断。您干得非常漂亮,我也坚信,今晚的成功就是对您最大的安慰。我们非常希望能够看到您的报道。我们这儿的人们都在国会努力工作,收发共和党人签署的电报,他们都非常支持格兰特将军。我真的希望我们早能够想到这一点,但是希望我们还有时间。刚才我还在白宫处理这件事情。希望您成功。

您永远真诚的

霍勒斯·波特

(格兰特总统秘书)

会议过后,总统秘书又写了如下的信:

白宫

华盛顿

1872年4月19日

亲爱的克卢斯:

在写信之前,我先热烈地祝贺您这次会议上的圆满成功。

会议很精彩,很让人惊叹。昨天晚上我们看报时通览了整场会议的经过,会议在国会,在其他地方也引起了巨大的反响。议院中几乎所有的共和党人都发了祝贺电报,但是因为开始的时间太晚,大家都没有看到。

您真诚的

霍勒斯·波特

下面的一封信来自罗斯科·康克林,说得有点奉承的意味,但我非常受用:

美国参议院

华盛顿

1872年4月19日

尊敬的先生:

作为共和党内的纽约人,我希望向您为我国作出的贡献表示真诚的感谢,感谢您前天晚上策划并组织了这次伟大的会议。

您真诚的

罗斯科·康克林

亨利·克卢斯先生 亲启

会议过后,纽约《先驱报》华盛顿特别版如下写道:

"今早参议员请求同总统会面,谈话中,总统说他对纽约昨晚的行动表示非常满意,他认为这是共和党人呼声越来越高的表现。据可靠消息称,全国各地民主党派的商人和银行家都非常急切地看到在即将到来的总统竞选中,共和党能够取的全面的胜利,这是维护我国信誉,阻止金融危机发生的最好方法,而他们认为,如我党取得胜利,这一切将不容置疑。"

下文是人民群众代表对拯救美国的英雄写下的致辞和决议:

库珀研究中心的伟大会议,1872年3月17日。——致辞和决议

致　辞

德拉菲尔德·史密斯,代表组织委员会,宣读以下致辞。本致辞由我们当中成就最大的一位商人撰写:

在格兰特总统的领导下,公共事务处理得非常英明,保守,且以国家为重;处理国际事务时,我们一直本着尊重外国权利的原则,这对我国是一件无比荣耀的事情;格兰特将军曾带着自己崇高的理想,宣誓入职,"让我们生活在和平之中"。我们也高兴实现了这一点。在为了国家永远安定的公平公正原则下,联盟得以重建;我们也严格遵守了宪法,遵从了宪法的修订案;国内恢复到了从前的平静局面;我们在印度的政策中也注入了人文的精神;国家税收得以有保证地征收,透明地分发,因此,我国税收任务有所减轻,公共债务有所减少,信誉也有所增强,一切产业都回到从前的健康局面,国家欣欣向荣,快乐填补了痛苦,反抗情绪得到压制,联盟得以继续生存。

这是一场诗意的公正,伟大的战士取得了战争的胜利,作为政客,他赢

得了和平，写下了美国历史上最为光辉的一页，他应该得到国人最深切的感激，应该再次当选美国的总统。

很高兴地看到，我们国家的人们正在渐渐苏醒，了解到作为公务人员应该承担的职责和责任。一般说来，我们都认为身居高职，身负重责，应该为自己的行为负责，我们要求公务人员诚实，要求他们有能力，这是我们在任命政府人员时不变的条件。总统为公务人员提出的建议，在公务员委员会报道中有详细说明，其中的条例及时恰当，应该得到我们所有人的尊重。

现在国会中，许多调查已经开始，希望通过这样的行动查找出在公务活动中的腐败行为。心怀不满的共和党人和强硬的民主党人联起手来，企图揭发错误行径的证据，暗指总统与此事亦有牵连。就好像之前丹尼尔一样，"大家都在找到对他不利的案例。"但是他们也像丹尼尔的敌人一样，"找不到不利的案例，也挑不出他的错，因为他本来就是一位值得相信的人，本来就没有犯过多少错误"。

审查越严格，大家就越感到他的正直。进行这样的调查所花费的金钱，已经超过了政府从前因不透明执法所承受的损失总额。

这样的记录让我们对审查的憧憬产生了怀疑的心理，国民也未必赞成这样的行为：他们只是希望能够通过行动让政府更加稳定，更有利于人民——维护国家的神圣不可侵犯——给我们的首都带来稳定，让劳动人民可以拿到足够的报酬，所有的人都能享有同等的权利。

想在政府谋得一职却失望而归的人们牢骚抱怨，通过自己辛劳而获得今天兴旺的人们没有时间也没有耐心去同情他们。这位参议员因为职务之便多做了些什么，那位参议员少做了些什么，相比总统游说中的那些重大问题，根本无足挂齿。总统有权利决定政府中的人选。总统从前的执政经历也告诉我们，他没有什么做的不合适的地方。

我们相信，格兰特将军在和平年代的执政成功，和他在军事上的伟大交相辉映，他用同在战场上一样经历、远见和判断能力经营着国家的事业，让他在多尔纳森和阿波马托克斯的胜利更加辉煌；他现在拥有，也理应得到美国人民的信任，我们全心希望，他能够连任。

决　议

决议委员会主席德拉菲尔德·史密斯如下写道:

第一,纽约商人、工程师、银行家和生意人在会议及会议达成的口号上所表达的思想,表示对政府管理过程中的智慧、能力、节制和忠诚表示满意,和联盟中其他的人一样,赞成我们伟大的领袖继续以他的智慧和荣耀带领我们。

第二,联盟运动如若取得胜利,民主党将会重新得到权力。

第三,在我们对反动活动取得辉煌胜利后,这一场权利的重建将在革命战争结束后载入史册,像特洛伊战争一样传扬千古。

第四,主要由南北两地抨击联盟投票竞选入职的共和党人让联盟的防护者感到不安,他们定然会对国家更有好处,就好像那些由南方竞选入职的北方总统,他们的工作甚至更为出色。

第五,格兰特总统以其爱国心拯救了共和党,就好像华盛顿以爱国心成为国家总统。人们信任他,必然牺牲了一些利益和意愿,对他处理国内事务的经验和资格还抱有一定的疑虑。但是通过他对政府的明智管理,我们已经有信心认为,格兰特总统连任是合适的选择,也对我们的公共政策有最大的好处。

第六,我们抵制住了敌对的批评和毫无证据的诋毁,避免了诱人的承诺和分裂观念——我们不断开创改革,并且在现在政府中取得了骄人的成绩。现存体系中的不当之处已经被我们加以改善,抑或进行纠正。国家赤字的减少,已经让全世界人民对我们刮目相看。我们的外交政策也让我们国家成为和平的推行者。而我们的总统也真正成为一个伟大的人物,成为印第安部落口中的"伟大的父亲",赞誉之声一直飘扬到美国。

第七,反对也是一种尊重,但为了政治目的玷污格兰特总统的人格,是一种违背事实的罪行,也是对尊敬格兰特总统的美国人民的一种侮辱。他在私人生活、在公共生活中都没有任何不良行为,他有着强烈的信念,但是总是以人民意愿为重,在收到弹劾的时候表现出很大的耐心,愿意倾听人们的意见,而不是一味发表自己的看法,也没有任何做作和动摇——了解他的人都知道这一点,知道他在讲话的时候表现出的分析能力,他的条理之明晰,给大家留下了深刻的印象,也成了他性格的标志。

第八,在这次会议中,大部分人们都希望,并且尊重尤利西斯·格兰特连任总统。

德拉菲尔德·史密斯演讲

亲爱的公民们:我们大家都清楚,在费城会议上,格兰特总统应该获得提名。大家同样清楚这是美国人的共同愿望。这是我们这些“平民百姓”对他抱有的信心,不论发生什么样的误解,我们都不会动摇。反对他的人认为,这里面有政府内部的人作祟。但这必然是歪理邪说,因为政府的掌权者总是不及想要进入政府的人们数量多。说到行政,塔列朗有句话说得好:每个办公室中都有一位同盟和49位敌人。事实上,拥有办公室的权利是一种资源,不过不是力量的资源,反而对所有的政党来说都是一种软弱的源泉。尽管如此,格兰特将军之强大,之受欢迎,似乎结成联盟反对他才是推他下台的唯一途径。大家普遍认为民主党人能够拉为数不多的共和党分裂者入伙。但是目前看来,民主党党心涣散,连自己的几千名成员都管不住,他们可能更倾向于投票给共和党人,拥护我们爱国军队的英雄。最近刚刚在纽约进行的联盟会议让我们想到了那些有色人种军队,他们的军官都是白人,但士兵却都是黑人。我们这里的到处都是共和党人,但是我们的听众中多数却为民主党人。和我们的老对手同台执政,心怀不满的朋友们说他们是独立的,说我们充满奴性。但是他们错了,最独立的人是对国家忠诚,对党派诚实,对朋友仗义的人们!这就是我们的致辞和决议。

对上面的这篇致辞连同决议,我要稍微道歉一下,因为这篇文章的分量足以构成一个章节,仍需润色,是美国历史上的重要篇章。

说这次会议成功,还有一个更伟大的尺度,那就是第二天《晚报》上的评论文章,这家报纸之前对格兰特将军的评价都比较苛刻,然而这次却写道:

昨晚库珀研究所的那一场会议,我们认为在美国历史上都可谓前无古人。表面上看来,这是一群共和党人希望格兰特总统重新得到提名,能够连任。但会议召开的时候,这已经成了整个纽约的共和党人大会。据这次会议的组织者和提倡者称,现在对共和党主义的检验,已然成了对格兰特总统的拥护。这就是说,他们已经默认了格兰特总统当选——而我们知道,这些人也都辉煌一时,如果他们想控制费城会议,会选择其他的候选人而不是格兰特将军。

这次会议的主要力量集中在它的组织上。所邀官员是我们所见过的所有党派会议上最为出色、最有名望、有影响的集体。固然其中有一些比较不光彩的名字;有一些不足一提,但是大部分都还是纽约市中非常优秀、非常有代表性的人物。而聚集起来的群众从很多方面来讲身份地位也同官员吻合,大部分都是值得尊敬的、有思想的选民。

这样的好状态一直持续到11月,结果也在历史上造成了深远的影响。《纽约太阳报》写道:"我们相信相比其他的共和党联邦协会俱乐部成员,亨利·克卢斯用一种独特的方式,做了更多的努力来帮助格兰特取得成功。"

还有一次大众会议在入冬时举行,总统的秘书在大选前几日,就这次会议和当时一些其他的事情,写了如下信件:

华盛顿

1872年11月2日

亲爱的克卢斯:

我们非常感谢您在竞选中为我们提供的文件和信息。总统说,上次在库珀研究中心会议上的那份副总统名单,是最让他印象深刻的一页文件。这页纸分量就已经相当重要。

我们的新政府不论从任何角度看来都是吸引人的,我们也当然希望下周二我们能够取得全盘胜利。

如果我们顺利击败对手,那么这就是对我们辛劳最好的回报。

您真诚的

霍勒斯·波特

为了进一步显示纽约的领军商人、银行家对格兰特将军连任抱有极大的兴趣，下面的这则公告就是非常好的历史记录。它形式紧凑，是金融历史上非常重要的一页：

公　告

在美国国内赤字的金融情况下，特此通告纽约的金融人士。10 月 1 日，进一步削减赤字 10,327,000 美元。

签名同意的纽约商人和银行家们，带着尊重情绪提交了如下陈词，致以所有与此相关的党派：

竞选美国总统的共和党候选人为尤利西斯·格兰特，已于 5 月 31 日在费城得到一致赞同。

1869 年 3 月 4 日，格兰特将军刚刚入主白宫时，国家赤字为 2,525,000 美元。当年 9 月 1 日，已付债务本金 348,000,000 美元，根据财政部长的正式声明，还有 2,177,000,000 美元未付。

其中 1,177,000,000 美元为固定债务，以黄金形式收取利息，而 400,000,000美元在财政部中仍未得到落实。

国会最后一场会议结束之前，按照 1869 年利率标准，税收年度减少如下：

内地税 ………………………… 82,000,000 美元

所得税（已废除） …………… 30,000,000 美元

关税 …………………………… 58,000,000 美元

共计减少 …………………… 170,000,000 美元

公共债务年利息减少超过 23,200,000 美元，其中 21,743,000 美元通过购买和取消利率 6% 的公共债券省出。

经过仔细分析上面的结果，我们可以得出如下结论：如果想享受廉洁的、让人们信任的国家财政，实现商业贸易的利益，最终保持国家安全稳定，最好的方式就是选举格兰特将军连任美国总统，以下签字者都表达了他们

这样的想法。

1872 年 10 月 4 日,纽约。

菲尔普斯道奇公司	詹姆士·金之子
乔治奥迪克公司	亨利·皮埃尔篷
罗伊兄弟公司	埃米尔·绍尔
约翰·斯图尔特	布司·埃德加
弗米利耶公司	威廉·奥顿
杰伊·库克公司	艾萨克·贝利
约翰·斯图尔特	谢泼德·纳普
哈珀兄弟公司	威廉·古伊恩
约翰·泰勒·约翰斯顿	爱德华·皮埃尔篷
弗雷德里克·温斯顿	卢梭·萨奇
皮克奥迪克公司	彼得·库珀
莫里斯·富兰克林	安东尼—霍尔公司
舒尔茨	加纳公司
索斯维克公司	斯特拉纳汉
洛克维尔公司	摩根公司
罗伯特·麦克迪	德雷克斯勒·摩根公司
威廉·弗米利耶	奥古斯丁·史密斯
豪	范德比尔特
威廉·库伦·布莱恩特	莫顿—比利斯公司
蒂凡尼—斯波福德兄弟公司	乔纳森·斯特奇斯
约翰·格林	塞利格曼公司
克拉夫林公司	斯图尔特公司
摩西·泰勒	约翰·帕克
阿斯平沃尔	本杰明·谢尔曼
罗伯特·列诺克斯·肯尼迪	约翰·琼斯
齐藤登公司	弗尔米耶

萨缪尔·斯基德莫尔
亨利·维尔
罗伊德·阿斯平沃尔
雅各布·奥托
乔治·罗德
萨缪尔·麦克列恩公司
亨利·克卢斯公司

第十八章
Chapter 18

特威德集团，七十人委员会

特威德集团在投机中发挥作用。——特威德及其“乌合之众”如何操纵资本市场。——集团密谋政治恐慌。——格兰特总统及其财政部长鲍特韦尔获悉恐慌信息，阴谋失败。——“七十人”委员会的成立。——特威德用他的数百万资金向公众制造恐慌。——康诺利如何使用手段掩饰罪行。——将纽约财政部长位置作为贿赂礼来寻求妥协。——委员会顾问萨缪尔·琼斯·蒂尔登如何在事业上辉煌起步。

著名的“老板”市政统治的那几年里，特威德集团在华尔街内外都游刃有余。在对华尔街名人亨利·史密斯进行简要刻画之时，就曾经提到他们利用紧缩银根的方法操控市场。

一般说来，特威德集团会对一些投机股票的运营商提供特别大的帮助，如汉尼拔—圣约瑟夫(Hannibal & St. Jo.)股票，这只股票也导致了“老板”特威德公司的巨大损失。此后良久，该股票都无人问津；直到多年后，波士顿的约翰·达夫通过他在纽约的经纪人威廉·哈钦森“囤积”，而悲惨地几乎全盘皆输。不过公平说来，达夫先生并没有什么过错，股票交易所管理委员会已经对此作了详尽调查，证明主要问题出在代理商公然欺诈和背叛，达夫先生不过是太相信自己的代理商。

“老板”特威德和他的左膀右臂们，让华尔街在国家和州中的政治事件中扮演了主要角色。选举之时，如果正值他们的对手当权，特威德集团就会召回纽约所有的资金——通常是华尔街的临时贷款，制造金融市场上的紧迫局面。

想做到这一点，特威德集团的头目们只需对他们手下储备纽约市基金的银行进行操作。

如此一来，他们就能够造成对执政共和党的反对情绪，对他们强烈谴责，那些在投机中有所损失的人们就开始随着他们憎恨当政者。这样的指责也不是牵强附会，而且大部分人在亏损之后，总是放眼周围一切本可以控制住他们损失的因素。这可能会对他们的情绪起到一些缓解作用，还让自己的郁闷有地方可出。对这些失望透顶的投机商们来说，最难受的，莫过于不知道对着谁发泄自己心中的怒火。

威廉·M·特威德（1823—1878），美国政治人物，民主党人，常被称为“老板”特威德，十九世纪纽约市政治机器的核心人物。在他影响力的巅峰时期，特威德是纽约市第三大土地拥有者。

特威德集团就满足了他们的这种心理，填补了站错立场的投机商们心中的空虚。他们输光钱后，恐怕剩下的只有选票，觉得华尔街不能给他们带来安慰，就跟在特威德集团后面，指责共和党那些可怜的执政人员，说他们打开了“潘多拉的盒子”，带来了一切一切的邪恶和痛苦。

因此，特威德集团通过制造金融灾难，将同党带入政府，而他们都会大肆赞扬老板——毕竟是他给了这些新政府人员这么大的肥肉。而老板本人，也是最喜欢被人吹捧。

当时，宾夕法尼亚州对总统选举有着决定性的作用，因此在政界中，有这么一句话，“拱顶石州（宾夕法尼亚州的别称）引领美国”。

1872年春,格兰特总统竞选连任,民主党同时决定推选霍勒斯·格里利角逐总统,一股强劲的势力推动着华尔街恐慌情绪的产生。舞台的背后是特威德集团,他们将恐慌安排在了宾州选举的同一时间,以彰显共和党统治的邪恶,从而将选票拉到格里利的这边。

那些在投机中有所损失的人们就开始随着他们憎恨当政者。

我得到了这场政治投机阴谋的消息,于是告诉了当时正下榻第五大道酒店参议员康克林。我说民主党人正在制造恐慌,以击败格兰特将军。他说他从前没听到风声,但这的确是特威德集团的作风,应该提高警惕,他要求我去见摩根州长和乔治·奥普戴克(George Opdyke),通告此事。我去找州长的时候他正在教堂,于是我留下了一张卡片,让他在共和党国家委员会的房间等我,有要事相见。对奥普戴克,我也留下了这样的话。

州长马上就来了,我也对他倾诉了我知道的消息和我心中的怀疑。我觉得这件事情非常重要,但州长听后的兴趣并不及我所料;而关于我对特威德集团政治动机所撰写的报告是否属实,州长也疑虑重重,他似乎觉得,特威德集团不会这么老谋深算。他大大低估了"智多星"彼得·斯威尼(Peter B. Sweeny)的力量,他可调动的资源和治国本领。州长是个慢性子,但凡事情不太明显,怎么劝说他都不肯听。我告诉他,我心中有数,消息绝对可靠,如果华尔街真的发生恐慌,对共和党的总统竞选产生的影响必然是灾难性的。

摩根州长召集第二天开会,更透彻地讨论这一问题,深入剖析问题本质。州长这个时候已经相信,政治阴谋真实存在,我去见他的时候,也带上了乔治·奥普戴克和克拉夫林。

同时,州长也见到了特拉福斯——当时一位非常顽固的看跌人士,特拉维斯对市场的走势也看到了一些端倪。州长相信了我说的话,知道真的有一场麻烦在酝酿之中。他马上投入工作,寻找最好的政策阻止阴谋发生,打乱民主党人的计划。

我说,此事不容耽搁,必须派人去华盛顿见格兰特将军。州长说他抽不开身,而我和克拉夫林也去不成。所以奥普戴克站了出来,说他可以面见总统，提议大家一起写信，陈述事实，阐明紧急性。我们写了信，于是奥普戴克先生就起身去了华盛顿。当时是周五傍晚，他火速完成任务，周天早上就已经归来。他派人叫我，他已经向总统解释了情况，总统非常感激大家在信中给他的警示，然后就同财政部长商讨此事，决定周一下令购买1000万美元债券，出售1000万美元黄金，提前扭转特威德集团可能造成的金融混乱——如果他真的得逞，那资金市场就必然面临紧张局面。

尔后，我看到阴谋家们蓄意制造恐慌，以在政治上和经济上的获益，他们人数众多，根据当时的法律，黄金可以竞价，要价最高者即可获得，他们可以通过在第四国民银行（Fourth National Bank）或商业银行（Bank of Commerce）中存款，或者将资金储存在分库两种方法支付。若选择后一种方案，资金就会被锁起，财政部希望放松银根产生的影响就会被中和。

因此，为了防止意外，我们公司就申请购买了全部1000万美元黄金，购买者都是我们的同事。其中800万美元得到批准，我们将钱支付给了商业银行和第四国民银行，继续进入流通。

这样，1000万美元的纸币和1000万美元的黄金就从分库中解放出来，马上进入流通，特威德集团的阴谋就这样被摧毁了。

特威德集团“全盘皆输”，给市场带来了奇迹般的影响。阴谋者计划完全被捣破，宾州大选几天后开始，共和党压倒性获得胜利。

如果特威德集团的恐慌计划得逞，就会是另一番景象，格兰特也万万无法当选。

打败特威德集团后，我又开始思考如何彻底推翻他们。我发现他们的权力完全是通过控制政府而获得的金钱权力。看到纽约分库的爱国者们下决心通过受贿、偷窃或者其他的方式来到华盛顿的国库，我大感欣慰。

他们希望在华盛顿这片大场地上将纽约的动作放大——在那里他们资源有限，步履维艰。

抱着压制这些政治掠夺者阴谋的念头，我组织了著名的警戒七十人委员会，第一次会议上，我指认了65名成员。

委员会一开始就得到了许多颇有名望的公民的拥护，马上成为当地一股强劲的力量。

多年来,纽约公民第一次有了足够的勇气,面对政治掠夺和暴政说出自己的心声,他们表达了对强硬管理城市的执政者们极端的不满。

在此之前,很长一段时间里,人们曾怀疑,有人计划进行大规模的政治掠夺,但是没有人有勇气大声说出现实,只能窃窃私语。除了寥寥几名可能不纳税的人们,谁都不敢说那些掌控纽约命运的丧心狂们什么不是,他们担心自己的话会传到老板或者他的走狗耳中,然后他的个人财产就会被做大,也得相应缴纳更高的税款。这是特威德集团压制批评的最有效手段,也成功地堵住了纽约富人的嘴巴。也是因为他的这种手段,许多颇有影响的市民一天到晚受到集团敲诈系统的恐吓,终日不得安寝。

如果不是亲身经历,现在的人根本想不到特威德集团成员掩盖事实、欺诈群众的卑劣手段。说件七十人委员会成立之前的事情,有一次,有消息对纽约审计长理查德·康诺利(Richard Connolly)不利。他面不改色,要求由名人市民组成的委员会对自己的部门进行详细调查。他任命了委员会成员:摩西·泰勒、马修·罗伯特和约翰·雅各布·阿斯特。没人敢反对这些人。他们都很有钱,而且都是独立身份,选出比他们更让人信得过的委员会成员,估计也不太可能。而在厚颜无耻的康诺利和他的走狗插手下,他最后被宣无罪,还掀开了政坛生涯中新的一页,此后,人们对他管理纽约金融的手段就更难提出质疑。

特威德集团的面目被揭发出来后,事实也浮出了水面:康纳利巧妙地使用纽约分库的一笔钱,在调查中作了假。

现在特威德成了纽约的老大,整个城市都弥漫在集团的恐怖政策下,直到1872年夏,七十人委员会走马上任后,这样的阴森局面才得以结束,后来,这些控制纽约如此之久的专制贼党一个个被清除出了政府,被流放到世界各地。

赶走这些强盗,清理余党,也遇到了不少困难——集团资源真的太丰富,势力也太强大。不能再行使专制权力后,他们又开始通过诱骗贿赂,企图保留当时手中剩余的政治权威。我刚开始组织七十人委员会时,很多特威德集团的人曾经围住我,问我愿不愿意做纽约司库。我说:"我现在当然不能决定,再说现在这职位上面又没有空缺。等到真的有空缺,我又得到这样邀请的时候再说吧，我时间还长着呢。”

这么回答，有我自己的暗示，意思是，如果有机会，我很可能会接受这样的邀请，帮忙平息一些尚待解决的问题。我觉得敲诈出特威德集团帮助处理市政事宜的管理秘密，虽然有点不择手段，但终究出于好意。

第二天，特威德的心腹又在候着我，殷勤奉告，纽约司库刚刚辞职，现在职位出现空缺，我可以上任了。我让他给他们岌岌可危的头头传达我深深的感激之情，但非常有礼貌地拒绝了邀请，说那天过后，我也仔细地考虑这个问题，但是我是七十人委员会的成员，而这又是一个改革委员会，受之有愧。

职位应该马上得到填补，于是他们就邀请了百老汇银行行长 F. A. 帕尔默（F. A. Palmer）先生，他曾经为特威德管理城市基金。

没几天，纽约大部分官员就接二连三辞职，不知去向。有的去了欧洲，有的去了古巴，还有一些去了他们喜欢的天堂似的“新帝国”（New Dominion），七十人委员会于是全盘掌控纽约。

特威德留了下来，但不似从前那样咄咄逼人。“我还能怎么着呢?”他似乎相信，七十人委员会是干正事儿的。奥吉·霍尔（Oakey Hall）市长也留了下来，还开玩笑似的抗议说，就他所知，一切都好着呢。

这时萨缪尔·蒂尔登（Samuel J. Tilden）也开始走上了政治舞台。通过威廉·哈弗迈耶（William Havemeyer）的影响，他当选委员会三名法律顾问之一。阿布拉罕·劳伦斯（Abraham R. Lawrence）和威廉·佩卡姆（Wm. H. Peckham）是另外两位法律顾问。蒂尔登很快抓住了机会，将自己推到了舞台前方，成了一位伟大的改革家。若不是七十人委员会，我觉得他会不会有现在这么大的名声真的很难说，能不能得到这样的机会，也是个很大的问题，而且，他无法施展拳脚，在后来的总统竞选中赢得头筹。

第十九章
Chapter 19

丹尼尔·德鲁

像范德比尔特一样，德鲁是华尔街没有经受过教育而获得巨大成功的人物。——他比美国其他任何人都有能力筹钱。——德鲁跌倒，古尔德发迹。——"死亡之手"。——预见德鲁的惨败。——输光 1300 万美元。——他如何通过手帕诡计，让操作员套牢"奥什科什"。——"丹尼尔大叔"麻烦的开始。——可转换债券阴谋。——1866 年"囤积"。——一天之内上百万美元易主。——轶事：一位年轻人资产池外投机，还得到了德鲁经纪人的赞助。

如果说华尔街谁这一辈子最特别、最跌宕，那莫过于丹尼尔·德鲁，人们亲切地叫他"丹尼尔大叔"。这个人也是认准了一件事儿，死钻牛角尖，然后获得了众人瞩目的成功。他的人生还告诉我们，教育并不是成功获得金钱的必备条件，在另外一章中我也说了，可能良好的教育背景还会挡着您的财路。

德鲁和范德比尔特都证实了这一点。其实，大家都觉得，如果这两人真的接受过不错的教育，反而绝对不可能成为金融大师。而且，尽管两人都很有能力，也有不少其他的爱好，但是还真的都不适合上学，更别说进大学。可能他们没有这方面的发展潜能。可能没有什么老师能教德鲁把"股票"念成“沟票”，也没有哪个老师能够教会范德比尔特，动力火车头产生蒸汽的那个地方，应该写成“争气机”。

1884 年伊利铁路地图。

语法老师给范德比尔特讲解“在做事之前，千万别不告诉别人你干什么”这句话中存在的语法错误，估计都会抓狂；告诉德鲁，想要减持的时候对经纪人说“把他们沟票拿来我”不对，估计也会绞尽脑汁。两人都觉得，莎士比亚能读能写，他们则擅长做其他的事情，这些都是与生俱来的本领，他们的理财本领都是天生，而且一辈子做得如鱼得水。对待不在投机领域中的人们，两人都非常鄙视；但是对能够在挣钱方面用独特方法和他们叫板的人都非常嫉妒。德鲁最大的特点就是狡猾、精明。虽然他自己是个文盲，他却表现得很尊崇教育，在他的故乡还赞助建立了一家神学院。

有些人打死也不愿意承认德鲁是怀着好心做善事，他们说他建立神学院就是为了名字流芳，像范德比尔特一样，想要名垂青史。

还有一个更不高尚的动机，不过看起来似乎还比较真实。他发现社会中的宗教元素影响非常之大,而且身边许多信仰宗教的朋友活得还都不错,于是想跟加入到他们的圈子中去,好在投机活动中利用他们。

似乎这才是他为故乡建立神学院的真正目的。如果我猜得没错,那么他最后这笔投资违约,还收不到什么利息,就是人们所谓的"报应"吧。

丹尼尔·德鲁一度能够比在华尔街任何人都短的时间里筹到现金,甚至在整个美国都是首屈一指的。他的财产大约有1300万美元,其中很大一部分都是由在伊利——他当时管理董事及财政的那家公司——股票中投机得来。因为知道内部消息,他就能够在自己的操控下,让不明真相的群众经历惊涛骇浪。

伊利股票动辄就百分之二三十水平地上涨下跌,有时甚至就发生在一两天之内,经常让华尔街吓出一身冷汗,而这,都得归功于德鲁先生的操纵。

杰伊·古尔德坐上伊利第一把交椅的那天,对德鲁而言充满了阴霾,对伊利的股份也是灾难。

他发现社会中的宗教元素影响非常之大,而且身边许多信仰宗教的朋友活得还都不错,于是想跟加入到他们的圈子中去,好在投机活动中利用他们。

从这个时候开始,古尔德就迅速在投机领域中成长,而德鲁却以同样快的速度走了下坡路,直至跌到金融阶梯中的最底端。难怪他会说古尔德长着一双"死亡之手"。

德鲁接二连三地亏损,直到1300万美元全都像掉进沟渠中的雪花,消失得荡然无存。他去世时,身无分文,万念俱灰。他最后的那些日子过得非常悲惨,但对贪婪的人们却是永远的教训。我觉得这就像个节日,主要节目还会一遍遍地重演。

还记得老人在事业高峰的时候,我曾经参加过为他举办的一场晚宴。那根本是一场相互吹捧的聚会,而德鲁就是这个圈子里的明星。拥有1300万美元的他得来了众人羡慕的眼光,还有一些人甚至将他视作神明。

在这样的场合中,大家总应该说点什么,于是到场的人们都纷纷在祝酒的时候展示自己的语言才华。

轮到我,我也跟了风,大肆渲染我们今晚这位贵客的成功。

我说:"我们很荣幸在今天这场欢庆中,能够有请到一位富豪绅士,他比美国的其他任何人都能更快地筹集到金钱，而他今日的成就都是通过自己的努力获得。他是美国勤俭创业的典范。他的富有、温和的性情，让他成了所有人的朋友，如果说有什么能让这位拥有五金财富的绅士倒下，能让他走向回毁灭，那么我能想到的只有一个。这位尊敬的先生，就是今晚在场的德鲁先生，而他的敌人，就是'贪婪'。"

五年过后，他真的不名一文，1300 万美元也像柳絮一样消失在了人们的眼界中，他悲剧的身后，只剩下了贪婪的灵魂。

十五年前，纽约《论坛报》曾刊登一篇诗文，很辛辣地讽刺了德鲁想要利用宗教进行投机。

一位高高瘦瘦的乡下汉，
在路上逢人打探。
"这旮旯我不清楚，
我想找丹尼尔·德鲁。"
"这地方我不熟，
我就找个啥建筑。
麦迪逊广场那儿，
建造它的就是丹尼尔·德鲁。"
"这地方我不熟，
也没啥想要。
但是我想买点沟票，
我想找丹尼尔·德鲁。"
后来我又见到那位汉子，
在华尔街的角落里，
他在看有没有渡船过来，
没有再等丹尼尔·德鲁。
他的背上背着包，
上面写着"优先股 Q. U."。
手上拿着写坎通股票，

还有些华巴希的凭证。
晚上我在渡口看见他,
帽子歪在头上,
他正在支付股票佣金,
就是那只“优先股Q. U.”。
“哈肯萨斯”有人说:
“如果你想赌点钱,
那就自己捣鼓捣鼓,
千万别去招惹德鲁。”

德鲁不注意打扮,甚至有几分邋遢。打眼看去,还以为他是个养牲畜的,不过他以前倒确实干过这个。顺便说一句,现在我们说的“掺水股票”就是丹尼尔大叔发明的:他一度给牛吃很多盐,让它们狂喝水,于是他们到了市场上就看起来比平常更大更肥。大家都没法从他身上占到便宜,直到他遇见了古尔德和菲斯克。

如果有人想要拉他下马,他就会显示出自己非凡的人脉,一定要让那个人不好看。

他在西北公司股票严重亏损的时候,我们可以清楚地看到他的这一性格特点。他运气不好,心里很不顺,但因为他的惨败,收益的经纪人和操作员都兴高采烈。他们觉得趁着他不注意赚到便宜是件很伟大的事儿。好几天,华尔街里好多人都在说他的坏话。有的年轻人玩笑开得有点过火,甚至当着他的面都放声大笑,很是让人生气。他看起来不以为然,总是特别有精神,但是这些把他当成玩笑的年轻人们干的事儿,他早就记在了心里。他等着机会到来,一天晚上,几个年轻人在城里一家俱乐部找乐子,丹尼尔大叔就不请自来。他似乎好像在找什么人,马上要走的样子,很兴奋也很热情,好像还有什么重要的事情,好几次从口袋中拿出一条白手帕擦头上的汗水。要走的时候,手帕口袋里滑出来一张纸,他似乎没有注意,纸掉在了旁边一个人的脚下,那人马上用脚踩住。德鲁走出去的时候,刚才那人迅速地扫了一眼,看见德鲁不详的笔迹:“尽量在票面价值下购买奥什科什股票,能买多少买多少。”

对这些孩子们来说，这是个启示，大家都觉得奥什科什的股票已经涨得太高，该“卖空”了。而这张皱巴巴纸上写的让人费解的字样，让这些操作员相信，肯定公司又有了新的交易，要焕发“第二春”。必须要抓紧时间利用好这条有用的信息。他们组织了一个资产池，第二天就购买了30,000只股票，通过事先预谋，丹尼尔·德鲁的一位新经纪人将股票卖给了他们。后来，奥什科什股票一天跌落十几点，这时他们才知道德鲁的手帕阴谋多狠；于是，丹尼尔大叔把之前那些笑话他的人从他身上赚走的钱全都拿了回来，还让他们倒贴了一笔。

1852年前后，德鲁先生进入伊利董事会，直到1868年破产之前都身在其中。他担任公司的财务主管。

1797年，德鲁生于普特南县的卡梅尔镇，比范德比尔特年轻三岁。我之前也说过，在到纽约之前，他在家乡放牛。后来，他又经营起了纽约的牛头酒吧。

他的穿衣风格一直都没变，身价1300万美元的时候还是一身农夫打扮，丝毫不去追求那种镶着金珠的拐杖，而是手里拿着把破雨伞在华尔街转来转去。管理伊利公司财务的时候，他抓住每个机会自己利用股票获利，也不管其他人的利益。多年以来，他都是市场中看跌最厉害的投资商。他和范德比尔特一样，对汽船很感兴趣，让伊利公司成了自己的摇钱树。人们把他称为投机主管，伊利战争爆发的时候，他的财富简直到了无可匹敌的地步。

丹尼尔大叔把之前那些笑话他的人从他身上赚走的钱全都拿了回来，还让他们倒贴了一笔。

1866年的“囤积”，是丹尼尔大叔麻烦的开始。之前他一切都顺风顺水，以其他金融界人士想都不敢想的速度聚敛起几百万美元。当年春天，伊利股每只卖到95美元。公司急切需要资金，于是向财政主管提交申请，希望能够脱离困境。他一直想这么做，但是需要贷款有保证。当时未发行的伊利股票有28,000只。公司同时声称，能够通过发行可转换债券筹集资金，根据持股人选择可以兑换成股票。

这是伊利公司事务管理的老把戏。这曾经救过雅各布·利特尔一次，我在之前的章节中提到过,那是华尔街投机早期。所以说,这也不像人们想象的那样,是德鲁在伊利管理中的原创。

当时没有发行的28,000只伊利股票和300万美元的可转换债券,都以证券的形式落在了德鲁先生的手中,他为了缓解公司的紧张需要,就借了一笔350万美元的贷款。

德鲁买下了许多可转换债券后,就开始为华尔街的小男生们设下了另一个圈套。伊利公司已经有这么一段时间股票卖得很快,95美元的价格非常强劲,而且也有许多人着急着想要买。因此,市面上的股票稀缺。德鲁先生有很大的一笔合同,操作员们也不知道他要怎么处置这笔股票。很多人私下笑话他都不知道自己要有多尴尬——他们吸取了之前当面笑他的教训,现在也非常开心地等着找个老头出洋相。看起来他似乎已经走上了困境的浪尖之时,疯狂看涨的人们都觉得他们肯定会让德鲁绝望,但他却将300万美元的债券转化成股票,抛售了58,000只,支付了所有合同,让那些看涨的贪婪人士们得到了他们想得到的。

华尔街争前恐后疯抢伊利股票,但是这剂药终究还是过量。看涨人士最终倒下,还没有能从伊利公司走出,收拾这场败仗的残骸,股票已经从95美元跌到50美元,损失掉了所有的盈利,他们被全盘击溃。

一天下来,一笔交易结束,就已经损失了几百万美元。

这是一场伟大的“经济政变”,是德鲁最漂亮的一次谋划,光辉盖过了他从前的业绩,华尔街上其他的主要运营商都从心里嫉妒他,同时还为栽到了这位伊利财政主管老谋深算的陷阱中,感到怒火中烧。德鲁遭到了众人鄙视,他所取得的前所未有的成就,得到了众人畏惧而尊崇的眼光。虽然后来他有所松懈,但是这只不过是没几天的事情。

刚才提到的资产库到期之时,还有些小插曲,因为是丹尼尔的惯用手段,所以还值得一说。伊利资产池中有个年轻人,但是并不属于内部的那个圈子,觉得这个资产池大概是为了将伊利股价抬高才建立起来的,于是就向丹尼尔大叔借钱购买伊利股票,这个年轻人的信誉还不错,在资产库基金中也有钱。丹尼尔不仅借给他了钱,还让自己的经纪人卖给了年轻人他梦寐以求的股票。他每天都满足自己投资的欲望。在股价大跌之后,这位未经世事的年轻人和同样加入资产池的几个朋友去找到丹尼尔大叔,要求这位资产池的管理者再将伊利股价抬高,让他们能够下台,收回之前的损失。

但德鲁却不带感情地告诉他们,资产池中没有伊利股票,也不想吸纳,而且不打算再做这笔证券的交易。

"我把所有的伊利股票都卖出了,赚了钱,"丹尼尔大叔说,"现在正打算分红呢。"

这位年轻人于是发现,虽然丹尼尔大叔作出自己股票上涨的投机,但也在其他方向上进行了投资,看准最合适的时机,出手,收钱。

这样,这位曾经被丹尼尔大叔嘲笑还对他紧守秘密的业余操作员,按照同样的方式,在资产池外进行投资,按照自己虽说有些荒谬的判断,赚到了钱,弥补了从前的损失。

如果他没有这样做,他可能会在资产池内得到丰厚的回报,但是不会从自己的失败中获得这样有用的经验,也不会立志独立投机。

第二十章
Chapter 20

德鲁轶事

德鲁早年事迹，如何起步赚钱。——向亨利·阿斯特借钱在俄亥俄州买牛，冒着艰辛将牲口赶到阿利盖尼山。——他在汽船业总的伟大成就，反对范德比尔特。——婚姻及家庭。——他建造并捐赠宗教和教育机构。——投机失败后返乡，却发现自己心在华尔街。——他希望通过范德比尔特东山再起。——破产、债务和行头。——突然安详去世。——他古怪行为的故事。

本来我觉得，对德鲁的投机生涯说几件重要的事情就算了。但后来想了想，大家都希望详细地了解名人的生活，知道他们怎样才能瞩目于世界。我们的创业故事报纸也对我们这样的好奇心有所鼓励。关于德鲁呢，我必须要对可能对他提出的问题作出回答，这样大家才不会失望。我觉得自然想知道德鲁的投机事业什么时候走向了尽头。大家可能会问，丹尼尔·德鲁刚开始赚钱的时候，是个什么样的孩子呢？

德鲁是华尔街的一朵奇葩，也是美国勤俭创业投机的标本。他的多面独特性格，代表了一群人，如果读者有心赚钱——大部分读者都会有这样的想法——那一定会对他非常感兴趣。不仅是美国，只要是文明的国家的投机商，就会想要了解他。正是因为这样，所以请大家原谅我用这么长的篇幅，这么细致地描写他的性格。我觉得多年过后，他的生涯，他生前的经历都会沉淀出浓香，能帮我这本书更好地保存下来。有了这些事情的刻画，德鲁将成为美国文明史上最为出色的产物之一，换做其他的土壤，其他的气候，都不可能出现第二个德鲁。他的非凡成功，也让老一辈的人们惊叹：原来我们伟大国家会有这样惊人的能力。

丹尼尔·德鲁号汽船。

大家最感兴趣的，莫过于他的生涯如何开始，可能这是因为大家都觉得自己开端不怎么样。我所知道的丹尼尔·德鲁，可以说三岁看老。他从小就在农场上干活，农闲的时候去学校，在那儿也学不到什么东西，只知道当天说了什么天书，直到 15 岁那年父亲去世，抛下了他、一个弟弟和母亲，照看又穷又破的小农场。他父亲祖先是英格兰人，母亲则是苏格兰的后裔。

17 岁那年，小德鲁被招入国民军队的候选，因为当时正值美国同英国的第二次战争。

部队当时被派去甘斯沃尔堡，在哈得孙河上，纽约对面。入伍后没几个月，英美之间就不再仇视，部队于是也解散了。丹尼尔回到了家中。母亲收管了他的工钱，可能也不超过 100 美元；他的一个伟大的对手，海军准将范德比尔特也是用100美元起家,当时他是同母亲一起辛勤耕种才挣到了这笔钱。

“我想要我的工钱。”回到家中后不久,德鲁就对母亲说。“你要这钱干什么?”老妇人问,她毕竟有着苏格兰的血统,勤俭跟范德比尔特夫人有得一拼。她们都是生来就喜欢把东西握在手中,但是可能这样性格的遗传,都是儿子后来在经济上成功的重要因素。

“我要买牛,把他们送到纽约卖掉。”丹尼尔说。

“你确定你不会赔本?”母亲应和。

“我肯定能挣钱。”他说。

我觉得多年过后,他的生涯,他生前的经历都会沉淀出浓香,能帮我这本书更好地保存下来。

他开始在乡下买牛,在纽约倒卖。刚开始盈利很少,更何况资金有限。没过多久,他就发现如果在俄亥俄州买牛,盈利就会大大增加,于是就向富尔顿市场的一位屠夫——也是百万富翁约翰·雅各布·阿斯特(John Jacob Astor)的兄弟——亨利·阿斯特借了一笔钱,投机俄亥俄州的牛群。阿斯特刚开始觉得这样有点冒险,但还是招待了他。阿斯特错了,德鲁赚到了钱,马上建立起稳固的信誉。他买下了俄亥俄州各地的牛,把他们赶到阿利盖尼山上。据说他是第一位敢做这样大胆的实验的牧人。去一趟需要60天。他吃了很多苦,有时600头到1000头牛,穿山的时候损失掉1/3。不过因为俄亥俄州的牛非常便宜,他还是赚到了很多钱。

一天晚上,天气恶劣,雷电滚滚,他躲雨的树被闪电劈成了好几半,骑的马也被劈死了,自己好一阵子都失去了直觉。但没有什么艰难困苦能够阻挡住他赚钱的决心。后来,他又将业务扩展到了肯塔基和伊利诺伊。

1829年,德鲁在第二十四街上开办了一家养牛场,在第三大道上经营了牛头酒吧。1834年,他开始涉足汽船生意。范德比尔特这个时候已经在商场摸爬滚打17年。他第一艘和第二艘船分别叫“威斯切斯特”和“绿宝石”,在纽约和奥尔巴尼之间航行,和范德比尔特的航线正好相反。德鲁将运费从3美元压低到1美元,想挤兑出范德比尔特。两家价格战打得如火如荼,往返两个城市100英里的路程都竞争到了只收一先令。德鲁的船队中添加了“纽约人”、“俄勒冈”、“乔治·劳”、“艾萨克·牛顿”和“新世界”，成了海军准将非常有力的竞争对手。

1840年，艾萨克·牛顿在哈得孙河上组织了人民航线，德鲁成为最大的持股者。他新建造了“圣约翰”、“迪恩·里士满”和“德鲁”三艘航船，“艾萨克·牛顿”被烧毁，“新世界”也遭遇沉船。

1852年，哈得孙河铁路开张，德鲁拒绝出售股票。“您的那部分股票，想咋着就咋着，”他对铁路公司的董事长说，“但是要想管我这部分股票，那就先买下人民航线，不过我觉得你买不起。”铁路仅仅是刺激了交通，和今天的铁路没什么两样，而德鲁在这场竞争中不输反赢。他还掌控了斯托宁顿航线达20年之久。

1844年，德鲁进入华尔街，比我刚走上这个财经舞台只早了13年，我到的时候，他在投机界算是一员大将。他和自己的女婿凯利先生，还有尼尔森·泰勒，共同组成了在经纪和银行业中的合作伙伴关系。他们生意做得很大，信誉也不错。公司继续运转了10年，直到合伙人去世。当时，德鲁已经成长为华尔街最有胆识、最成功的投机商之一。

德鲁25岁那年同一位农夫的女儿罗克萨纳·米德结成连理，生了三个孩子：威廉·约瑟芬还在襁褓之中就去世，凯瑟琳嫁给了克莱普牧师——他去世后，妻子经济上还算不错。再怎么样，“丹尼尔大叔”也不会死得很凄凉，因为两个孩子似乎都待他很好。他的妻子1876年也去了另一个世界。

德鲁加入纽约圣保罗为公理会多年。他向许多宗教和教育机构捐赠良多，但是同威尔金斯·米卡伯一样，他都是以票据支付，几近破产后，这都成了他的债务。他花费250,000美元在卡梅尔为姑娘们建造了德鲁神学院，在新泽西的麦迪逊也耗资250,000美元建造了德鲁神学院，还捐赠了一笔相同的资金。但他只为后者支付利息。他增加了位于康涅狄格米德尔顿的韦斯利大学以及康科德圣经学院的捐赠基金，为韦斯利大学增加了100,000美元的捐赠款，不过也是只支付利息。这后来都列于他账目上的无担保债权。他还在普特南县拥有几家牧场，但也被大量抵押。

1876年破产前，德鲁有过还乡的想法，颐养天年，和孙子孙女们共享天伦之乐。这说明在他贪婪的天性里，还有一些温柔和善良，让我想到了考珀的动人诗句：

“它是弱点，却应受到褒奖，

我们深爱年轻时那片游戏的操场。

场面感人，但心却像石头，

不为场面所动，不为一切所动。”

1876年，他回到了普特南县，但没多久又回到了纽约。他说：“那些访客烦死我了，有的都一百来岁了。有的说我年轻的时打欠条买走了他们的牛，现在管我要钱。我又不记账，怎么知道欠不欠他们？那儿太没意思了，”他继续说，“知道第二天，你才能知道，沟票下跌了呢。”

于是，丹尼尔大叔回来了，他在霍夫曼酒店驻足，很容易就可以看到收录器，也能随时看到股票价格。他的第一经纪人就是大卫·格罗斯贝克。

对他来说，城市还是存在着乡下没有的吸引力。他后来有些后悔，说在最后的岁月中，年纪太大，没有办法收回自己的财富。他说想休息，觉得最后悔、最内疚的，就是没有实施宗教捐赠计划，他也觉得，回到华尔街不能东山再起，按原计划支付这些宗教债务，心有惭愧。

破产后，他的个人物品清点如下：手表手链，价值150美元；海豹皮大衣，价值150美元；衣物，价值100美元；《圣经》、《赞美诗集》等，价值130美元。

虽然他自己过得很省，对朋友却毫不含糊，他在第七大道和联盟广场西南角的房子总是对为来自世界各地的公理会牧师免费开放。

去世前几年，在接受记者采访的时候，德鲁曾经说过这些真切、简洁而伤感的话：

“赚钱这方面，”丹尼尔大叔说，“我一直运气不错。我还没反应过来，自己已经有了几百万美元。一直到最近之前，我都很走运。我从来不觉得我能一下子亏这么大一笔。我一直想像范德比尔特一样，赚一大笔钱。我什么法子都试过了，但最后居然套在了里面。而且啊，我特别喜欢赚钱，然后把钱给出去的那种快感，我很喜欢这样做。不管怎么说，已经攒下了不少钱了。华尔街是个赚钱的宝地，我该放手的时候就没放下手。现在我知道我应该怎么做了。我应该七八年前就离开华尔街,付清我给这个那个学校的100,000美元捐赠,应该让我的孩子们过上富足的生活。可是我却给他们我的票据,只付了利息,觉得我用本金还能赚到更多的钱。我觉得最痛苦的一件事情,就是不能继续支付我给学校和教堂的那些票据利息。"

"我给儿子留下了我的老房子,"德鲁继续说,"还有老家普特南县的一些其他小财产,我希望至少他能够独立吧。姑娘嫁了个富人,丈夫死了,给五个孩子留下了不少财产,我是遗嘱的执行者。这份单子太重了,我就给了他们这栋房子,还有汽船,'德鲁号','迪恩·里士满','圣约翰',还有'昌西·韦伯德'。这样他们就有了保障,感谢上帝,不是我有意要违背女婿的信任。孩子的母亲,我的女儿,因为孩子和过世的丈夫,生活得是不错。我儿子现在主要是做船只管理,也干得很顺手。"

如果祷告不能平复他的心境,他就会不开心,投资遭遇门槛后他就几天窝在床上。

德鲁在伊利"囤积"经历大灾难后,成了凯尼恩—考克斯公司的特别合作伙伴,1873年恐慌过后公司破产,丹尼尔大叔被迫作出转让。多年以来,他一直看跌,但是在古尔德和菲斯克的伊利"囤积"中,却中了圈套,输了两三百万美元。霍拉斯·克拉克和古尔德同样在西北铁路公司中讹去了他750,000美元。恐慌过后,他转让给宾州伊利地区的威廉·斯科特,但直到1876年才正式宣布破产,负债1,074,131.83美元,资产约为746,499.46美元。

德鲁和范德比尔特一样,都是用脑子记账,觉得记账簿什么的都是混淆视听的诈骗。

他的破产一度会引发恐慌,但却没有在投机市场上引起丝毫波澜。履行破产程序后,他似乎又重新拾起了勇气,说:"这些小子们觉得我玩完了,可我要给他们颜色瞧瞧。"他对托莱多—华巴希,加拿大南方公司,奎克西尔弗矿业公司和坎通(土地)公司的股票都非常感兴趣。

威廉·范德比尔特早期的金融生涯是在德鲁的公司开始,到现在仍旧对老东家感到很亲切,有时还跟德鲁喝上两杯。据说,德鲁突然淡出人们视线时,范德比尔特还曾想帮他再度崛起。1879年9月18日晚10:45分,德鲁在儿子威廉东四十二街3号的家中与世长辞。

他去世的时候,没有任何前兆。白天他还好好的,晚上六点,还和布罗德街上的经纪人——劳伦斯兄弟集团的达利斯·劳伦斯(Darius Lawrence)——在大联盟酒店共用晚餐。晚饭后他回到了儿子的家中。九点钟左右他说不舒服,不想让人陪着,说如果难受可以找睡在隔壁房间的劳伦斯先生。十点前后,他敲响了劳伦斯的门,说他感觉很不好。劳伦斯马上找来了伍德曼医师,但是医生还没到,德鲁就已经没气了,死于中风。

丹尼尔大叔的古怪行为有很多故事,有一个值得一提:如果祷告不能平复他的心境,他就会不开心,投资遭遇门槛后他就几天窝在床上。去世的那一天,他整天都在斯特温特公司,两位华尔街的朋友拜访他,发现他心情不好,一如既往地古怪。他把所有的窗户都关起来,屋里的空气几乎都能窒息,然后裹上好几层毯子。朋友叫了一瓶香槟酒,但他不肯喝。两人把酒喝完后又叫了一瓶,留给了德鲁,觉得就剩他自己的时候,可能就不那么尴尬,把酒喝掉。

还有一个故事,说的是丹尼尔大叔特别善于利用别人倾吐给他的秘密做投机。战时一个叫做加利福尼亚·帕克的年轻人开始以票面价值购买股票,然后将股价抬到120美元,这个年轻人虽然有钱,却没什么心眼儿。他找到德鲁,说可以让他以市场价15%以下的价格买入,但条件是要帮助他抬高价格。德鲁先生和气地答应了这位年轻富翁的请求,而帕克得到了德鲁的承诺,奋争到了最后。第二天,他遇见德鲁,德鲁告诉他自己筹不到钱,一副失望的表情,而与此同时,却让他的经纪人们卖空伊利股票,因为他知道帕克再也没有购买伊利股票的能力。随后,市场下滑,德鲁"抢劫"了一笔,帕克先生被阴了一把,却长了一智。

德鲁个子高高的,很强壮,看起来很有力气,晚年时他的脸上爬满了深深的皱纹,刻上了他在华尔街的处心积虑。他的眼睛总是在眨,走路像猫一样。他举止和蔼,性情温和,有些刻意巴结,城府很深,却装得和善,人们不会觉得他可憎,于是他就能在各种各样的圈子中平步青云。大家总觉得,他看起来像一位乡下的牧师。

好了,现在我们讲完这位投机名人变幻无常的一生,最后我热切地希望,他能在死后,得到华尔街投机商在"美丽的海岸上"所无法得到的安宁。

第二十一章
Chapter 21

威廉·范德比尔特

公共价值的建造者，而非毁灭者。——对待垄断，他非常注重公众观点。——初次经历铁路管理。——改善哈勒姆铁路。——就任范德比尔特联合公司副总裁之前，每阶段表现出来的管理能力。——不知疲倦的工作者。——事必躬亲。——1877 年大罢工中他谨慎的举动。——通过和平仲裁解决所有误解。——作为叔伯的恩惠。——用 100 万美元和小科尼尔妥协。——格莱斯敦对范德比尔特财富的看法。——昌西·德普对此事的访问。——范德比尔特豪宅和著名的舞会。——豪华画廊。——范德比尔特拜访一些著名的艺术家。——他喜欢快马。——捐赠公共机构。——对服务生学员的馈赠。——虽然注重公众看法，却不怕威胁勒索。——"公众见鬼去吧。"——对这一不经意言辞的解释。——购买"镍板路"。——身体状况日渐衰弱，最后的时日。——遗嘱及其对 2 亿美元的合理安置。——他的巨大财富对公众情绪的影响。

首先，我来简单介绍一下威廉·范德比尔特(William H. Vanderbilt)，尤其是他与华尔街的关系，他伟大的铁路系统的管理，而这两者又是紧密相连。如果按照华尔街的眼光看来，范德比尔特也不算是一位标准的投机家，他更大程度上是一位投资大师，投资多半对市场有着积极的影响。他和沃利士欧福尔这一干人不一样,抬高而不是拉下价值,但与此同时,他也很小心地避免通货膨胀。他尊重公众的意见,时刻注意舆论,不让自己的公司发展成垄断企业。他曾卖掉纽约中心的大片街区,就足以说明这一点。他第一次投资铁路是在斯塔登岛铁路公司,长13英里。这条铁路管理不善,负债累累,已经破产。但他和父亲都对这条铁路很感兴趣,于是威廉就买下了铁路。似乎这是在范德比尔特建议下秘密收购,他只不过想看看,儿子到底有没有铁路管理的能力。收购大获成功。两年过后,欠账全部还清,本来一文不值的股票上升到了173美元。威廉·范德比尔特随后当选公司总裁。这个时候,海军准将就开始扭转了他对威廉管理能力的偏见,而威廉也没有让父亲失望,面对父亲的辱骂,从不抱怨,也不生气。后来,海军准将得到了哈勒姆铁路的控股权,开始了他第一笔大型的铁路投资,任命威廉为公司的副总裁。作为父亲的合作者,威廉显示出了他良好的铁路管理才能,已经成了一堆废纸的哈勒姆股票几年之内就成了国家最值钱的契约之一。其实,虽然大家都不太知道,但是威廉·范德比尔特在父亲开始做铁路生意时,就已经被证实是一位有能力的铁路运营家。在他出色的判断能力下,他几年就将哈勒姆铁路的股票从八九块钱抬升到票面价值之上。海军准将对儿子的成就感到很欣喜,也有些惊讶,于是也让他成了哈得孙河铁路公司的副总裁,后来还让他参与纽约中心公司和哈得孙公司的重要联合管理。后来在父亲主管的项目中,威廉都显示出了优秀的领导能力,每次都是大获成功。他在成为范德比尔特铁路体系的副总裁,孜孜不倦,鞠躬尽瘁,自然劳累过度,虽然生在这

威廉·H·范德比尔特(1821—1885),“海军准将”范德比尔特之子,美国商人,著名的范德比尔特家族成员之一。

个本来以长寿著称的家庭中,却相对英年早逝。他事必躬亲,每个细节都会注意,小心地检查和这家庞大铁路公司的金融部门相关的每一笔账单、每一张支票,考察每一个证人,而且铁路上每一趟火车的引擎都会小心查看。除此之外,他还习惯阅读那些财富还不及他百分之一人们的来信,很大一部分都亲笔回复,而一般来说,经济情况不如他的那些金融家也都是打发别人做这些事情。1887 年,他父亲去世,享年 82 岁,当时 56 岁的威廉·范德比尔特继承了 7500 万美元到 9000 万美元的财产。除去这些,海军准将的财产估价仅有 1500 万美元。

父亲死后,威廉·范德比尔特在管理方面的才能得到了积极的发挥。1877 年,铁路雇员大罢工,国内各行各业都受到了威胁,社会几近动乱。这样的紧急情况下,铁路部门需要一位头脑冷静的管理者。而范德比尔特先生证明自己是不二人选。解决罢工问题前,他刚刚成功地解决了货运战争中双方的对立,按照他的解决问题思路,货运线上几个月都风平浪静。价格竞争后,铁路部门必然会削减工人的工资,这也是导致罢工的主要原因。纽约中信公司和哈勒姆公司共有雇员 12,000 人。他们的工资降低了 10%,他们叫嚣着要毁掉大中央车站。从前在宾夕法尼亚州曾经发生过类似的事情,父亲曾经请求军队援助,虽然父亲比更有胆量,他却没有这样做,而是和蔼地同雇员们做了妥协。他从萨拉托加发电报给公司高层,为罢工的雇员分发 100,000 美元,承诺公司有起色后马上恢复削减去的 10% 工资。他这样做收到了期待的效果,结果虽然在匹兹堡发生了一点小骚乱,而且动了刀子,阿勒格尼县有些许损失,但是纽约铁路圈整体而言还算平静,纳税人也不用在背负本来要施加给他们的担子,暴力和血战的消极影响得以避免。12,000 人中,11,500 位都回到了工作岗位上,表达了对范德比尔特先生的感激和对他承诺的信任,而范德比尔特也没有让他们失望。威廉和父亲的管理政策不一样,他完全是平心静气地在管理。对于一切误解,他都是讲道理,仲裁解决,从不像父亲一样,倾向使用暴力。虽然在财政方面他和父亲一样细心,但比如在午饭多点餐这样的小事上,他却更加慷慨。兄弟"小科尼尔"跟他打官司,他也作出让步,让他拿到了 1,000,000 美元的利息,尽管父亲遗嘱规定"小科尼尔"只能拿到 200,000 美元。威廉还自己掏钱,给自己每位姐姐送去了500,000美元的美国国债。这里面还有一段脍炙人口的故事。传说一天晚上,范德比尔特在马车旁,向幸运的人们分发债券。他的一位妹夫从报纸上看到债券市场第二天就跌落了一两点,于是说:“威廉啊,这些股票市场关闭的时候可是比500,000美元少了150美元。”“好的,”范德比尔特带着些沉重说,“我给您张支票。”于是当场就写了张支票给他。然后另一位妹夫也到了他家门前,说:“要是有什么好事儿,可别把我们给忘了啊。”这话说得分明很混账,一般人都会火上来,但威廉并没有生气,反而笑了,他把人性弱点的暴露当成笑话。

范德比尔特一生中最伟大的业绩之一,就是在第五大道51大街和52大街之间,建起一座漂亮的宫殿,挑选世界上最负盛名的名家画作,将房子装饰得富丽堂皇。

他之所以不愿意投机,是因为他觉得父亲留给他的遗产是神圣的,作为孝顺的儿子,应该看着这笔钱越积越多,他很小心,一点儿都不挥霍这笔财产。

他把人性弱点的暴露当成笑话。

昌西·迪普先生接任纽约中央和哈得孙河铁路公司的董事长席位,在伦敦办事的时候曾经有一次,在为英国总理威廉·格莱斯敦举办的晚宴上,一位客人坐在了格莱斯敦旁边,于是就讨论起英美两国在铁路管理方面的不同。谈话过程中,格莱斯敦说:“我知道贵国有一位身价20,000,000英镑还是100,000,000英镑的贵人,他持有的还都是可以转换成现金的财产。政府应该没收他的财产,这样的人太危险了。如果他要是把他的财产换成了现金,然后锁起来,美国就会经历恐慌,蔓延到整个世界呀,这就会让许多无辜的人民受难呢。”迪普先生承认,这位先生——也就是范德比尔特——的确是有这么多的钱,不过用他一贯的温和而简练的方式回答:“但是,格莱斯敦先生,英国也有这样一大笔财富的人啊。”

格莱斯敦说:“我想您是指威斯敏斯特公爵吧。公爵先生并没有这么一大笔财产。这一点我从很多年前就非常清楚。公爵的财产大约有10,000,000英镑,最多也不过50,000,000英镑,但是并不是以可以转化成现金的证券形式存在,也就没有办法吞下国家所有的钱,为危险之用,这仅仅是他的继承权,他享受财产的快乐。这是不可剥夺的权力,英国所有伟大的财产都是如此,所以我认为,英国的保护措施要比贵国的好些。”“啊,这样,但是和您在英国一样,我们在美国并不认为财产是什么危险的东西。”他回答。

威廉·范德比尔特管理财产能力之伟大,最有力的表现就是他七年来对从父亲那里继承财产的投资,七年过后,财产总额相比海军准将去世之时,多出了两倍。

他最软弱的一笔交易,在大家看来就是购买镍板路,当时他还不经世事。如果再等一个月,这家铁路公司就会破产,威廉制定的条款中存在的漏洞就会把他绊住。

其实在这样的交易中,范德比尔特先生本能省下很多钱,也不用像他后来那样连连自责,精神紧张,他后来突然辞世,必然有精神上的压力。醒悟为时已晚,过后的日子里,他也一直觉得心里很不舒服。范德比尔特是个很敏感的人,最让他感到安慰的就是成功的交易,那种能让他获得公众认可的交易,镍板路这回,他让别人钻了空子。如果海军准将还在世,一定不会原谅儿子的这个错误。

建造铁路的集团,本意就是把公司交给古尔德或者范德比尔特,到了最后时刻才转到范德比尔特手上。集团给他设了陷阱,他们用这笔交易和古尔德眉来眼去,通过媒体和其他的流言渠道,让大家觉得古尔德对铁路有意。古尔德这段时间正好要去西部,集团就邀请他乘这段铁路回家,费尽心机编造了些流言蜚语,传到范德比尔特耳中,让他觉得古尔德这次乘火车回家就是为了视察,为买铁路做打算。这正中了集团的下怀,他们的金融阴谋就成功了。

这宗买卖完全是由湖滨公司(Lake Shore Company)获益,因为这是条平行铁路,后来也被转让给了湖滨公司。

他们的计划是,虚价建造铁路,然后以最高价卖给范德比尔特,阴谋得逞了。我觉得很欣慰,如果铁路不是在这样的非常时期交易,就会落到清算者手中,许多建造铁路的财团成员就会破产,造成大面积崩溃。但范德比尔特的收购却扭转了局面,铁路一直运转到1884年5月。

范德比尔特先生去世前几年,身体一直不好。他精神不佳,是因为一度承受不住压力,而欲罢不能。他患上了轻微的麻痹性中风,下嘴唇经常抽搐,其他就没有什么明显的表现了。过了没多久,他的一只眼睛就完全失明,又过了一年去世。很少有人知道,也是因为这个,范德比尔特才不再开车——这可是他最大的娱乐,也是在沉重繁忙的事务中抽身出来能够进行的最主要的消遣。

范德比尔特先生去世后的那天,我对我的客户发出了如下公告:

鉴于威廉·范德比尔特是华尔街十分重要的一员,我觉得我应该向我的朋友们、客户们写一封信,通告他的辞世,这对华尔街是莫大的损失,之后很长一段时间,他过世的阴霾气息都会笼罩在华尔街的上方。范德比尔特先生在世的时候,无疑是世界上美国证券最大的持有者,有无数的追随者,他们也是美国国债之类证券的大持有商,和范德比尔特行动一致,随时听候他发号施令。范德比尔特说买说卖,一声令下,他们就马上照做。他们现在失去了一位良师益友,失去了一位他们完全值得信赖的领导。在这些公司中,至少在未来一段时间内,一切将会失去主心骨,就好像行军打仗的时候,将军被杀,无人指挥。范德比尔特同他的父亲相比,是一位更勇敢更大的操作员,他的利益分布更为广泛。市场少掉了一位有能力的领导,一位为整个国家创造利益的工程师,他和其他那些大部分骑墙派的操作员不一样。我们不知道等到什么时候才会有下一个威廉·范德比尔特先生,而市场在未来相当长的一段时间内,也都会沉痛地悼念他离去为我们带来的损失。很幸运,范德比尔特生前能够看到西岸和纽约中心铁路公司的合并,两家公司都在迪普先生的英明领导下,日后定会繁荣昌盛;但是南宾州的企业就不会如此幸运,企业之间的谈判还没有完成,而范德比尔特先生去世的消息更是雪上加霜,我担心,除了范德比尔特,没有其他的人能够将其中不和谐的元素整合起来。这会让人们有些不放心,这次事情也会影响到运输线上的和谐,可能最终会成为股票市场上的一颗毒瘤。其中的毒素可能流到其他的地方,必须要进行一场高超的手术,才能阻止病情的蔓延。

今天股票市场上好像得到了什么统一的施令，表象也显示，这是为了度过范德比尔特去世的冲击。虽然股价有适度停止变动，却仍旧无法表达我们对美国金融大军的将军——范德比尔特先生的怀念。很明显，大幅买卖都是在看涨时买进的股票，因为无数的持股人都收到了震动，看跌人士比看涨人士买入的更多，以支付他们前些天卖空的股票。考虑到范德比尔特先生去世造成的损失，我觉得市场的反应还不够强烈；但是我们必须记住，过去的几个月中成交量的辉煌，代表着许多操作员现在都对市场感兴趣，一个人的去世，甚至五六个人的去世，现在都无法对华尔街造成深远的影响。我多次说过，现在的市场可以说是世界的市场，再也无法由一人主宰造成永久的创伤。范德比尔特先生发明了挂钩股票，并且在战略上做到了极致，这一点将被我们永远缅怀。我觉得，现在他不在了，古尔德先生打算离开华尔街的计划会做出一些相应调整，最起码会多待一段时间。以后我们就会知道，这非常重要，尤其是华尔街的看涨人士，他们要花至少一年的时间适应古尔德的捐赠者角色。他已经证实自己是一位有胆识有能力的领导，现在已经顺利坐上了第一把交椅，没有人对他的角色提出任何质疑。这会燃起他的雄心，让他留在我们中间——至少可能如此。

对威廉·范德比尔特，大家普遍有一些误解，都觉得他根本不懂画，但是跟他交情比较深，或者他经常去拜访购买挂在第五大道豪宅中画作的艺术家们都知道，他其实蛮有品位，现在这座豪宅中的收藏为他的儿子乔治接管。范德比尔特对艺术的了解和欣赏能力，已经得到了最优秀艺术家的认可。换做几年前，我这样说，肯定大部分报纸都会奚落我，但范德比尔特先生买的画从来都不是他不了解的，没有受到触动的。他可能不花哨，无需符合最高境界的艺术家那种诗意的想象，但是却能从常识性的观点中，抓住画作的灵魂。

他从来不假装酷爱艺术，如果一幅漂亮的画作摆在他的面前，他总是会说："可能这画不错，但是我得明白它想表达什么再买。"

说起他的谦逊和品位，还有一个他忠实画作的故事。有一次他去一位法国名画贸易商布隆的家中，想要买一幅特罗容作品，主题是一群耕牛转身,正要离开田地。艺术上的专家对牛群离开田地的动作格外注意。他们问起范德比尔特的意见的时候,他说:“我觉得相对画作,我更了解牛的动作。这样的动作我见了不知道几百回了。”在场的艺术家们就听从了他的话,因为他们知道范德比尔特对牛群的了解比他们强多了。在法国时,他在方丹白露遇见当时著名的罗萨·博纳尔,赠给了他两幅图画,博纳尔欣然接受。他请著名画师梅索尼耶为自己画肖像,从他那儿花了近200,000美元买下了七幅作品,还在德国花了40,000美元买下了这位艺术家的名作《信息——德赛将军和被俘的农民》,赠给了阔别自己作品多年的梅索尼耶,让他大吃一惊,心里对这位从德国远道把自己作品找回美国的商人充满了感激。

范德比尔特还非常会欣赏音乐,尤其是歌剧,并且相当有幽默感。

范德比尔特和家人都没有特别热心地同社会名流打交道,虽然他们所拥有的财富比这个圈子里最富有的都要可观。1883年3月,威廉·范德比尔特夫人在曼德维尔女士的建议下,在上流社会中开办了一场著名的化装舞会,范德比尔特家的人们似乎在这个纽约的名流圈中高高在上。从花费、礼服的多变,还有媒体的覆盖这些方面来看,这场舞会可能在历史上都绝无仅有。可能没有亚历山大大帝在巴比伦的盛宴那样奢华,没有克利奥帕特拉,没有奥古斯都,也没有马克·安东尼,也比不上路易十六的豪华盛宴,但从各个角度看来,再考虑到现在是文明社会,我们会毫无疑问地说,这比历史上任何节日盛会和娱乐活动都要盛大,而且其中的乐趣也不会像古代贵族和美国现代“社会中坚”的奢侈一样,让人感到腻味。这场盛宴让阿斯特和范德比尔特也握手言和。于是从此以后两家就能够和睦相处。

几周前,威廉·阿斯特夫人的女儿嘉利·阿斯特举办了一场化装舞会。范德比尔特夫人听说后,当着朋友的面说,阿斯特小姐这真是找麻烦,又不会去请她,因为阿斯特夫人从来就没有请过她。话传到了阿斯特夫人的耳中,她马上放下面子,拜访范德比尔特夫人,用正式的道歉来弥补从前的忽视。因此,阿斯特一家也得到了热情邀请,阿斯特小姐用她优美的舞步打动了全场。

范德比尔特先生最大的兴趣就是养马。如果跟别人在一起,一旦有人说起马，他就开始滔滔不绝。虽然不太爱说话，不善言辞，但在马这个问题上，他能让昌西·德普相形见绌。他不仅欣赏马匹的速度，而且还有阿拉伯人对马的那种热情，就好像肯塔基州的老约翰·哈珀一样，要不是担心报纸说三道四，估计都会跟马一起睡觉。是他引进了超速驾驶队的比赛，先是用父亲买下的“小希望”，后来又用自己买的“迈克女士”。用他的马队和马车，他当时比赛只用了惊人的2.23 1/4。

一系列的对手冒出，弗兰克·沃克是其中实力最强的。范德比尔特组成了更加闪电的队伍，还上“阿尔丹”和“清晨玫瑰”，在竞争下，将用时刷新到2.16 1/2。不过沃克不死心，马上就刷新了纪录，虽然提前了一分钟还不到，这要是换做跑步比赛相当于领先一小时。随后，范德比尔特就花了21,000美元买下了著名的“肯塔基穆德”，1883 年 6 月，用他和“阿尔丹”在弗利特伍德公园将纪录刷新到 2.15 1/2。

后来，他又用 2.08 3/4 的成绩再创新高，沃克先生等人只能望洋兴叹。最后，他把“穆德”仅以 40,000 美元卖给了罗伯特·伯纳，但是条件是不准用它赌钱。其他人愿拿出 100,000 美元，却不同意这样的条件。

这一年 8 月 12 日，著名的骑师墨菲用单缰驱赶“穆德”，在塔里敦跑出了一英里 2.10 1/2 的成绩，还声称没有压迫这匹马。他说如果伯纳先生同意，他肯定能让马跑出来一英里 2.06 或者 2.07 的成绩，秒杀所有纪录。

传言，美国不论业余还是专业赛事，范德比尔特都是最优秀的双马驾驶选手。

他的捐赠难以计数。父亲留给他 100 万美元，他用这些钱投资赚到了300,000 美元，并通过海军准将夫人和狄慕斯先生捐赠给纳什维尔大学。他向内外科医师学会捐赠了 50 万美元，妹妹斯隆夫人也在这笔赠款上添了 25 万美元。他还花了 100,000 美元，将古埃及方尖碑从埃及移到了中央公园。他提出取消他给格兰特将军的 150,000 美元支票，好让将军避免沃德—费奇事件的尴尬，他给白山山脉服务生学员送去的礼物，也让他们永生难忘。

虽然范德比尔特先生非常勇敢，不管收到多少封恐吓信——这些信来自各流人士，有神经病，社会党——却从来不对自己的项目，或者自己当天的安排作出任何改变，也从来不因为收到这样的信件而缺席在大庭广众之下,但他却非常注重公众对他的看法,力求小心谨慎,不让自己的言行、财富出任何错误。

正是因为他的谨慎,他才会在1879年,以低于纽约中心股票市场价格10个百分点的120美元到130美元价位出手400,000只股票的多数股权,300,000只股票,因为他担心别人说他垄断,买方财团的主要成员是德雷克塞尔—摩根公司,莫顿—比利斯公司,奥古斯特—贝尔蒙公司,温斯路·拉尼耶公司,冯·霍夫曼公司,塞勒斯·菲尔德,埃德温·摩根,拉塞尔·萨奇,杰伊·古尔德,还有伦敦的摩根公司。他们总共为这些股票支付了35,000,000美元。因为这一财团主要代表华巴希体系,因此股票价格连同纽约中央股票,都出现了重要上涨。

关于这一场史无前例的重大股票交易,昌西·德普说:"因为立法院和媒体有人对范德比尔特言辞不利,他就觉得一个人掌握纽约中央公司这种大企业的控股权不对,也不能把所有的鸡蛋都放在一个篮子里,觉得公司的控制权分布得越广泛越好。财团后来也卖掉了公司,公司股票也成为美国分红证券中分布最广的一只。现在持股人大约有14,000位。而当时出售的时候,只有3000位。"

一次接受芝加哥一家报纸采访时,他不经意地说过,"公众们见鬼去吧。"报纸偏偏大量发行,招致了各种各样的评价和不客气的批评。虽然这种说法就是事实,但是当时的公众,甚至许多人现在仍旧对他的意思曲解。好像范德比尔特先生成了一个暴政的垄断家,完全理会公众的观点。我们简单地回顾一下这次采访,就会明白究竟是怎么回事儿。当时的话题是芝加哥的快递邮车。范德比尔特正在考虑取消他的车次,他觉得没有什么必要,而且不赚钱,自己不愿去当这个慈善家。这次采访中对这个话题的讨论,有一部分相当有历史价值,我们在这儿有必要再重演一遍,记者问:"您为什么要停止这趟快递邮车的运输呢?"

"因为这趟车根本不赚钱,"范德比尔特先生说,"我总不能赔钱供着火车运营吧。"

"但公众觉得很方便而且很有用啊,您应该照着他们的意思来。"记者说。

“公众啊，”范德比尔特说，“您怎么就知道，怎么就能知道他们想要什么呢？如果他们真的这么想要这趟车运行，为什么不直接买下来？这是我判断事情是不是有必要的唯一标准。赚钱吗？如果不赚钱，那就说明这不是大家想要的。”

记者没完没了：“那您是为公众服务，还是为买您股票的人服务呢？”

“公众见鬼去吧！”范德比尔特有些激动，“我为购买我股票的人服务。如果公众需要这趟车，为什么不自己花钱维持它运行呢？”

我觉得从商业的角度讲，这样的答案没有什么不妥，联系采访的上下文，范德比尔特先生也没有对公众有什么不敬。这只不过是他在为一件公众不想要，甚至拒绝的事物在发脾气。所谓脏字，不过是不经意脱口而出，若不是媒体大肆渲染，公众也不会对他有这样的成见。这只不过是记者和编辑精心策划，逼得范德比尔特先生粗口，然后刻意多发行本期报纸，算是给自己的媒体做广告。这才是“公众见鬼去吧！”这一世界闻名诅咒的真实记录。

人们预计，通告范德比尔特去世的消息，股市必然会经历一阵混乱。最有财力的金融人士联合起来组成了资产池，投入12,000,000美元，来避免这种恐慌的发生。

斯塔滕岛新多普的陵墓，是威廉·范德比尔特的又一天才杰作。陵墓的设计师是理查德·亨特。根据范德比尔特先生的意思，陵墓建造没有奢华的成分，但又非常壮观，因此有人说，不论是欧洲还是东方的皇室陵墓，论建筑的坚固程度，论设计的雄伟，都不能与之匹敌。陵墓高40英尺，宽60英尺，深150英尺。周围有海岸的壮丽风貌，座落在全纽约州风光最为旖旎的地区。陵墓面积21公顷，最高处耗资50万美元，建完后又按照陵墓的风格添以漂亮的道路，栽培上精致的花园，整个陵墓及周边耗资不低于100万美元。

对盗墓人采取的防范措施也非常到位。陵墓无论白天黑夜都有人把守，值班时间内，警卫每隔15分钟都要对保安情况进行记录，每早将报告送至大中央车站的办公室内。

1883年5月，范德比尔特觉得自己身上的铁路负担太重，于是辞去了董事长的职务，去欧洲旅行。詹姆士·布特(James H. Butter)当选纽约中央公司的董事长,死后又由现在的董事长昌西·迪普(Chauncey M. Depew)接任,迪普也非常称职地履行着办公室的职务。去世前一年,范德比尔特宣布解散他的马队,出门时都要别人为他赶车。他一定是知道自己也不行了,于是才会放弃自己如此心爱的事业。范德比尔特的离世让大家一时都难以接受,尤其是华尔街,因为大部分经纪人都不知道原来他的身体正在一天天衰弱。1885年12月8日,他早早地起床,让人看起来没有什么不适,随后去了沃德的工作坊,摆好姿势,让这位艺术家为他雕刻一座内外科医师学会要求的铜半身像。下午1点,德普先生前来拜访范德比尔特,却发现巴蒂摩尔和俄亥俄铁路公司的董事长罗伯特·加勒特(Robert Garrett)也在等着见范德比尔特先生,德普于是作出让步。加勒特与他讨论了通过斯塔滕岛进入纽约的计划,并打算在阿瑟·基尔海峡上建起一座桥。两人在办公室中,范德比尔特坐在他的大扶手椅上,加勒特则坐在对面的沙发上。看起来范德比尔特对这一计划没什么意见,回复的时候,加勒特发现他的声音越来越衰弱,下嘴唇不停地抽搐,然后一阵痉挛,就不再说话了。范德比尔特的身子前倾,要不是被加勒特抓住肩膀,就摔在地板上了,加勒特将他小心地放在地毯上,给他放了个枕头。这不过是一会儿的事,但是加勒特还没完成这些动作,美国历史上最伟大的百万富翁就停止了呼吸。家庭医生麦克莱恩赶到后做了检查,说他脑部血细胞破裂,正如范德比尔特所希望的,他的死,没有经历太长的时间。

人们预计,通告范德比尔特去世的消息,股市必然会经历一阵混乱。最有财力的金融人士联合起来组成了资产池,投入12,000,000美元,来避免这种恐慌的发生。然而,没有这个必要。第二天早上的确有点小反应,但市场关闭之前就得到了解决。范德比尔特先生的财产分布得十分合理,在没有外界帮助的情况下,也不会发生大的灾难。他剩余的财产被运往新多普,丝毫没有摆谱的架势,就搁置进了陵墓。

在有关年轻的范德比尔特们的章节中,粗略估计,他们继承的遗产为200,000,000美元。

第二十二章
Chapter 22

“小科尼尔”

科尼利厄斯·耶利米·范德比尔特的古怪行为，以及他惊人的借钱本领。——他成功骗过格里利和科尔法克斯。——和“小科尼尔”在俱乐部用餐。——“科尼尔”努力想同杰伊·库克结好。——海军准将拒绝给格里利钱。——“谁问你要了？”格里利反驳。——“科尼尔”同美丽持家的女人结成连理。她又是怎样软化了公公的铁石心肠。

科尼利厄斯·范德比尔特（Cornelius J. Vanderbilt）是威廉的弟弟，大家更习惯于叫他“小科尼尔”，这一章节我们将对他作简要介绍，因为在我的金融朋友圈里，他不但有名，还很特立独行。

“科尼尔”有些古怪，个性特别，是位怪才。在他的圈子里，过着迷人而充满冒险的生活。

他有很好的条件，能在投资失败后让为父的海军准将把他救出水火——而他也经常如此。有这样的父亲，就为他省去了很多麻烦，即便父亲什么也不用做。“科尼尔”将自己的条件运用到了极致。但是，他仍旧没有节制地交朋友，而对他的朋友来说，“海军准将”的大名就是各种贷款的保证，能够付清他们各种意念中款项。

但是靠着父亲，“科尼尔”可是并不安全，也不能对他的信誉有什么指望。如果他一直这样靠着家里,到最后果真狼来了,就会发现自己倚靠的原来是一条柳藤。但"科尼尔"特别能够让那些名人倾听他诉说自己的苦痛史,有些人还真的买账,毫不犹豫地支付需要的数目,解决他的燃眉之急。

图为法院审理"海军准将"范德比尔特遗嘱的有效性,贾雷德·林斯利医生正在对"海军准将"范德比尔特生前的生理和精神状况作证。《哈泼周刊》插画,1877年。

这些钱本应用来支付路费房费,但是很遗憾,他就这样把钱肆意挥霍,经常在赌场上遇到正好路过的借钱人,而房东和洗衣工也经常拿着一张张永远没有兑换的支票。

他经常去求斯凯勒·科尔法克斯和霍勒斯·格里利。他好像对这两位英杰有什么魔力。这俩人也不知道吃了什么迷魂药,很少拒绝,尤其是他借钱的时候,更是二话不说。就连魔术师,也没法让一位无助的受害者每次都顺从他,最强大的魔法棒也没有这样的神力,但是"科尼尔"就能捏造出自己在父亲和哥哥的阴影下受到的种种委屈，博得大家的同情。他们好像永远也听不腻这些故事，虽然每次都是单一的情节，甚至连措辞都不曾改变。在“科尼尔”的法力下，大家从来不觉得这故事很单调。

但凡有点智商，有点做生意的能力的人，就会觉得“科尼尔”是个讨厌鬼，必然患上了病态的抑郁症，但这些天才商人们却被他忽悠了，被他幻想出来的苦难报以深深的同情。他就和所有那些只借不还的朋友一样，并没有因为这样的手段失去所有的信誉，反而越借越多，整个一只“招财猫”。这样，他从格里利先生那里借来的钱越攒越多，终于超过了50,000美元。

曾经有一个跟格里利交情很深的朋友告诉我，说格里利死后，“科尼尔”经常一个人陷入沉思，泪水夺眶涌出，尤其是他处在财政困难的时候，他会叹着气说：“格里利先生死了，我现在失去了世界上最好的朋友。”不过话说回来，虽然他有种种不是，却把欠格里利的账目一分不落，连同利息一起给了他的女儿。后来他同威廉达成协议，得到了比父亲遗嘱中大得多的一笔数目后，还付清了以同样的方法获得的其他债务。而父亲在遗嘱中，仅仅留给了他生活之用，完全没有余地去昏天暗地地赌博。

“科尼尔”之所以总是能够成功借钱，很强的一项本事就是他总是特别真诚。他每次都是用尽一切办法，而每次请求都会得到对方的肯定。如果他要是用这股劲儿去进行合法的投机，他肯定不在父亲或者杰伊·古尔德之下。他必然很会判断对方的性格，因为他在借钱之前总是能把的对方的个性摸透。从这方面讲，他也算是百发百中。

“科尼尔”之所以总是能够成功借钱，很强的一项本事就是他总是特别真诚。

我第一次见到“科尼尔”是通过他的一位好朋友，斯凯勒·科尔法克斯(Schuyler Colfax)，他让科尔法克斯把他介绍给我，说他刚刚从康涅狄格的哈特福德回来，跟好朋友科尔法克斯在自己的房子度假了一周。这个时候很容易想象，科尔法克斯的银行账户眼下和将来很长一段时间都不得安生。

那天下午，我将两位邀请到俱乐部用晚餐。科尔法克斯已经算能说会道，但跟“科尼尔”一比，简直就是小巫见大巫。他滔滔不绝，但一点都不靠谱，把科尔法克斯吹上了天。如果要有人能被吹牛吹到天上去，那科尔法克斯这一顿饭估计都在空气中悬浮着没下来。

没有人阻止他的阿谀奉承,不过我觉得这些恶心的谄媚根本不着边际。斯凯勒倒是心安理得,觉得"小科尼尔"说的没有错,这也再度表明了"小科尼尔"成功游说的非凡能力。

说科尔法克斯说累了,他就开始讨论格里利,没完没了。

后来我经常见到格里利,告诉他他可是有个好朋友科尼利厄斯·范德比尔特。"可不是,"他笑着说,"他是我特要好的一个朋友,我也经常听到他说我的好话。不过可惜了,"他补充道,"他总是缺钱,如果他钱多点儿,肯定也很能干。"

他也是经常按照上面的这种方式,赶在格里利先生之前说好话,让格里利觉得自己本性不错。他会想法子让奉承话传到格里利的耳朵里,好下次借钱就方便了。过几天,"科尼尔"就回去拜访他的"好朋友",每次都能借到一大笔钱。

"科尼尔"很有计谋,能利用各种便利,为自己借钱铺路,每次都把自己借钱的目的说得富丽堂皇。他造访我办公室后第二天,就又过来,告诉我科尔法克斯一早就坐火车去华盛顿了,让他一起去,但他有些事情缠身,只能等到晚班的火车再走。

他对我说:"再见了,顺便问下,您是不是跟杰伊·库克很熟?"

我说:"是的。"

然后他就说:"我有些事情需要找一下财务部,可能得见一下库克先生。您能帮我写封介绍信吗?我可能用不到,"他淡定地说,"但万一有用的时候,不是方便嘛。"

于是我就写了封简短的介绍信,不带任何感情色彩,大致内容如下:

在此我向您介绍科尼利厄斯·范德比尔特先生,海军准将之子。如他有需要,冒昧请您见他。

您真诚的

亨利·克卢斯

当然了,除了海军准将几个字,这封信可没有什么能当取款凭单的。

不过“小科尼尔”可是个天才,过了几天,杰伊·库克那里写来的信就像雪花一样飞进了我的办公室。信都很简短,但数量特别多,要不是我电报给库克先生别再写信过来,估计不知道能来多少。

最后一次见到“小科尼尔”的时候,是在朗布兰奇。那天下午天气挺暖和,他开车载我们俩人去兜风。他动情地说自己浪费了这一生,又说到了他那么多总是在他需要的时候伸出援助之手的好朋友。他说他得用一辈子的时间还这笔人情债,说再活着也没有什么意义了。话说回来,他最后也完成了自己的心愿,然后亲手将自己埋葬。

那么,就让我们抛却同情的色彩来观看格莱纳姆酒店悲剧的一幕,希望他的灵魂,在他备受折磨的躯体中,能够得到安息。

海军准将的遗嘱中分给科尼利厄斯的那部分财产,是这位老人性格的写照,他坚决写道:“200,000 美元的分配中,儿子科尼利厄斯·范德比尔特在有生之年用其利息维持生活。我授权委托人酌情为我儿子支付上述利息,分次按照他们认为合理的份额,供科尼利厄斯生活,或一次付清。但是利息不得交付我科尼利厄斯的托管人,或者其他可能会通过法律渠道得到此款项的债权人;如果科尼利厄斯欲将所得遗产或其利息转让,抑或存有此心,就停止支付该债券的利息,直到他去世,并分给我的其余受馈人。科尼利厄斯如去世,我就将我刚才所提的 200,000 美元赠与我其他的受馈人。”

虽然这段话说的有点反复古怪,但却迫使“科尼尔”以后再也没有犯罪赌博的可能。

如果托管人能够按照他们的意念选择支付给“科尼尔”的时间,那受益人如果为了解决眼下之急透支,托管人可以全部没收,似乎有些苛刻。看起来,海军准将直到临终前,都觉得“科尼尔”还是个不懂事的孩子,应该在哥哥的监护之下。

这让“科尼尔”的感情受到了很大的伤害,因为他总觉得自己比威廉要成熟。不过也就只有他一个人这样想——可能除了格里利和科尔法克斯。

“科尼尔”虽然总说老爸心狠,但却对父亲的能力非常崇拜,要有谁说父亲一句不是,他立马就激动。他总是抱怨父亲吝啬,却像托马斯·卡莱尔崇拜历史上的英雄们一样膜拜海军准将，永不疲倦地讨论他的成就。他比父亲还要憎恨古尔德，觉得古尔德和菲斯克在伊利“囤积”中狼狈为奸，想要置海军准将于死地。

当然了，这也不过是他在臆想，根本没有一点儿事实根据，但他却死死地记仇，一点也不能忍受别人说他不对。有一次我朋友想给他讲道理，说古尔德是不会想要谋杀的，却把他惹毛了。

他永远不会原谅父亲把他拘禁起来，送到布卢明代尔精神病院。他在淘金热的时候逃去了加利福尼亚，当了一名水手。那年他才18岁。过了没多久，他就回家了，因为在那个黄金海岸上，他不管精神上还是肉体上都受不了那股狂热的折磨，父亲又把他软禁了起来。没多久，父亲发现虽然儿子很古怪，但究竟不是疯子，于是就把他放了出来，不过他死死记住了这个仇，对他未来的生活都造成了难以磨灭的负面影响。他脾气暴躁，而且总是抱怨，跟神经病一样，跟他关系比较亲密的朋友哄他，却适得其反；如果不顺着他，跟他完全就无法相处，而想顺着他也根本不可能。这样下来，他把自己最好的朋友也都快要折磨崩溃了。

为了让自己这个怪病人开心，斯瓦其布医生也经常失去耐心。

除了在赌桌上，“科尼尔”几乎是个彻彻底底的吝啬鬼，在这儿，他也会死死抓住一分钱硬币，比拿着10美元的人还要执着。但在这些赌徒的眼中，十美元一百美元的都是浮云，而一美分对他也是一笔很重要的财产。他对法罗牌和基诺近乎痴狂，在赌桌上完全失控，有的时候打个盹就像死了一样，然后再复活继续赌，好像他对赌博的魅力完全没有能力抵抗。

海军准将听说格里利有时候借给儿子几百几千块钱，就跑到了《论坛报》大楼，没预约就闯了进去，格里利正在忙着写一篇关于政治社会问题的长文，于是他就对这位查帕阔哲人说：“格里利，我听说你借给科尼尔票子啦？”“没错。”格里利透过眼镜瞥了一眼这位汽船大王，深邃的目光中带着些许同情，“我是借给了他一些。”“我警告你，”海军准将说，“你有啥事儿可别找我，我才不会给你钱。”“我问您要了吗？”格里利反驳道，“我哪儿要了啊？”

对话就这样结束。海军准将走下摇摇晃晃的楼梯来到斯普鲁斯街上，格里利继续为打字机爬着格子。我相信大家后来都没提过这件事。格里利去世后,海军准将为他的两个女儿分别送去了10,000美元的支票。

海军准将很欣慰地看到"科尼尔"娶了康涅狄格州哈特福德的威廉姆斯小姐,希望儿子能够从此过上新的生活,但是却再次失望。

儿子婚前,有一段海军准将和威廉姆斯见面的小故事,广为流传。

一天,威廉姆斯先生拜访了海军准将在百老汇附近第四大道上的办公室,告诉他,贵子科尼利厄斯向自己的女儿求婚,如果海军准将不反对,女儿就愿意嫁给他。

"你姑娘的时装多吗?"海军准将只是问。

"这个嘛,"威廉姆斯有些不太自在了,他原以为这是因为海军准将觉得自己寒酸,"我也告诉您了,我女儿不是特别富裕。她的衣服也就是和跟她差不多地位的女孩子一样,但衣柜里的衣服既不贵,也不多。"

"那你女儿的珠宝多吗?"海军准将继续问,根本不顾威廉姆斯先生的解释。

"不多,先生。"威廉姆斯有些生气了,骄傲地无视海军准将对他的经济状况表现出来的不屑,"我已经告诉您了,我跟您相比比较寒酸,我女儿也买不起珠宝。"

"我问你这些,"海军准将说,"是因为你女儿如果这些东西多,我儿子不是把它们当掉,就是卖掉,然后把换来的钱拿去赌博。我可是提醒过你了,出了这种事儿,我可负不起责任。"

虽然海军准将说了这些,婚礼还是如期进行。

婚后,"科尼尔"问父亲要钱盖房子,"不行,科尼尔,"父亲认真地说,"你要让我信得过你,我才能相信你。"

不过,妻子却向海军准将借到了10,000美元的支票。过了几个月,她又去拜访公公,海军准将热情地接待了她,但他知道她来又是借钱的,于是鼓起勇气想要拒绝——虽然海军准将很强势,处事非常顽固,但在漂亮女性面前总是很软弱,像变了个人,让人想到剪掉了头发的参孙。

"是你啊,"海军准将微笑着对媳妇说,"有什么事儿吗?"

"爸爸,"她非常温和地回答,"我们用不了那么多钱,所以给您还1500美元。"

海军准将简直不敢相信,甚至一段时间觉得自己在做梦,好像被什么附体了。但媳妇把钱放到他的手上,他才发现原来是真实的。于是此后他和勤俭持家的媳妇之间建成了深厚的友谊,但她却比他倒霉的丈夫早十年撒手人寰。

如果有人对“小科尼尔”表示同情,那这些人也估计脑子不清楚。他每周从父亲那儿拿到200美元,却四处招摇,说自己贫穷寒酸,说老子小气。实际上,这笔钱不仅能让他过上富足的生活,而且如果处理得好,甚至还能买许多奢侈品。

因为无法改掉赌博恶习,父亲给他7500万美元或者一亿美元,对他反而更不好。要说这样会有什么不同,他只会把这笔血汗钱在一群“混混”和社会的毒瘤中,更快地挥霍掉。

因此,海军准将限制浪子每周只能花200美元,不仅是熟虑,而且对儿子、对社会都有好处。

第二十三章
Chapter 23

德鲁和范德比尔特

范德比尔特试图吞并伊利,但差点玩火自焚。——他想把德鲁逼入财政死角。——同时操控股票市场和法庭。——试图束缚德鲁。——使用伊利公司的造纸厂和印刷厂印刷债券。——菲斯克抢走了书,避开了禁令。——德鲁向市面上抛售五万只股票,击败了海军准将。——“囤积”局面被打破,范德比尔特自食其果。——范德比尔特勃然大怒。——盛怒之下,他寻求法庭帮助。——集团不光彩地逃往新泽西。——德鲁在渡船上装了七百万从范德比尔特手中赚来的钞票。——海军准将萌生追杀报复心理。——私家侦探在泰勒酒店贿赂侍者,让侍者传达海军准将的字条,逼他就范。——马顿参议员坐收渔利。

在伊利事件这段轰动的历史中,德鲁的投机有一些比较有趣的段子,会联系到海军准将在伊利财团中的一起著名交易。范德比尔特企图吞并伊利,差点成功。这是他生命中最煎熬的金融争斗,险些葬身其中。

为了能够解释清楚海军准将是如何同德鲁等人牵扯进伊利事件,在这儿有必要简单回顾一下他的其他重要交易。

1860 年,哈勒姆股票低到了八九美元一股。1863 年 1 月,范德比尔特完全控制了这一股票后,股价上扬到 30 美元,同年 6 月一跃到 92 美元。8 月

“囤积”开始的时候,股价已经上涨到让人惊讶的 179 美元。

漫画为“海军准将”范德比尔特和吉姆·菲斯克争夺对伊利铁路的控制权。

第二年股票情况也与此类似,1 月股价还没有高出 90 美元,当年 6 月就已经涨至 285 美元。德鲁也被拉入其中,损失了将近 100 万美元。

范德比尔特对哈勒姆股票的展望,因为同哈得孙铁路公司的竞争而备受威胁。他买下了同他竞争的铁路,消灭了对手。股票到达票面价值的时候,他开始竞购。过了没多久,就显示出来自己在管理方面的强大能力,还展示了他首创的“掺水”技术。没过多久,他就将股价抬高到了 180 美元。

看到他使用独特的融资新方法,在两只股票中都取得了巨大成功,纽约中央铁路公司的经理们觉得谨慎为妙,他们觉得价值也无法坚持太久,于是就基本上按照德鲁的出价出售股票,而他也欣然接受,赞扬他们判断准确,感觉敏锐。

1867 年年初,他得到了纽约中央公司的控股权。三重合并一结束,他就开始对伊利公司贪婪起来,想按照他的设计行事,实现他通过华尔街的投机体系将公司独吞的企图。

他用这样的方式得到了哈得孙公司,无视闪电不会在同样的地点打两次这样的科学名言，对自己用同样手段“攫取”伊利信心满满。他首先尝试仲裁合并，但没能成功。

德鲁深谋远虑，投机中从来不会判断错误，海军准将在他对伊利公司中任务的重要性计算出现大幅偏差。投机战开始后，他完全没想到大量的股票就这样像雨后春笋一般迅速成长，好像惠灵顿的预备军在滑铁卢战役中，突然就出现在了拿破仑的面前。现在他面对的，是华尔街历史上金融投机能力最强的大将。他第一步大胆的侧面攻击，就是用“囤积”的方式困住德鲁。他对如何操纵法庭的了解，不亚于伊利集团。这样，海军准将就利用弗兰克·沃克，从巴纳德法官口中得到命令，让德鲁无法支付350万美元的债券，等待他作为伊利财政主管的账目检查。几天过后，法庭又发布一项命令，要求这位财政主管离职。

范德比尔特采取了这些措施，阻止股票发行——而350美元的债券可以转化成上述股票——从而更方便地造成股票“囤积”局面。他尝试使法庭在此起决定作用，把德鲁逼入金融死角。

而伊利集团则通过下面的微妙方法，成功地在法律上避开了伊利股票和债券的过度发行：

纽约有一条法律授权所有铁路公司创造并发行自己公司的股票，以交换其他铁路公司及其旗下股票。伊利集团已经到手了相对不值钱的布法罗—布拉德福德—匹兹堡股票，用以实施计划。伊利管理层随后通过向铁路的原董事部门租赁道路，发行了他们所需数量的伊利股票。接着伊利公司出产股票，根据法律进行了交换。

这场阴谋中，铁路的实际价值为250,000美元。他们以此名义发行了200万美元的股票，股票需支付给他们的一位托管人。

范德比尔特在“囤积”伊利之前，必须要限制股票的发行。不然，他制造这场“囤积”，就好像用筛子筛水一样，白白浪费几百万美元。

海军准将要求德鲁还给财政部68,000股伊利资本股。这是1866年伊利困局中仍旧没交付的数目，也是范德比尔特停在德鲁可怜的脑袋上放的那只达摩克利斯之剑。

范德比尔特从而开始操控法庭和股票市场,而他的对手都是老谋深算的法庭和股票专家。

这时伊利战场上存在三股势力的竞争:德鲁党、范德比尔特集团还有波士顿—哈特福德—伊利集团。德鲁努力想在一定程度上舒缓范德比尔特的情绪,于是在伊利董事会选举之前造访范德比尔特,两人进行了一番谈话。他同意对范德比尔特"缓解压力",并且给他提供购买伊利的更大折扣,而作为回报,范德比尔特也同意不在法庭上对德鲁不利。

此前,波士顿集团和范德比尔特一直想方设法把德鲁驱逐出伊利董事。现在范德比尔特改变了策略,决意让德鲁留下。波士顿集团和范德比尔特保持一致,但为了让外界看不出端倪,新的董事会必须在表面上没有德鲁参与的情况下选出,然后腾出一个空缺,好让德鲁可以被董事会选入。这种声东击西的方法是为了避免公众舆论,为范德比尔特的联合大计助一臂之力。选举顺利进行,但计谋却没有取得计划的成功。

这场投机的阴谋中,一环套着一环。德鲁和范德比尔特达成了秘密联盟,将范德比尔特的联盟波士顿集团排除在外。新的董事会选出,没有德鲁的席位,华尔街大跌眼镜,但更让他们吃惊的是,第二天空缺出来,德鲁仍旧进入董事会。华尔街整个迷茫了,糊涂了。弗兰克·沃克被按照范德比尔特的意思选入伊利董事会。资产池建立起来,支援当时处于压抑局面的伊利集团。德鲁随后接手此资产池,对市场进行操控。

范德比尔特获利的原联合计划没能成功,因为伊利的人们觉得,这位铁路大王只会同意分给他们盈利的1/3,但他们在资产池中投资却比一半还多。因此,计划倒台之后,范德比尔特继续进行投机,决心用他获得哈得孙和的方式将伊利夺回。1868年2月中旬,他着手操作,在法庭上推行他限制伊利股票无限供应的政策。

在上文中提到的对巴布罗—布拉德福德—匹兹堡公司的租赁过程中,伊利集团每年收入增加140,000美元。

沃克先生得到了另一项指令,阻止伊利发行除却之前铁路报告中出现的251,058股票以外的其他股票,禁止伊利对其他铁路公司的债券提供保障，德鲁也被进一步限制，在向财政部交还68,000股资产股之前，不得在伊利进行任何交易。

我们可以看出，范德比尔特采取了非常严格的措施，来束缚这位投机老手。

3月10日，案子将在“大公无私”的巴纳德法庭上进行审理。范德比尔特认为，要求德鲁返还股票，自取灭亡，而自己也能实现“囤积”大计，但来自宾厄姆顿的巴尔科姆法官却为伊利公司的成员利益着想，发布了另一条禁令，而这条命令在巴纳德的审理中从头至尾都生效，范德比尔特被将了一军。

理查德·谢尔(Richard Schell)随后向英格拉姆法官请求照顾范德比尔特集团的利益，发布另一条禁令，在巴尔科姆法官的审判全程有效。

与此同时，虽然有禁令限制，伊利董事会成员们却忙于筹备新股票，他们希望范德比尔特集团的看涨人士能如果得到机会，从伊利股票中大赚一笔。

伊利执行委员会决意发行对铁路状况提高、线路延长和建造钢铁铁路的债券，可以以不少于72.5美元的价格转化成股票。其中500万美元都是伊利的造纸厂和印刷厂进行制造，来交换范德比尔特稳固的现金。

这时出现了一个大难题，就算智慧非常的投机商也无法逾越。“吉姆”·菲斯克被召来解决这一难题。伊利公司的新股票当时在公司秘书手中，但是他却被禁止发行这些股票。周六晚上，凭证作出。周一清晨，秘书让一位在伊利公司西大街办事处的信使将夹着凭证的一本书送到松树街的办公室。信使接了书，走出了门，还没过一分钟，就回来了，显然受到了惊吓，他手上的书已经不见了。他说菲斯克就堵在门口，从他手里拿了书就跑了！

这些凭证不受禁令干扰。第二天，可转换债券就出现在了秘书的办公桌上，一两天后也在华尔街上出现。吉尔伯特法官颁布了一条法令，收回了巴纳德法官之前所有的成命。德鲁接着将50,000股伊利股抛向市场。这动作非常大胆，范德比尔特的经纪人措手不及，因为他们从来没想到德鲁会冒着藐视法庭的危险，在禁令面前使用新的伊利股票，他们还没来得及考察票据的质量,对来源加以质疑,就已经上了钩。

开市时伊利股价为80美元,随后上涨到83美元。大家知道事情的真相后,股票开始下跌,一直落至71美元,但因范德比尔特集团的大力购买,马上就恢复到78美元。然而,德鲁将大笔股票抛向市场,打破了"垄断"局面,范德比尔特失去了优势,差点就被全盘清扫。这次囤积,对范德比尔特来说算是自食其果。盛怒之下,他再一次来到法庭为自己讨公道。结果,伊利集团不得不退居新泽新城。德鲁在渡船上装了一个大大的毛毯袋,里面有刚刚同范德比尔特过招,囤积赚来的700万美元。

古尔德和菲斯克通过不同的路线撤退。躲到泰勒"堡"(泰勒酒店)后,不再受纽约法律的管制,以为自己再也得不到什么约束,于是严格下令不准接受任何信件或票据。除了几位集团名人,大家的一切通讯交流都遭到禁止,酒店的招待生也不能例外,不然就被解雇。

范德比尔特努力想通过法庭、立法部和私家侦探解决问题,在此过程中,他发现虽然德鲁做了一些防范工作,但他还是能同德鲁交流。海军准将的计划,简直就是对今天最优秀虚无主义者的膜拜,他让手下的一个人临时做侦探,装扮成从遥远的西部赶来的生意人进入泰勒酒店,监视德鲁的行动,然后假装不小心把一张纸条掉在他手上,让他必然能读到。

德鲁在渡船上装了一个大大的毛毯袋,里面有刚刚同范德比尔特过招,囤积赚来的700万美元。

这位业余侦探观望了一两天,发现唯一的机会就是德鲁吃午餐的时候,那位服侍他的侍者必须要把字条交到他手上才可以。他见了那位侍者,告诉他自己需要他做什么,然后还承诺,等到这事儿完成后,海军准将会给他谋一个更好的职位。

侍者同意了。德鲁看到字条后大怒,叫来了酒店老板,炒了这名侍者的鱿鱼,他于是根据协议,在范德比尔特的照应下得到了更高的酬劳。海军准将的字条达到了预期的效果。字条上的内容是范德比尔特和德鲁之间的秘密。虽然德鲁的朋友曾经威胁他说可能有被绑架的危险,但是德鲁仍旧在下个礼拜天如期到达纽约,和海军准将会面。两人商讨解决了问题,古尔德和菲斯克使出了吃奶的劲儿想要在奥尔巴尼把范德比尔特打垮,古尔德却遭到拘捕,被范德比尔特的律师指责藐视法庭等严重罪行,德鲁却能够毫无阻碍地继续他的事业。

作为伊利的财务主管,德鲁积极参与立法。他是第一位去见马顿参议员的人,而马顿参议员对组织调查委员会有十分关键的作用,他希望在委员会报告出炉之前能够取得他人的认可。他以为自己在利用马顿,但参议员也利用了他,最终把决定性的一票投给了范德比尔特——他也用奥尔巴尼立法部门人员的惯用伎俩利用了海军准将。立法闹剧的最后,马顿也站到了胜利的一边,对伊利集团有利的选票得到认可,股票超额发行,他也得到了好处:德鲁在去奥尔巴尼就伊利股的额外发行问题指导立法部门对范德比尔特的斗争时,从伊利的财务部拿出50万美元给古尔德,其中自然有马顿的一份。

第二十四章
Chapter 24

杰伊·古尔德

出生及其早期教育。——乡下商店的店员。——土木工程师,对特拉华县勘测。——写书卖书。——与宾夕法尼亚鞣皮厂合作,挤兑伙伴。——来纽约卖皮革,爱上皮革商的女儿,结成连理。——定居大都会,开始进行铁路交易。——从岳父手中购入一家破产铁路,重组后卖出,盈利颇丰。——混迹铁路业。——他通过购买、重组和出售三部曲盈利的方式。——同菲斯克和德鲁共同经营伊利。——黑色星期五中扮演的角色。——他的建筑公司。——阻止构建美国联盟电报,将西部联盟纳入麾下。——电报工人罢工,他和劳工骑士会成员的交锋。——第一次乘游艇。——早期水上的有趣故事。——铁路业中的重要角色。——收购巴尔的摩和俄亥俄电报公司。

如果费尼莫尔·库珀、瓦尔特·斯科特、查尔斯·狄更斯和大小仲马这些小说写作上的巅峰人物构造出一个杰伊·古尔德式的人物,读者们肯定会觉得,要把他刻画入小说中,本身就是个错误。打我来到华尔街那时起,到美国金融界出产了许多伟大领袖之前,很少有读者愿意相信,这些人物会在现实中存在。

而在这些领袖中,杰伊·古尔德又非常引人注目,在华尔街这些所有凭借自己的力量获得成功的金融家当中,他的第一桶金,似乎最为艰难。

1869 年 9 月,两名年轻的投机者,杰伊·古尔德和吉姆·菲斯克正在商议美国金融史上最大胆的金融投机活动,“囤积”全国的黄金供应。联邦财政部后来打破“囤积”,引发黑色星期五,一次巨大的金融恐慌。

1836 年前后,杰伊·古尔德出生在纽约特拉华县的斯特拉顿瀑布旁。父亲名叫约翰·古尔德,是一位农民,开有一家杂货店。16 岁那年,他就在伯纳姆乡绅的百货行中打工,离瀑布大约两英里。空闲的时候,他晚间在村里的学校做图书管理工作,多赚些钱。

据说就是在杂货店的这些日子,他表现出了讨价还价的天才。那位乡绅看上了奥尔巴尼的一块地皮,想廉价买下,然后赚钱。他在商店里把这个想法悄悄告诉了一些朋友,被这位小助手听到了。乡绅策划买地的时候,发现古尔德赶在了他的前面,已经将这片地归为己有。

在此前后,某公司来到郡里考察,绘制官方地图,小古尔德受雇打下手。了解了几何学的基本知识,再加上他对数字悟性不错,马上就成了土地勘探的中坚,成了老板的好帮手。但他骨子里不满足于独立,而要指挥其他人,他也努力达到了这样的目标。过了没多久,他就买下了这家公司,成了郡里地图出版第一人,还在居民中销售自己的图书。

他的一辈子,总是对与自己相关的股份如饥似渴,即便现在仍旧如此。在和公司的勘测员进行谈判前,他在商店利用空闲时间发明了一个捕鼠器,通过捕鼠器的盈利,加上买地赚来的钱,他成了勘测主管。没过多久,他又看上了资本家扎多克·普拉特(Zadock Pratt)的宾夕法尼亚鞣皮厂。他接受了公司代销商以色列·柯西的建议,普拉特提议解除合作伙伴关系。古尔德介绍查尔斯·莱普公司以150,000美元购买普拉特的利息。但公司盈利没有达到莱普的预期,他在绝望之下结束了自己的生命。他死后并没有把公司交给古尔德,而是卖给了斯奈德,这样,古尔德在宾夕法尼亚鞣皮厂的事业就走到了尽头。

杰伊·古尔德(1836—1892),美国金融家,美国铁路开发和投机的主要人物,很长时间以来他被认为是原始的"强盗贵族",美国历史上第九位最富有的人。

在纽约时,古尔德爱上了帝国城商业上的种种优势,于是来此定居。他巴结上了一位和自己做生意而颇有名望的百货商人。这位商人邀请古尔德来到家中做客,他一下子就爱上了商人美丽的女儿。两人都有意,就好像自己的儿子乔治也和艾迪斯·金顿小姐一见钟情,两人闪电结婚。婚后夫妇幸福美满,举案齐眉,两人从未发生过口角。

岳父拥有一家铁路公司的股份,但财政状况糟糕。他让刚"过门"的女婿看看,有什么办法能够让他避免尴尬局面,卖掉股份。古尔德对铁路进行了研究,琢磨未来如果管理良好可能出现的情形,他没有把岳父的股票卖给陌生人,而是亲自将股票带去市场,又多买了一些,拿下了整个公司的股权,以很大的利润卖给了竞争对手。我相信这是古尔德首次进行铁路交易,从这天开始他一直投机铁路股票。大家都觉得，古尔德并不是在股票市场上得到了巨额财富，而是在铁路经营中走到了今天。

刚进华尔街时，他单打独斗。后来就同亨利·史密斯和马丁结成了合作伙伴，把公司命名为史密斯—古尔德—马丁公司（Smith, Could & Martin）。现在马丁进了疯人院，造成威廉·希斯公司损失100万美元的罪魁祸首亨利·史密斯现在靠妻子供养。古尔德却安然无事，投机步步攀升，顺风顺水，从来不因竞争者的强大而灰心，而且不管面前有多大的困难，都所向披靡。

之前的文章中，我对于古尔德在"黑色星期五"和"海军准将囤积"幕后的伟大投机交易已经有过详细介绍，在这里就不啰嗦了。

不过有一宗充满智慧的交易，在这儿应当提一下对此高明的管理。此次交易中，古尔德负责4,500,000美元。当时对他是个非常沉重的负担，但也没有持续多久。他巧妙地把重担转交到了伊利公司，因为他签名时仅仅签"T. R."，而不是"J. G."，因为"T. R."是财政主管的缩写。使出这样的锦囊妙计，这位精明先生就不用承担"黑色星期五囤积"的负面影响。

有个关于古尔德和海军准将范德比尔特面谈的故事，衍生出了许多版本。故事发生在海军准将家的门厅。当时范德比尔特正在疯狂地想要利用伊利囤积，而败在古尔德、费斯科和德鲁三人算计之下，海军准将使出了杀手锏，让法庭替他撑腰。

三人充分地利用了伊利造纸部门，印刷新的伊利债券，发放到范德比尔特的经纪人手中，而这些傻乎乎的经纪人们还觉得自己得到了伊利公司不会枯竭的股票呢。范德比尔特识破他们的诡计后气疯了，不过他也就只剩下了用法律对付这些搞恶作剧的人们。精明的金融家总是无视法律，或者将法律为己所用，但这次他们却自己掉进了自己的陷阱，只能逃离纽约，在泽西城的泰勒酒店暂时躲避。

似乎他们暂离纽约的这段时间里，古尔德曾秘密同海军准将会面，希望能够缓解局面。

海军准将滔滔不绝地说着，但突然好像发了什么病，从座位上滚到了地毯上，一动不动，开始喘不过气来。

古尔德的第一反应就是去开门呼唤援助，但门锁着，也没钥匙。他着急了，好像热锅上的蚂蚁。他摇了摇躺在地上的海军准将，但是他仍一动不动。他一深呼吸，或者表现出快窒息的样子，都让人觉着他马上就要死了。这样维持了将近半小时。无疑，这是古尔德经历过的最漫长的半小时。

要是让我讲故事，我肯定会刻画下古尔德先生内心的复杂情感，他觉得自己可能要进犯罪法庭，预感不祥。他肯定会想，如果海军准将真的去世了，就他一人在屋里，自己还是死者的大仇人，那该如何是好。

我能想象，他必然紧张极了，肯定觉得如果能从这样的危难局面中得到解脱，就一定跟死对头握手言和。要是他真死了，很可能会有人冒充医生，说海军准将死于心脏病突发。那古尔德就得花一大笔钱买通关系，才能洗清嫌疑。

海军准将这样唬人，显然是为了试试古尔德的胆子，让他宽宽心，可古尔德却从来没想到这是个骗局。不过他沉着镇定，从容应付了局面，他就一直挺着，直到搞恶作剧的海军准将玩笑开完。如果古尔德只有一般人的定力，在这样艰难的情形下肯定会作出一些比较愚蠢的举动，死对头可就看他的笑话了。

古尔德的铁路伎俩，不过是买下两个或者更多运转不良的铁路，将它们合并，换个名字，宣扬得前途无量，将来定会大获成功，让大家都买账，然后大量发行股票，高价卖出，进一步提高资产价值。如果一切顺利，等到了能够让他赚钱的购买者出现，铁路就能卖出好价钱，古尔德苦心经营就有所回报。如果购买者赔钱，一两年后被迫清算——一般情况也是如此——古尔德和他的经纪人就非常可能以低价购回铁路。古尔德这样就能得到新的机会发挥他出色的管理能力。他会展示给大家，铁路状况相当好，但管理放松万万不可。他接着进行重组，使出从前的手段，做些细微调整，每次都能获得不错的盈利。

如果要娓娓道来古尔德的创业史，光这本书肯定远远不够，而且不知道要讲到什么时候。其实就算说说他25年的华尔街生涯中直接或者间接参与的计划，就能写成一部鸿篇巨著。虽然古尔德已经抱了孙子，开始享受天伦之乐，这样的篇幅还是未免有些长。

对于古尔德的瞩目成就,我只能挑点重点。未来的某些华尔街历史学家定然会就他详细展开。只要想写,就一定有足够的材料;但是不管是谁,都不应该忘记文学巨匠萨缪尔·约翰逊博士的名言:供写人物自传的材料必将越来越稀少,在一些情况下最终会消失。随着时间的流逝,古尔德也不例外,但他必然不会被彻底遗忘。他在时间的沙滩上踏下了自己的脚印,深深的脚印。

其中原因我不多说了,莎士比亚的作品中这样的人物比比皆是,尽管有一些本性不好而心存嫉妒的人们可能会用这面这句话:

"人所为恶,死后犹存;

所为之善,与之俱亡。"

古尔德死后,会留下许多善行,这点我毫不怀疑。他的情况里,莎士比亚的名言似乎需要反过来看。他的恶事很可能会被历史遗忘,甚至还在他的有生之年,大家就会忘记他的邪恶。现在在人们的眼中,他不是财富的破坏者,更大程度上是一位缔造者。

他利用自己在铁路管理和建设方面的伟大领导能力,让许多荒无人烟的土地欣欣向荣,让经济的沙漠开出玫瑰,让成千上万从前贫穷潦倒的人们过上了富足的生活,在西部和南部安居乐业。他还促成了土地价格的上升,在让自己腰缠万贯的同时,他还对整个国家的财富的名望也作出了突出贡献,让世界对美国刮目相看。

伦敦《泰晤士报》记者最近来到这里,想写篇对美国的介绍,他们重点描写了古尔德等百万富翁和铁路大亨的事迹,认为他们美国的繁荣作出了突出贡献。

在伊利的这段日子中,古尔德的管理才能为他后来的财富打下了坚实的基础。他的一生都在同丹尼尔·德鲁和范德比尔特在投机方面打交道。在伊利公司中得到的金钱和名望让他能够继续通过联盟太平洋公司和华巴希等南方铁路集团收购铁路,直到他几乎掌握了跨美国大陆的所有铁路的控股权。而这时,他还没有开拓他的电报事业。

但是,大家认为古尔德涉身的一些精明投资,有时候甚至人们认为他应该受到责备的一些项目,在外都主要是由他的一些邪恶合作伙伴负责。举个典型的例子,在收购奥尔巴尼和沙士魁海纳铁路时,古尔德从未公开现身。而他的合作伙伴詹姆士·菲斯克则背起了这个责任,也显示了自己的精明能干。通过大卫·达德利·菲尔德和托马斯·希尔曼这两位纽约商业明星,"伊利王子"吉姆·菲斯克在手中只有30,000股股票的6,500股(还是通过非法渠道获得)的情况下,几乎攫取了某重要铁路142英里的控股权,但是最终,他也受到了法律的制裁。

通过让伊利公司成员保持沉默,菲斯克还控制了纽约市及纽约州最高法院的巴纳德法官。

奥尔巴尼和沙士魁海纳铁路一度可能为伊利所有。铁路从最东边奥尔巴尼的纽约中央车站出发,和伊利线在宾厄姆顿路段交叉。当时伊利希望成为中央车站在新英格兰的有力竞争者,决定垄断从此地到宾夕法尼亚州的煤矿交易。对两家大型铁路公司来说,收购这142英里的线路非常有价值。双方都倾己之力,吉姆·菲斯克也表现出了浓厚的兴趣,组织了一家纽约铁路公司,自己当老板,舞枪弄棒,还从巴纳德法官那里得到了假禁令——当时巴纳德法官并不在纽约,而是在波基普西处理铁路控股权事宜,逮捕了这家铁路公司的总裁、秘书、智囊团和清算人,要求每人交罚款25,000美元。菲斯克也经历一场伊利选举闹剧,终于在奥尔巴尼和沙士魁海纳铁路强行作出空缺,得到了作为持股人的投票权。

铁路总裁约瑟夫·拉姆齐(Joseph H. Ramsey)舍身保卫自己的权力,将企图侵入的人们都拒之门外。他花了18年的时间建造了这段铁路,固然有些感情,也找到了一位法官帮助他——来自罗切斯特的达尔文·史密斯——最后宣判结果对拉姆齐集团有利,认为"菲斯克先生试图使用强硬手段干涉选举,严重侵犯投票权,意图扰乱公司会议秩序,导致骚动局面"。他们被要求赔偿拉姆齐的董事会成员,还引述前任法官,上诉法院的萨缪尔·赛尔登,要求菲斯克向拉姆斯集团赔偿92,000美元。值得一提的是,菲斯克理事会不多不少,正好13人。

伊利集团上诉,但上级还没来得及看文件,奥尔巴尼和沙士魁海纳就永久租借给了特拉华和哈得孙运河公司，而伊利集团告他们势力又不够大。争斗就这样画上了句号。

补充一句，古尔德先生打定主意要拿下一家公司却没成功，这样的情况并不多见。

古尔德把掠抢控股权发展成了一门艺术，而这门艺术又通过“法律”手段被揭发出来。但他每次都有法律撑腰，都有最高法律权威的支持。

他成功攫取西部联盟电报公司，就是最有力的说明。

刚刚萌生拿下电报公司念头时，他找来一家建筑公司搭建一条电报线。这家公司也没什么野心，只有5000美元的资产，曾为西部联盟电报公司搭建电报线，而古尔德先生将电报线和西部联盟公司一些最重要的电报线搭成平行线，降低利润，老对手吃不消了，只能同“新贵”讲和。双方结成利益联盟，古尔德获得了西部联盟公司的控股权。

“不可能。”双方达成协议几个月前，诺文·格林听说古尔德想钻他的墙角，很不高兴地说，“古尔德这么干，他的铁路迟早得破产，两家心平气和地对话，才是最疯狂的投机。”这位绅士当时对古尔德和他同事想企图让公司妥协非常不满。几个月后，他还是乖乖地当了之前他鄙视的“无名小卒”的二把手。

收购西部联盟电报公司后，古尔德开始涉足电报。该领域的完全垄断之争现在仍然没有解决，不过本内特—麦凯（Bennett-Mackay）一党妥协不过是时间问题，待到那时，古尔德又会在新领域中登上最高宝座，成为投机界和政治界黑白两道上的强劲力量，甚至一呼百应。虽然他会对公司谨慎管理，但这还是有些玩火。

最近古尔德和塞勒斯·菲尔德（Cyrus W. Field）先生联手投机，拿下了高架铁路公司的控股权，这件事情大家刚刚经历，我就不再多说了。我只是担心我的朋友菲尔德会死脑筋，尽管一切都与当时的铁路业条例相符，也严格遵守铁路证券的交易法则。菲尔德先生一直对此保持沉默，也是计划成功的重要原因之一。

我认为，古尔德在这次对罢工者的大胆举措中，对公众有恩。虽然电报工人罢工，西部联盟公司损失了50万美元，持股人损失很大，但古尔德还是坚持到了罢工者放弃。“劳工骑士会”(Knights of Labor)事件中他使用了同样的策略,结果也不出左右。这次罢工中,我曾通过公告中对客户这样解释:

“劳工骑士会这是在大规模地测试,通过暴力行为,能否能够扩大他们的需要。这样就导致了一场严重的危机。而我们在这儿需要作出决定,未来决定国家投资资源使用的是资本还是劳工。对雇主来说,这关系到他对自己财产的控制权是不是过大,因而失去了自由,而且使其资本非常容易受到外界干扰。而对雇员说来,这意味着他们能不能通过暴力,将雇主们不可剥夺的权利拿到自己的手中。这是资本家和劳工之间颇具革命性的一个问题,造成了商业的部分瘫痪,对那些业务涉及将来的行业更是如此。只要美国人清楚自己的权利和真正的利益,这样的不和谐的运动是不会得逞的。但是争斗结束后,双方必然会分裂成两个立场截然相反的阶级;因此我们必须要及时加以制止,这关系到那些与我国发展息息相关的产业,还会让我们的商业市场经历一段严重的萧条局面……从事情本质上看来,暴乱必须要得到阻止;我们也不难看到结局会如何。骑士会及其同情者的需要,不管是已经公开表达还是暂时被隐藏起来,都是对公民不可剥脱权利的革命,也会彻底颠覆社会秩序,因此我们都应该清楚认识到,必须要尽最大的耐心,用最大的力量,避免这种事情的发生。”

古尔德在西部和西南部获得某些铁路控股权的手段,已经由太平洋铁路专员们在纽约、波士顿和旧金山详尽调查。古尔德的采访言录也在1887年5月见报,这些文章都简要且真实地讲述了他的融资计划,相关铁路的控股方案,以及盈利手法。他讲述时非常和蔼,而且解释全面,直击话题,后来也没有人证明他的言词有什么出入。文章内容如下:

摘自《先驱报》,1887年5月18日

昨天清晨,一位短小精悍,穿着芝麻呢商业套装的男人走进了太平洋铁路专员办公室,静静地坐下,把漂亮的帽子搁在膝盖上。

这位眉清目秀的绅士有双炯炯有神的眼睛,他的身价已逾百万。

他有很多内幕想告诉委员会,他带来联盟太平洋早期合并交易消息,也超乎了专员的想象。

大家原本以为古尔德先生会老谋深算,死不开口,稍稍激怒,就会跳墙,但他的举止一开始就让人大吃一惊。他告诉专员,自己现在正在患神经痛,不能大声说话。说话过程中,的确有一些时候他的声音会放弱,说到让人十分感兴趣的话题上,他才会声音稍微大些。大部分时间,他说话都是抑扬顿挫,很有节奏。1873 年,他开始对太平洋公司的铁路产生兴趣,从市场上购买了联盟太平洋股票,但是股价却每美元下跌 14 美分。当时他持有约 100,000股。他咨询了锡尼·狄龙,最终决定为债券中的流动账目筹资,在票面价值以上购买了 100 万美元债券。1874 年,他进入了董事会,参与执行委员会。1874 年到 1876 年,他一直保留席位,一年视察两次铁路。他对菲斯克一案知晓但没兴趣,在此案中也没有任何利益可言。

1878 年,他开始对堪萨斯太平洋铁路公司感兴趣,但早在 1874 年,他就对这家公司有所知晓。他还记得曾经主张丹佛太平洋铁路公司和科罗拉多中央铁路公司利益联合。

因为我们对铁路的位置有些迷糊,古尔德把手放进衣服的内袋:“我这儿有张小地图,你们如果不熟悉位置可以看看。”

他拿出了地图,我们围了一圈,古尔德全然不顾国家间商务法,食指开始在国家和地区之间划过。他回忆道,合并计划早在 1875 年就已经得到考虑,当时正好安德森从报纸上读到了一些文章,不过当时还没实施。他甚至可能会和斯科特讨论下,再做进一步考虑。

同科罗拉多中央铁路公司联系在一起的小线路也是古尔德建造,或者说起来也是因为联盟太平洋和堪萨斯太平洋之间的竞争导致。1878 年前,古尔德印象中没有买过堪萨斯太平洋公司的任何股票和证券。他在联盟太平洋的利润现在已经增至 200,000 股,而发行股票的总数也不过 367,000。所有交易他都详细记录,由莫罗西尼先生保管。

问:账本呢? 答:在我这儿。

问:哪儿呢? 答:我收着呢。

问:委员会的人能看吗? 答:如果他们想看的时候,随时恭候。

这是两人一天来第一次交流,大家感到其中的较劲儿,殷勤地笑着。

到目前为止,他每个问题都回答的干净利落,没有丝毫犹豫,整一天都是如此。在场的每个人几乎都曾经用过"我不知道。""记不太清楚了。""这我还真不清楚。"这样的话来敷衍,但古尔德从来没有。而大方地拿出自己的账簿,更是出乎大家的意料。

他每次一记不清楚,大家就会去查账簿。问他买没买过什么股票,他也说,账簿上都写着呢。

"您这上面有没有写经纪人是谁?""当然了,那还用说。"圣路易斯资产池事件中,他就和许多人接触过。

问:您跟谁接触过? 答:我记得签订协议的人我都接触过吧。

问:能告诉我们到达这一步的初步措施吗? 答:如果我一点点都详细说出来,我的神经痛可能吃不消。

刚开始的时候是提议合并,不过是股票协议不是债券协议,后来没行得通。

问:过了多久就履行新协议呢? 答:没多久吧。本来是想把一些不均匀的债权合成一种债券。

问:您和其他人商量过吗? 答:这是必然的。这个价格我觉得合理,大家也都觉得合理。

问:那您的债券时递交给谁了? 答:我觉得是委员会吧,但这事儿我不清楚。

问:但是如果您信不过一个人,是不会把2,000,000美元的债券交到他的手上吧? 答:应该不会。

问:这些账务都是谁记录的? 答:不知道。

问:您是不记得了吗? 答:事情但凡结束了,我就都忘了。但是我的账簿上面写着呢,现在在委员会那儿。

古尔德先生说这些的时候异常地温和礼貌,嘴角也放松地露出一丝微笑。

讨论过他从"圣路易斯集团"购买的证券过后,就有人提问他是为谁购买。

“这个我一下子也记不得,但是账簿上会有记录。”

“您和哪些圣路易斯的人商讨过?”

“我印象中是他们来找我的。他们手足无策了,想抛售,于是就来找我。”

“然后您就先买下了证券,说服其他人跟您一起投机?”

“是的,我觉得有些人可能会对铁路有帮助。有一些账上应该记下来了。这些交易应该都有记录。我记得一次有人找到我,说他们想出售。我让他们报个价,他们就给了我协议价格。”

“我就简单说了句,‘成’,就结束了。我记得就是这样。1879 年我手里的契约价格就大约有 4,000,000 美元。”

于是就有了堪萨斯太平洋公司的收入债券,古尔德需要对道路状况作出解释,他当时觉得状况定然不佳。这条道路的内在价值不小,但因融资不好,股票价格一直下滑。

问:您在国外买过自己的股票吗? 答:以 74 美分的价格买过 200 万股丹佛太平洋公司的股票吧,从阿姆斯特丹人那儿买的。当时我在伦敦,听说他们想卖。不过当时没时间,有点担心,觉得他们得拖上三四天才决定卖不卖。但是我错了,我早上去了阿姆斯特丹,洗洗刷刷,吃过早饭,11 点就见到了他们,12 点股票就到手,下午就返回了。

当问及购买堪萨斯太平洋债券价格的时候,古尔德拿出一张纸,交给了委员会,上面清晰地记着买卖的详细条目。

1879 年,他买下了圣约瑟夫和丹佛的第一笔抵押债券,花费 1,562,886.69美元,债券票面价值 603,204.78 美元。

其中票面价值 617,000 美元的债券都是买给了拉塞尔·萨奇、艾米斯,锡尼·狄龙、克拉克、埃兹拉·贝克、戴克斯特和艾丽莎·阿特金斯,共卖 246,800 美元。

1880 年 1 月 24 日,他抛出 956,779.76 美元债券,以票面价值买下 9568 股联盟太平洋股票。

他向 59 位圣约瑟夫和丹佛股票的购买者支付了 60,695 美元;1880 年 1

月24日,他又以票面价值抛出590股——59,000美元——联盟太平洋股票。

1879年,他得到8819股该公司股票,将其中3806股卖出。1月24日,他以票面价值抛售出手上剩余的5013股股票。

与此同时,他以586,940美元购买了价值784,000美元的圣约瑟夫桥债券,将价值150,000美元的股票以112,500美元卖给了萨奇和狄龙。

他还以6000美元的价格购买了4000股,购买634,000美元的债券和4000股股票供花费480,400美元,与6340股联盟太平洋公司的票面价值股票进行交换,盈利634,000美元。

与古尔德做这笔交易的先生都是联盟太平洋的董事会成员。他们直到公司联合前一直保留着债券,因为他们购买时就是另有目的。"需要抛售一些丹佛股票了,"古尔德微笑着说,"买些债券。"

公司联合时,古尔德将联盟太平洋铁路公司27,000股全部转成新股票。

他将自己联盟太平洋的股票根据马萨诸塞州相关法律过户给其他集团:不管账户中有没有钱,都可以附上股票。

"我发现了法律的空子,"古尔德先生说,"于是就把股票放在了其他人的名下。"

联合过后,他就开始将自己的股票分配至其他持股人名下。

"我觉得,"他说,"让四五个持股人多走点路,总比我一个人跑来跑去好。"

问:您有这个主意,主要就是因为企业合并之后股价上升吗?答:是的,因为股票升值太迅猛了,不够分配。

有当时亲身经历过此事的人讲述了利用道奇将军和索伦·汉弗莱斯(Solon Humphreys)提出合并建议。他觉得这些人都比较公正,能够做出比较客观的报告。

问:然后呢?答:他们还在考虑,我的兴趣就别处去了。

问:别处去了?答:没错,我买了密苏里太平洋公司的股票。

问:那道奇将军和亨弗莱斯先生有没有查阅一下这条铁路的历史呢?答:我觉得一条道路的未来比它的历史更加重要。

问:没错,不过我想问的是……答:过去没有按照联盟太平洋铁路的标准建造。

问:但是您不觉得道奇将军和亨弗莱斯先生……答:我一辈子都这么觉得,我一生都在做铁路交易——自打我成年之后吧,我着眼的一直是将来不是过去。

“这就是我的赚钱方式,”他说,“我购买的第一条铁路过去的状况都可以用凄惨来形容,但是前景还算不错。我以10美分的价格买下了票面价值1美元的债券,股票后来卖到了1.25美元。吸引我购买联盟太平洋股票的,是它的未来。我买这只股票,是为了赚钱。”

“您当时是不是不赞同联合?”

“不赞同,我的利益已经发生转变了。”

“制止过吗?”

“这个嘛,”古尔德先生慢悠悠地说,“大家都知道我反对,也很担心。”

“他们是指?”

“埃姆斯、德克斯特、阿特金斯和狄龙。他们从波士顿赶来盯着我。他们已经听说我要拓展丹佛太平洋铁路,和密苏里太平洋线路结合。他们说我致力于联合,还规定了我的权利。我拿出1,000,000美元的支票,要求退出。”

“我现在就付钱,”他看着屋里联盟太平洋公司的人们说,声音有些上扬。

“我拿出了100万美元,但是我不签同意联合协定,他们就不让我出门。”

“那文件呢?”

“可能在波士顿。如果我实施了密苏里太平洋铁路计划,现在股票就能升到面值了。”

“我觉得您没什么理由抱怨您的红利吧。”安德森先生回应,古尔德微闭双眼,想要隐藏自己的目光,一言不发。

他所签订的文件是在某些特定条件下的联合计划。1月15日后,古尔德因利益占优,联合成为定局。

"但现在我已经没有联盟太平洋的控制权了。"他说。

安德森问到古尔德在联合时期同霍姆斯律师的关系时,问他还记不记得当时的一段对话。

"记得。"他说,"我印象很深。"

"为什么呢?"

"嗯,我记得以10美分抛售了很多股票,要是我几天过后卖出,就能卖到面值了。安德森先生,难道这样的事儿还不够让您印象深刻吗?"

大家都笑了,古尔德虽然损失了一两百万,也会心地笑了。

古尔德认为,丹佛太平洋公司的股票,如果没有联合,根本就是一堆废纸。是联盟太平洋的名号把价格给烘托起来了。

"那您觉得托管人将股票退出信托关系,是不是履行了责任呢?"

"我觉得这是当时唯一的出路,我也支持这样的做法。我准备好了承担责任,就算在其他时候,也会如此。"

摘自《纽约时报》,1887年5月19日

昨天,杰伊·古尔德又在太平洋铁路委员会忙了一天。他和往常一样,举止冷静,有条不紊,一副很耐心的样子。然而,他虽然回答了数以百计的问题,却没有透露什么实质内容,有的作答让很多金融家们云里雾里。第一个问题是关于丹佛太平洋公司的股票,提问者问古尔德如何脱离管理,古尔德说他认为这样做对大家都有好处。很自然,他希望丹佛太平洋公司兼并,持有价值1,000,000美元的证券,再管理3,000,000美元的股票。刚开始,联盟太平洋会不会同意还是个问题,但为了专营权还是答应了下来。"我再说一遍,"古尔德说,"联盟太平洋相关的董事或个人没人从丹佛太平洋赚到过钱。很高兴我把这件事了结了。"

他曾计划搭建一条从丹佛到奥格登的铁路线,途经盐湖城和拉夫兰帕斯。这会比联盟太平洋的线路短,而且能够容纳更多地方企业;联盟太平洋走的是矿产带的北部,而南部太平洋公司则是走的则是南部。他获得密苏里太平洋公司的控股权后,发现了其中的好处,但仍旧希望能够同其他铁路继续合并。买下密苏里太平洋公司刚满一个月,波士顿人就被他惹火了,不再支持他。如果密苏里太平洋公司能够顺利搭路，联盟太平洋就会蒙受巨大损失。

“根据华尔街的道德标准，”有人问古尔德，“您觉得作为联盟太平洋的董事之一，收购另一家公司，作出对联盟太平洋有害的设计，是不是在符合您职责限制呢？”

“我觉得这不合适，就放弃了控股权。”

“您有没有想过自己对政府的责任？”

“想过。”

“您觉得搭建平行铁路会对政府的权力造成什么样的影响？”

“会遭到挤兑。”

最高法院开始负责瑟曼议案后，古尔德就计划建造一条从奥马哈到奥格登的线路，在联盟太平洋线右侧，然后将铁路归还政府。这会“给其他人一个机会。”政府想分到更大的蛋糕。只需花费 15,000,000 美元，就可以搭成联盟太平洋用 75,000,000 美元建造的铁路。

“您不是为政府谋福利的吗？”

“我希望能够保护政府利益。他们立法却伤害到了自己的利益，给持股人带来很大的危险。政府不遵守契约，联盟太平洋的债务通过现金赔偿政府。我算了一下这笔账，提出支付。1877 年还是 1878 年的时候，我向司法委员会提出申请，当时埃德蒙兹是主席。我当时是亲自提出的。债务在 15,000,000美元到 17,000,000 美元之间。但政府不愿承认债券利息终止。大家都没有反应。”

古尔德本以为自己已经写了联盟太平洋董事职位的辞呈。他认为作为董事之一，与公司打交道实在不方便。他将辞呈放在了狄龙总裁的办公室中，狄龙也知道这意味着什么。

“这代表什么呢？”

“如果合并顺利进行，就必须要和杰伊·古尔德进行数目很大的交易，我要是还在其中就会非常麻烦。1880 年 1 月 10 日之前，没有人以面值购买圣约瑟夫、西部公司和堪萨斯中央公司的股票。这些都是后话。”

州政府颁布反对竞争线路合并法律，科罗拉多中央公司的租赁被取消。

古尔德也不知道道奇和汉弗莱斯的信件要在1月24日的会议中公布。他很可能是到了当天才知道要兼并。大家都知道了古尔德从堪萨斯太平洋公司董事会辞职,他说这是因为自己不想和托管、管理混为一谈。不在董事会,他就可以按照自己的想法来。如果不退出,公司就可能反对他,他在董事中也不合适。他不知道拉塞尔·萨奇会拒绝他辞职。

"堪萨斯太平洋公司的会议上宣读了许多支线的名称。狄龙总裁说公司已经买下了这些。他说的什么意思?"

"可能他指的是跟他我签订的董事协议。"

"但我们查不到相关的记录。您觉得他是指同波士顿人的协定吗?"

"很可能,但是在接受或拒绝前,这没有法律权威。"

古尔德需要对他周二交手的证券和明克审计员的清单间差异作出解释。明克给出了15,162只圣约瑟夫和西部公司股票,而古尔德只列出8119只。古尔德解释说,一些股票要用来建设黑斯廷斯和格兰德岛。他保留了150,000股卖给狄龙和萨奇的圣约瑟夫桥梁债券,把自己的那份给了他们。他收购密苏里太平洋公司时,手中价值479,000美元的堪萨斯中央公司债券和2521只股票共花费431,820.25美元,这些以479,000美元的价格进入合并。古尔德从奥利弗·埃姆斯和波默罗伊总裁手中买下了联盟太平洋公司的中央分部,而他们也来到纽约,劝他视察公司。

"我以为这是笔大生意,"他说,"后来我知道他们的货车已经到了一个礼拜,都是安排好打动我的。到那里的时候,我每站都能看到货运列车。最后我买下了这条线路。"古尔德总共花费了1,826,500美元,将中央分部的股票以239美元处理,公司听证会中也出现了一点小波澜,但他淡定地解释路线实际上以2500美元/英里的价格入股,因此应该远远在面值之上。

"这条线路分红了吗?"有人问。

"没有。"

"总收入超过政府规费了吗?"

"我也不清楚。股票又不是只看分红。密苏里太平洋公司的股票我付了750美元的价格——买了4000股。红宝石比钻石贵,钻石比玻璃贵,这都是一样的道理。"

接下来是合并之后的相关事宜，法官问古尔德在股票上交给他之前，新公司有无决议。

“我只知道，”他说，“新公司的股票发行了。”

“新公司一定要负担堪萨斯太平洋公司此类的职责吗？”

“我想是的。”

“为什么您的堪萨斯太平洋永续公债没有得到支付呢？”

“我认为相对债券，他们更倾向使用股票。我对他们作出了明智选择，选择了股票。”

新一轮问题中提出了其他不同点，但委员会仍没搞清问题的实质。“律师们总应该明白其中的不同吧。”古尔德玩笑说。他几次向堪萨斯太平洋公司透支大笔现金，偿付流动债务，而且坚持在谈判和交易的过程中，没有任何债券持股人受到过不公平待遇，大家人人平等。

合并过后，古尔德称并未同联合太平洋支线进行过交易。然而，他在丹佛—南方公园（Denver & South Park）持有股份，起初不多，后来从伊凡斯州长手中买下了整条铁路。“我这已经全盘托出了，”他开心地说。他认为，联盟太平洋所谓合法开销，也不是严格遵守法律。

“铁路在华盛顿的顾问是谁？”

“据我所知，只有谢拉巴格和威尔逊先生。”

“您曾经为公司到华盛顿出差过吗？”

“有过。而且住酒店是我自己买单。”

“为了铁路的事情，您让其他人去过华盛顿吗？”

“亚瑟法官和波普勒顿先生。”

“谁是堪萨斯太平洋公司代表？”

“亚瑟法官。我不知道他们在华盛顿还有没有人。”

“为了铁路的事情，您多久去一次华盛顿？”

“瑟曼议案还没有落定的时候我都在华盛顿。法案通过后，我就没有去过那儿。不对，收回刚才的话。劳工委员会到华盛顿之前我在。我觉得很厌烦。”

“有没有什么通过金钱影响立法的行为？”

“没有,先生。我不知道。”

“交易记录我们从什么地方可以查到?”

“根本没有这样的交易。”

“您记不记得在一场会议中,建议利用华盛顿的奥德威先生为堪萨斯太平洋谋好处?”

“不记得。”

安德森先生宣读了1876年堪萨斯太平洋公司的会议记录,古尔德记起奥德威的好朋友罗林斯参议员曾经让他写一封相关的信件。对于信的影响他一无所知。

“您有没有记得曾经讨论过打击美国信贷公司(Credit Mobilier)?”

“我见过一些持股人,他们说可以将股票交手给我们。其他人则不愿意。信贷公司的持股人认为联合太平洋欠他们公司很大一笔钱。我成功地在宣判之前得到了一大笔股票。”

“您还记得你对联合太平洋公司总裁和董事说过什么吗?”

“我希望能够提出诉讼。”

“谁对您反对呢?”安德森先生读完董事会议记录后问。

“我认为是董事们,我是以个人名义提出的诉讼。”

“这是您给董事们的另一封信,要求他们起诉美国信贷公司,争取某些合约下的全额利润。”

“我认为这是另一系列的合约。”

弗雷德里克·埃姆斯(Frederick L. Ames)承认他之前持有联盟太平洋股份,是联邦地方长官奥利弗·埃姆斯(Oliver Ames)的表兄。他对这条线路和堪萨斯太平洋铁路的1877年前关系了如指掌:“我在父亲的指点下参与了铁路的管理。第一次分红是在1875年或者1876年。我忘记当时的利润是多少了,不过对堪萨斯太平洋公司的状况我还是很清楚的。1877年股票还很便宜。1876年购入全部堪萨斯太平洋的股票过程中,杰伊·古尔德起到了至关重要的作用。我知道他拥有很大笔的债券资金和非法收入。其他人的我就不清楚了。我没有买资产池内的证券,收到了两张50,000美元的凭证。现在不在我身上,已经给了别人。可能是每个加入资产池的成员都有。我记得我向农民贷款和信托公司支付了100,000美元。"

安德森先生——您找到这些凭证了吗,明克先生?

审计员明克——不在我这里,先生。

安德森先生——没有一点头绪,这很不正常。

接下来,埃姆斯先生对资产池的经营方式进行了招供,还提供了一份合并抵押文件副本作为证据。

他说:"我不记得曾经在这份抵押名下捐赠过383,000美元。我和这个资产池的关系仅限于预付的100,000美元。资产池利率和按揭利率相同。我曾经是堪萨斯太平洋铁路公司1879年的董事。我不能解释,为什么当时我们卖出证券的对象,将公司的负债抬高了1,000,000美元。我用我的债券换取了堪萨斯太平洋公司的债券。我不记得在1880年,价值2,950,000美元的优先股以75美元的价格卖给了杰伊·古尔德,而当时债券市价是94美元。我也不知道还有类似的交易。除古尔德以外的其他董事都赞成合并。他不愿意遵守我们认为理所应当的这些条款,对我们的行为非常恼火。最后我们在古尔德的家中达成了协议。逼着古尔德签字之后才能离开屋子,我也不记得有这种事儿。在场所有人都签字了。合并的基础资产是50,000,000美元。"

被要求在出售股票以取消浮动债务的条件下,对联盟太平洋分红的支付作出解释时,埃姆斯说,分红的决定是建立在净盈利的基础上,铁路公司也很可能获得几倍的盈利,同时建造铁路、贷款,将基金作为他用。埃姆斯先生还说,联合太平洋的董事在签订午前会议协议时,基本上都为杰伊·古尔德所控。"我觉得这结果就是对联盟太平洋有利,"他继续说,"如果可能的话,我还是会这样做。合并中我并没有做什么,我没有出售我的堪萨斯太平洋股票,直到现在还在持有。古尔德赚了大约3,500,000美元。"

狄龙法官对埃姆斯先生进行了审讯,从他的证据中得出结论:狄龙先生在合并中并无个人目的。他承认现在他在联盟太平洋中的利润要比1880年更加丰厚,而自己也是其中最大的控股人之一。

杰伊·古尔德及其体系

节选自1887年4月27日《纽约时报》,文章对古尔德审查铁路体系的模式进行了详尽描述:

乍一想,杰伊·古尔德刚进入铁路大亨第一梯队五六年,未免有些不可思议,但是千真万确。1879年,他拥有的仅仅是他现在铁路西南体系的核心线路,对手是密苏里太平洋公司,因此他对自己公司的未来感到非常不安。加里森海军准将拥有密苏里太平洋公司的控股权,而公司由他的兄弟奥利弗掌控。加里森海军准将不喜欢古尔德,也不会反对让古尔德高价购买华巴希公司——要不是奥利弗阻拦,他恐怕真的就买下了。奥利弗·加里森和古尔德在华巴希的主管本·刘易斯(Ben W. Lewis)走得很近,而密苏里太平洋公司的首席执行官加里森也不会做出有损古尔德利益的事情。但是1879年年末,刘易斯给古尔德打电话,因为一些其他的利益要求古尔德辞职,古尔德看到了前方的破坏者。刘易斯建议他买下密苏里太平洋公司的控股权,以移除破坏性因子。这样的建议绝对不允许失败。古尔德联系了奥利弗·加里森,拿出1,500,000美元购买加里森的铁路红利。加里森感到很意外,说有必要和海军准将谈谈。他说,1,500,000美元至少还要加上500,000美元。然而海军准将听了古尔德的报价之后,搓搓手,笑了,将价码标到2,800,000美元。古尔德回驳,说如果前一天,他2,000,000美元就可以买下。海军准将解释说,昨天和今天的差价就是800,000美元。古尔德什么都没说就离开了。第二天他又加了一把劲儿。多想了一天不要紧,第三天的谈判价格已经飙升到3,800,000美元,古尔德没有表达什么,但话里行间透露出,他明白拖延会更危险,价钱会更高。他说:"我买了。"开始他掌控不及1000英里铁路,而现在已经扩张到5000英里之多,将密苏里太平洋、铁山、国际和大北方公司及其分支发展成严密的铁路体系。如果按照现在的地产价值计算,古尔德买下的这条铁路跟他曾经竞价的铁路不相上下,而自从交易结束的那一天起，他就抓住了一切机会拓展业务，根据现在的规划，铁路很可能最终发展到6000英里。

尽管总经理的办公室在圣路易斯，而古尔德的铁路——华巴希铁路并不被认为从属其铁路体系——无一在密西西比河东，在这片土地上谈判的事情却都无关紧要。从圣路易斯办公室到西部联盟公司大楼都拉上了私人电报线，古尔德整日就坐在西部联盟的办公室中廉价的办公桌后。

他已经在自家的铁路上走过许多次。第一次旅行的时候总会兴致勃勃，甚至第二次第三次还都意犹未尽，但古尔德乘火车太过频繁，虽然彻底地享受了其中的喜悦，却再也无法体会金钱和权力带来的快感。他的旅程长达三周，火车上有他的特别车厢“护航号”，从圣路易斯出发，直到回到纽约这片炎热而充满尘土的混杂土地。

要是圣路易斯听到消息说古尔德马上就到，铁路体系的官员们就都开始紧张，从奥马哈到加尔维斯顿，从沃斯堡到圣安东尼奥都骚动起来。古尔德或者他的得力助手挑选出来的铁路管理人员，以及各部门领导都开始卖命工作，显得好像自己对古尔德最忠心耿耿——不过看看他们的银行账户，衷心与否，一目了然。

最近，古尔德先生在西南部视察。他身边总是有凯利根总管相伴，他出生在纽约，在西南部接受教育。从体格上看，两人对比鲜明。要是没人知道，这个长得干干净净的白人总裁一看就是老板。两人举止相仿，虽说凯利根为人非常直率。他也有古尔德那种波澜不惊的性格，而且演绎到了极致，不管别人怎么挑衅，他都是用自己低低的语调说话。他对铁路简直就是了如指掌，对西南地区的地质情况格外了解，每一个角落都能头头是道。他在铁路体系工作30年，他从各分部的管理人员那里获得信息，告诉古尔德，但是在旅程中，古尔德坚持每站都下车审查，连凯利根负责的也不例外。他身边总有一位速记员兼打字员，总管和分部总管也沿袭了这个习惯。

到了一家车站，古尔德决定视察，问需要多久。答案可能是“一小时”。他看看表，陪总管审查一段，静静地听着总管同当地铁路官员交谈，了解了自己想要听到的事情后，就开始乱逛，等着总管把收集的消息转告给自己。一小时中，古尔德都表现得非常耐心。但是如果列车驾驶员不能马上发车，大家没有做好准备,他就开始坐立不安,直到火车开车才平静下来。

他非常推崇方法。每天早上,他都会列出工作计划,火车还没开,就已经计划好停几站,晚上在哪儿过夜。三周的旅程中,他都是在火车上用餐就寝。晚上"护航号"行驶十分安静,因为火车的主人尽管白天能承受很高的分贝,晚上听见噪音就会睡不着。他的火车在沿途都是稀罕物,人们都从远远近近赶来看它停在某个僻静的角落。驶过的一些地区,他也算是个稀罕人,乡下男女们就像看马戏团一样看他,如果他也像詹姆士·布莱恩(James G. Blaine)一样站在舞台上,绝对也能吸引差不多数量的观众。他从来不怕因为这样臭名远扬,而且表现得很镇定,就好像自己在第五大道豪宅中的办公室里。据报纸报道,他在公司中,比工资1000块钱的员工们都要谦逊得多,礼貌得多。

路上古尔德会遇见一些比较古怪的名人,有时候也会经历些怪事。第一次去得克萨斯的加尔维斯顿时,他发现这座城市是在岛上,之前他和许多人一样,都以为是在大陆上。这一次,许多市民都向他致敬,他也承诺住在酒店里。委员会的人们忘记给古尔德的派对准备马车,古尔德到达前急得像热锅上的蚂蚁。但是这一天不巧,加尔维斯顿正好有选举。选举日和之前的那天天气都很炎热,角逐的双方买下了所有的车辆。委员会拿出20美元租一辆车子却遭到了拒绝,非常不是滋味。不过古尔德看到自己的处境之后不过是一笑了之,说还没有什么山他爬不上去的。这是沿路人民讲过的古尔德唯一的笑话,因为加尔维斯顿最高的坡也不过高出海平面三英尺。当地人有的说是四英尺,内地有人说,潮水都比加尔维斯顿高出三英尺——不过当地人认为这纯属诽谤。

在休斯顿和加尔维斯顿之间审查国际公司和大北方公司的铁路时,古尔德的眼神每次都离不开华巴希铁路经理塔尔玛奇(A. A. Talmage)的土地。塔尔玛奇拥有一片占地160,000公顷的农场——虽然上面没什么牛。这片土地是他以每公顷12 1/2美分的价格买下,估计今天每公顷6美元他也不卖。就算这农场是他全部的财产,估计他也不会有什么悔恨。古尔德先生也在全国各地都拥有土地,但比起塔尔马奇,他的土地则少得多。乔治·古尔德在西南部拥有的土地数量可能和父亲差不多——不包括铁路批地,而且总是在寻找便宜的地盘。如果农产品收成不好,或者畜牧业不景气,土地总会低价出售。刚刚来到得克萨斯州的人们总忘记,灾年不过是偶尔发生,而且景气的时候,1 年的盈利就能抵上 3 年的亏损。卖出土地后,他们可能会听到这样的话,但老居民是不会提供这样的消息的,只能跌了跟头,才可以自己领会。

铁山铁路(Iron Mountain Railroad)有一站叫作马尔文,在小石城南 44 英里。火车进站时,古尔德发现一条狭轨铁路在那里也有停站,引擎前安装着菱形的前灯。这条路线从马尔文驶向温泉城。古尔德对这条铁路并没有什么兴趣,但是他知道,这条铁路的业主跟他师出同门。温泉城的铁路业主是"钻石乔"·雷诺德(Diamond Joe Reynolds),之前他也是从纽约格林县普拉茨维尔镇,在扎多克·普拉特的指点下发家。当时雷诺德还住在沙利文县,对面就是宾州特拉华县的铁路——也是在这里,普拉特教会了古尔德鞣皮技术。两人"从师学艺"的时间都相差无几。雷诺德现在不如古尔德富裕,但是他也不需要那么多钱,古尔德也总是说,想要一直快乐,并不一定非要 5000 万美金。雷诺德也算是腰缠万贯,经常出现在芝加哥和温泉城。第一次去温泉城的时候,他只能在马尔文停靠。这次旅程树立了他的威名,温泉城的景色也让他神清气爽。有人为马尔文到温泉城的铁路拿下了经营许可,但是他没钱,雷诺德便买下了经营许可,建造铁路后赚了大钱。铁路长 24 英里,通过运输小麦盈利。此后他又去了西部,将威斯康星的小麦运往芝加哥。每次签名的时候,他都会留下一个钻石和"J. O"字样。正因为这样,大家才会昵称他为"钻石乔",而不是像大家认为的那样,说雷诺德酷爱宝石。实际上,虽然他十分富有,为人却格外谦逊。

视察铁路的时候,古尔德火车开得飞快。这样看,他还算锻炼了身体,乘火车的人都知道,火车以每小时 50 英里的速度行驶,比起相同速度的汽车可是要颠簸得多。古尔德经常乘专车,让列车员开到 50 英里的速度,而且旅程中总是被震得换座位——从一边走到另一边——他虽然不太愿意这么做,但脸上丝毫没有表现。只要凯利根主管不拉信号铃提醒列车员,古尔德也不抱怨,"忍气吞声"。最近一次乘车他还糊里糊涂地换了列车员。这位列车员出于个人原因,开车一直很慢,即便有人拉铃还是慢吞吞的。可是晚饭送来的时候,他却加快了速度,火车头“嗖”地就冲出去了。下一站,他就晋升成了货运司机。

堪萨斯太平洋公司回顾

这是个有趣的故事,堪萨斯太平洋公司的前任律师阿泰米·霍姆斯(Artemus H. Holmes)在证词中,曾对堪萨斯太平洋的交易提供了一些信息,告诉我们这只股票是如何在 7 天的时间里,由两三块钱一跃升至票面价值:

1873 年到 1877 年,堪萨斯太平洋公司的证券价格都非常便宜,约为两三美元,基本上相当于一堆废纸。面值一美元的政府批地债券每张仅出售 10 美分,丹佛的还稍微好些,40 美分;1876 年到 1878 年间上涨到了 50 到 70 美分。第一批抵押债券无法卖到票面价值,公司没了信誉,股票也没有销路。时任堪萨斯太平洋公司总裁的锡尼·狄龙当时解决问题心切。于是 1880 年 1 月 17 日,他向本市最高法院多诺霍法官提出了友好诉讼,解决丹佛太平洋股票的归属问题。但托管人却推辞说自己对股票无能为力。1880 年 1 月 20 日,霍勒斯·拉格尔斯(Horace M. Ruggles)作为调解人倾听了双方证词,两天后于 1 月 23 日作出裁决。1 月 24 日,多诺霍法官签署判决书,将股票归为古尔德一党所有。霍姆斯说:“等条款等了这么长时间,我却到 1 月 24 日裁决书签署才知道这件事。”经拉格尔斯判决,29,000 股不作为抵押凭据的丹佛股票移至堪萨斯太平洋公司手下。这笔票据后来归入联盟太平洋,交换为该公司票面价值的 29,000 只股票。关于是否对拉格尔斯的报告知情,霍姆斯受到了尖锐的质问,大家纷纷问他,是否知道谁撰写的报告,之前了解什么风声。

问:1 月 24 日裁决之前,您一定知道了些什么消息吧?

答:没有。

问:那既然如此,第二天裁决就下来了,你是如何准备的呢?

答:看来我得改变我前面的回答了,我知道一些消息。

帕蒂森长官——我是不是可以理解为，几天内您作出交换的股票从两三美元升至票面价值？

霍姆斯表示肯定，然后又受到下一轮提问：

问：也就是说，1880 年 1 月 17 日，狄龙先生称股票没有价值，然而 1 月 24 日股票却升到票面价值。

答：是。

这件事情向我们揭露了古尔德能够迅速赚钱的另一个重要秘密。

古尔德首次乘游艇

最近，费城《新闻报》刊登了一则关于古尔德首次乘游艇的有趣故事，是对古尔德的真实写照。某些角度说来，这个故事非常符合古尔德的性格，那我们就来看看吧：

一次，我在一位游艇俱乐部成员的家中，他十分健谈，讲故事跟他的勃艮第葡萄酒一样醇香有味。我四下望去，看见了一个漂亮的三角帆加主帆的游艇模型。我想听听这个游艇的故事，于是他就给我娓娓道来：

“这勾起了我人生中一段最美好的回忆。当时她属于哈得孙公司的克鲁杰家族，杰伊·古尔德第一次坐游艇就是乘她，这就更值钱了。那天可真是有意思啊，我敢说古尔德现在还记得。

克鲁杰家族是美国最古老最有名的家族之一，和最初到达美洲大陆的荷兰家族联姻，斯凯勒、利文斯顿、范伦斯勒他们，这儿附近都是他们的土地，后来也以他们命名。包括一座砖厂，租给了老斯凯勒·利文斯顿的儿子。当时是在 1853 年、1854 年左右，古尔德在宾州的鞣皮厂刚刚破产。

小利文斯顿的砖厂效益不太好，他觉得自己应该找一位精明能干的厂长，于是就贴出了广告，有一天，一位身材不高，面相黑黑的先生来应聘，他穿着黑色的绒面呢，衣服特别干净。他说他叫杰伊·古尔德。因为还在等着谈判,古尔德就受邀去克鲁杰山上的老房子做客。大家越看越觉得他是个合适的人选,想方设法地让他开心。

有一天,克鲁杰邀请古尔德去纽伯格,备好了游艇,这个模型就是照着那艘游艇做的。他叫了几个年轻人去帮忙干活。克鲁杰家的外甥尤金·克鲁杰也在我们之间。我们还联系了皮克斯基尔,大家都去了酒店。

逆流向上走的时候,我们发现古尔德好像看起来不大自在,在甲板上动来动去,好像想找个舒服点的位置。当然了,大家都没提这事,但是我们着陆的时候,古尔德给我们解释:太阳很强,船甲板上的黄漆有些晒白了,沫沫就掉到了他的裤子上,他觉得很不自在。他说他害怕自己的绒面呢裤子会弄坏,觉得回来的时候还是不要坐船,这是乘火车的好。克鲁杰可没听过这一出,说一定会帮他克服困难。我们就去了一家百货店,克鲁杰花了两先令半买了一条牛仔裤。古尔德先生穿上了这条裤子,大家又上船了,他不停地道谢。

从纽伯格回来的时候,我们又一次去了皮克斯基尔那里,大家又去了酒店。但是这回,古尔德说不吃点什么东西了,在船上待会儿。我们在酒店里待了一个钟头,突然克鲁杰想起来他需要点铅白,尤金·克鲁杰和我就跟他一起去了商店。

'那裤子咋样,克鲁杰先生?'店老板打着招呼。还没等我们回答。他就带着几分崇敬的口吻说,'您那朋友可是真精明。'

'您说的古尔德?是啊,他一看就会做生意。'

'可不是!他真会讲价钱。'

'会讲价钱?'克鲁杰反问,一脸茫然,'您什么意思?'

'啥,您不知道他四十多分钟之前来过啊,他还把这裤子给我卖回来了呢。'

'我天,不是吧!'克鲁杰惊讶极了。

'没错啊,他就是卖回来了。他进来之后,说他再也用不着了,而且也没太穿,我们就争了一会儿,他同意我返他两先令,我就给他钱了。裤子这不在这儿嘛。'"

"那场景就在我眼前。"这位总是洋溢着笑脸的游艇队员爽朗地说,"当时克鲁格的面色，那是又惊讶又无奈。我们快到艇上了，他才说话，就一句：‘我非得修理修理他！’回去之后，我们谁都没有提这件事。回家的路上，古尔德坐在他的小手帕上。

当天晚上，克鲁杰又计划了一番。第二天，他就提议大家一起去钓鱼。古尔德说不去。他说他对利文斯顿的砖厂不感兴趣，下午就想坐火车回去。在那儿还有一笔大生意呢。克鲁杰跟他争了一阵子，但没什么目的。这个沉默寡言的小男人就是铁了心要回去。最后，克鲁杰让了一步，说准时把古尔德送到火车站，绝对不会晚点，他还是坚决不去。

我们玩来闹去的，一天就过去了，看到了下一列火车冒出的烟雾。我们本来是赶在风前面，但是掌舵的克鲁杰先生突然拉下了桅杆，我们向东岸驶去。这个时候，古尔德就站在迎风的舱口拦板上，一副焦虑的表情。潮水马上退下去，我们在岸边五十英尺以内，对面就是火车站。这个时候，克鲁杰开始报仇了。

‘那些帆都拆掉！’他喊道，‘把板子都撤下来！’

大家都积极响应，挤在甲板中央，没一会儿，船就摇摇晃晃起来，接着就停了。如果那张碍事的板子不搬起来，游艇肯定动不了。

‘怎么了啊？’古尔德紧张地喊。他当然不知道大家在捉弄他，他根本不懂游艇，就好像海象不懂微积分。

‘估计咱们是被搁浅了。’克鲁杰回答，显得很悲伤，‘哥们儿们都下去推船吧。’

我们装得很卖力地撑着长桨，古尔德喘着粗气看着我们，露出一些希望，也有些恐惧。不过我们越使劲，船被困住得就越快。古尔德一点都没有起疑心，而是绝望地看着克鲁杰。

‘那我怎么办啊！’他都快哭了，‘我还要赶火车呢！’

‘哎，’搞恶作剧的人回答了，‘您只能蹚过去了，不然就游过去。’

火车已经近在眼前，也就两英里，做决定可得快。不过这未来的铁路大王可真有胆子，立马脱了自己的貂皮外套，只穿着大红色的内衣站在我们面前。他举着他宝贝的绒面呢衣服过头顶，迈进水中，水虽然不深，但是也没了这个小男人的腋窝。他开始向岸边蹚，又短又细的两条腿摆动起来特别搞笑。火车站挤满了人,过了没一会儿,大家就都能看到这个奇怪的身影了。五百多人一起大笑,笑声穿过水面飘到我们的耳朵里,女士们用阳伞和扇子遮住嘴巴,男人们则无拘无束。终于,他蹚到了对岸,显得有点不理解,他站在石头上,抬起一条腿,环顾四周,样子像极了佛罗里达河口的火烈鸟,周围的人都笑喷了,我们也毫不客气地跟着大家一起乐。这个时候,我们把恶作剧推向了高潮,可怜的古尔德都快要气晕了。

'扬起帆吧哥们儿们,上板!'克鲁杰命令。游艇又开始工作,在瞠目结舌的古尔德面前十英尺内飚过,我们大笑着向他挥手告别,奉劝他回家洗个热水澡。

他马上明白了怎么回事儿,知道我们在拿他开玩笑,脸色变得很难看。但火车已经进站了,乘客们都开始上车,古尔德爬了上来,厚重的黑衣服压在他的胸口。列车员喊'上车啦!',车厢也已经开始移动。他在两位制动司机的拉拽下跑过沙石地来到站台,大家透过窗户都在笑话他。我们最后一眼看到他的时候,火车已经驶入了隧道。他一侧一位铁路工作人员架着,想要把湿漉漉的腿套进裤子,火车从他身边呼啸驶过。"

"他有没有还给克鲁杰先生那两先令呢?"我问。

"还还钱呢!"他停了一会儿,眼中泛起了一丝回忆,然后摇摇头,有点事不关己的态度说:

"您呐——还是——不了解——杰伊——古尔德。"

我把这则故事寄送到尤金·克鲁格先生的家中,利文斯顿大街1211号,问他是不是属实。克鲁格回答说:"真不知道是谁把这些细节都告诉您的,当时一起参与这件事里的人基本上都不在了。但不管您是从哪儿知道的这件事,反正是千真万确。当时我们都觉得很好玩,但是这么些日子都过去了,这事情还多少让我们有点后悔吧。"

古尔德成功将巴尔的摩和俄亥俄电报公司合并进入西部联盟,成为世界上电报业的垄断巨头,无人匹敌。国会会不会创立政府电报抑制过高利润率,仍有待观察。西部联盟的确降低了利润率,但是不过是古尔德的安抚手段,想告诉世人政府电报并不必要,只要国会注意力转移,利润率必定还会上升。

虽然我并不认为政府应该处西部联盟以极刑，然后估价收购，但是我觉得，国会应该做一些对整个国家的电报体系监督保护的事情。国家应该以一个监管者——而不是拥有者——的立场出现，小心自身发展成垄断。

秋末冬初，古尔德来到欧洲，名义上是舒活舒活筋骨，调节调节情绪，但他有自己的秘密计划，虽然还没有露出风声，不过已经成了华尔街大亨们茶余饭后的话题了。他们还传着一则轶闻：古尔德将名片递给罗斯柴尔德家族中的一员时，后者让信使告诉古尔德：欧洲可不是挂牌销售的。

他三月底回国，却发现手下的铁路已经有些处于瘫痪状态，密苏里太平洋系统尤甚。

古尔德的一生多姿多彩，但是很遗憾，虽然我已经为他腾出了这么大的篇幅，还是漏掉了很多有趣的故事，现在不好意思，我不能再说下去了，至少在这本书中，先得搁下这个话题了。

第二十五章
Chapter 25

基恩的华尔街生涯

在加利福尼亚以一名经纪人做起。——在煤矿股票上的幸运投资，让他成了一名百万富翁。——和“黄金之王”交手。——赚到了四百万美元，打算去欧洲，并留在了华尔街，和“忽悠”人的古尔德结成合作伙伴。——斯洛弗放古尔德的鸽子。——基恩单枪匹马赚到九百万。——他开始无限制投机。——突然遭遇逆境，陷入谷底。——古尔德和卡马克引导的看跌运动让基恩损失七百万美元。——他想尽一切办法想要收回损失，却损失一千三百万。——慷慨的贷款，以及和萨姆·沃德之间的友谊。

华尔街事业起伏最大的人物中，就包括詹姆士·基恩（James R. Keene）。他的崛起及陨落都发生在不久之前。

基恩的父母都是英国人，他出生在伦敦，现在大约48岁。17岁来到美国，住在南方，学习法律。1853年，他搬到旧金山，因为接了几个煤矿的案子作为法庭练习，于是对煤矿事务非常了解。我听说他还在西部的一家报社待过。来到加利福尼亚之后，他不久就迷上了投机，放弃了法律和传媒事业，成了一名经纪人。

基恩奋斗了一段时间，才解决了温饱问题，在大西部的恶劣生存环境中，健康也受到了影响。他的医生告诉他必须要停止工作，建议他去海边度假,有利于他长寿。他接受了建议,打算去东部旅行。这是他的健康和财富的转折点。

离开前,有人让基恩为煤矿股票投资几百美元,当时股价非常低。因为旅途很长,而且环境中换了,他几乎忘记了这笔投资,而且那个时候东西部信息传达非常慢,他几乎对自己这笔幸运的投资无从得知。如果举个例子说能慢到什么程度呢,比如 1848 年 1 月 19 日西部发现了金子,但是消息可能到 12 月才能到达东部,而且还是在总统的年度致辞中宣布,然后全国大举欢庆。阿尔弗雷德·罗宾逊和二十多名同伴是首批前往新“金山”的人们。

詹姆士·R·基恩(1838—1913),华尔街股票经纪人,赛马养殖和经销商。

一年过后,基恩归来,煤矿股价大幅跃进,其中就包括他投资的那一只。煤矿名副其实是一座宝库,买股票的时候他只花了几百美元,现在却已经价值 200,000 美元之多。

如果基恩的健康没有出现问题,不需要离开投机场休养一段时间,可能基恩在赚到几千块钱之后就把这只股票抛掉了。

这对一位穷小子来说,是无比幸运的事情,换做一般人,可能就开始过上了享乐的日子。但基恩却渴望更大的成功,于是更加勤奋地努力工作。

当时全国上下都陷入了投机狂潮。许多餐厅招待和家庭女仆都在一夜之间成了百万富翁。而基恩也在董事会谋得一席,开始着手这笔巨大的生意。

当时弗拉德、麦凯伊、费尔和奥布莱恩都是非常有名的投机商。投机热迅速在东部海岸散播,影响到了整个美国大陆。基恩接下来的投资也像第一次生意一样,获得了巨大的成功,甚至比第一次利润还要丰厚。

在康斯托克煤矿一夜暴富后,他像丹尼尔·德鲁一样,很自然地就觉得,股价爬得太高太快,肯定会跌。当时在东岸很少有人能够这样理性地思考,而“卖空”也需要非同寻常的思绪。然而,基恩却敢于猜测,向市场发出了猛击。

他随时可能发生不测,因为加利福尼亚银行在背后撑腰的财团把他视为敌人,要竭尽所能把他击垮。尽管他们花了很大的工夫,但市场却开始倾向基恩。过了没多久,股价就开始跌落,甚至比之前攀高的趋势还要迅猛。基恩通过这次股市猛跌赚到了几百万年美元。他将 250 万美元投资到贝尔彻和克朗波恩特煤矿,另外还有一百多万投资了俄斐煤矿。

就这样,几年的时间内,这位穷律师、小记者、场外交易经纪人和病秧子就拥有了几百万美元的资产,他的名字充满了投机传奇的色彩,他的致富故事也传遍了美国大陆的所有的城市、城镇和矿井。

泡沫爆破时,加利福尼亚银行破产,罗尔斯顿行长假装在太平洋中游泳时自杀,但基恩的投资方向仍旧正确。

1877 年,基恩开始在欧洲旅行,休养身体,期间给华尔街打了个电话,看看那儿的生意进展如何。他发现投机的魅力不可抵挡。穆罕默德来到了山中,受到了山中神力的牵引。

虽然在加利福尼亚州基恩非常成功,但到了华尔街,他还有很多需要学习。他没多久就意识到,加利福尼亚的那套手段在这儿行不通。他开始“卖空”,但发现自己的看跌魔杖不像在旧金山那样管用。他卖出一万股看跌投资,股票却没有像他预期的那样暴跌,而是只有很小下滑,而市场也马上对此作出反应。基恩马上就认识到,他这是白费功夫,于是不再挥霍从加利福尼亚淘来的金子。

基恩和古尔德于是成立了资产池,想拉西部联盟下马。基恩和斯洛弗上将大笔卖出股票,但却被某些不为人知的集团神速买下。他们都怀疑,古尔德使者幕后的邪恶主使。斯洛弗对此事进行了详细调查,证实了自己的怀疑,于是开始暴力地采取行动。

一天早上,上将和基恩在股票交易市场新街的后门碰头,两个人交换了下情报,就好像比尔·奈伊和他的同伴在桌牌上同中国人传话一样。斯洛弗眼睛充着血走下街,在新街和交易市场的拐角处见到了古尔德,抓住他的衣领和裤子就溜进了一家理发店。

这个小个子男人马上挣脱开,悄悄回到办公室敲定交易,让斯洛弗损失了15,000美元之多。这就是他的复仇方式。

基恩接下来投资大西洋和太平洋电报公司的资金池,再次交到好运。很多人都认为他在这笔交易中输得很惨,但我可以肯定,他又取得了成功。这笔和古尔德在西部联盟的交易中,两人共净赚1,300,000美元。很多人都觉得是古尔德把基恩"骗"进了资产池,但是事实说明了一切。

基恩环顾了一下投机领域,发现自从1873年恐慌以来,就有大面积的贬值。他恰好赶上了好时机。有400万美元储备,最开始的一些损失都不痛不痒,让他有个正常的开端。

基恩正是华尔街当时需要的转动投机车轮的新鲜动力。他了解了一下股票交易市场上的几只主要股票,学得非常快。当时股价都因为恐慌下跌,基恩觉得这些股票实际上也不值几个钱,就大量买入。过了没多久就迎来了转机,投机马上进入高潮,1879~1880年除了几次小波动之外,价格都在最高峰徘徊。

这次盈利很大,具体数据可以从本书后的数据表中查询。

基恩的投资翻了两三番。他觉得自己好像是现世版的克罗伊斯王。

他从加利福尼亚带来400万美元,现在又增加了整整900万美元。他被埋在了金山里,成了从缅因到加利福尼亚所有人的聚焦点,名声甚至传到了欧洲。

面对基恩前所未有的成功,古尔德和其他老投机家们开始妒忌。甚至基督山和丹尼尔·德鲁所有的贪婪加在一起,也无法作出基恩这样美梦,而在他的手下,梦想照进现实。他几乎投资证券没有失手,也没有什么文件承兑或者铁路事故打搅他的横财,这无论从规模还是速度上,都是华尔街独一无二的。

投机史上,还没有人能在如此短的时间里积攒起这样惊人的财富。但是很遗憾,神奇就这样画上了句号。

尽管还保留着对股票的浓厚兴趣,基恩却开始涉足各种圈子。他被接二连三的成功冲昏了头脑,认为失败是天方夜谭,自己是投机真命天子,就好像拿破仑觉得自己是战争之神一样。他开始投机能见到的一切事物——小麦,猪油,鸦片和快马。

基恩开始投机国内的所有谷物,却彻底失败。福克斯豪尔在巴黎汽车大奖赛上夺魁的那一周,他就在投机竞赛中被西部的农民击垮。西部的农民比他 1300 万美元购买的那些小麦早送到市场中。

突然间,失败的潮水涌来。卡马克马上意识到,基恩正在扩大自己的业务范围,他找到古尔德,觉得这个加利福尼亚佬肯定会把一些企业搁在无人看管的位置。他又不是千手观音,什么都顾得过来。两位看跌大亨联起手来激发起市场的兴趣,每天都给自己带来新帮手。他们不屈不挠的努力开始产生了结果,看起来马上就能取得胜利。市场上看跌人士日益增加,而看涨人士却不见了踪影,剩下的几个也都在抓狂。

银行家们开始害怕了。经纪人们兴奋起来,希望赚到更多的钱。因为看跌,贷款被收回,萧条时期机制得以实行,价格成了碎片。一些曾被认为在长期内必然稳固的资产,也受到了无情的打击,很多都已经体无完肤。实际上,这是一场恐慌。这次事件中,许多经纪人都卖出了基恩的股票。他的小麦也赔钱大批出售,财富迅速缩水,比他聚集金钱时还要迅猛。

当时,据说他损失高达 700 万美元。

基恩想要逆转,却雪上加霜。灾难接踵而至,他也开始绝望地想要捞回一些金钱,却越陷越深,直到最后,为了得回一点儿失去的财产,他把自己的资本全部填进了黑洞。

基恩失败过后,华尔街向他投来同情的目光,因为华尔街很少能有这样慷慨的人。不仅是在这个时代,甚至翻阅华尔街历史,慈善如基恩者也不多见。自从本世纪初,一些经纪人们在小无花果树对面的养老金咖啡屋会面以来,就没有人能够像詹姆士·基恩一样,在财富如山的时候,能够如此大方。

很多人靠着他的慷慨和生意养肥了自己。至少二十位左右的华尔街经纪人都是白手起家,靠着基恩的佣金成了富人。他们中有不少都是凭一张小办公桌和几张椅子,和这位加利福尼亚百万富翁做生意,现在已经过上了奢华的生活。但这位百万富翁却相对说来陷入了穷困的局面,靠妻子的微薄赞助生活。

基恩开始一无所有,一度身价1300万,但又回到了起点。

如果将基恩做过的善事一一道来,恐怕又得写上一本书,虽然我很崇敬他,也不能给他这么多的笔墨。

那么,我们就在这里讲一件他慷慨的故事,他本身就是一位在社会上颇受欢迎的人。

基恩来到华尔街之前很早一段时间,萨姆·沃德(Sam Ward)是华尔街和华盛顿的一位重要人物,在欧洲也得到了社会上的认可。

这位先生刚开始之所以出名,是因为他娶了阿斯特小姐。

沃德一直在变换身份,直到最后在华盛顿定居,成了一名游说家。

基恩开始一无所有,一度身价1300万,但又回到了起点。

基恩通过跟大多数纽约投资商站在相反的立场上,得到了400万美元,他带着这笔钱来到纽约,却赶上了价值空前缩水,钱财付诸东流。这次价值缩水始于1873年恐慌,情况愈发糟糕,直到1878年才结束。在许多情况下,财产都成了严重的障碍,许多人都乐于推卸持股的责任,只需能够抵押贷款即可。大家都觉得自己很穷,而除了几位幸运儿,也的确如此。

基恩来到时,正赶上了投资的幸运时刻。股票跟石头一样便宜。他萌生了浓厚的兴趣,在纽约也像在旧金山一样,如饥似渴。

他不仅得到了财富之神的眷顾,而且在这个民主社会中也颇受青睐。

基恩在华尔街上最先认识的朋友中,就包括在社会上颇有地位的萨姆·沃德,他马上就认识到了基恩的社会价值——不过并不是通过他的现金,而是通过他可观的债权,实际上也是财富的代表。他了解得越清楚,就同基恩的关系越硬朗,基恩也觉得,沃德就是圣经上兄弟之爱的完美诠释:“好友胜过亲兄弟。”

但凡基恩出现,即便他看起来好像是一个人,但我们都敢打包票,沃德马上就会随来。

传言塞内卡在发现房子倒塌的时候,周围没有人,他就问:“屋里的女人呢?”基恩的身影,完全就让人联想到他的这位追随者。

不管是在商业区还是住宅区,不管是在纽波特、伦敦、德比,还是在巴黎汽车大奖赛上,只要基恩在,沃德马上就会出现,就像《一千零一夜》中,阿拉丁带着他的神灯和魔法戒指踏入人们的视野。

沃德牺牲自我的友谊也得到了基恩的回报。他为自己的“保护者”投资了 50,000 美元稳固的证券,交到托管人的手中,这样沃德就能每年从中得到 3000 美元的养老金。

基恩也给了新结交的朋友不少馈赠,这里有个典型的例子。

一位来自太平洋沿岸的传记作家,在基恩离开加利福尼亚之后不久,为他写了如下文章,联系刚才我讲过的那些事件,读读这个会觉得蛮有意思:

如果要写一部书,记录美国西部海岸线上的股票投资家们,那不写詹姆士·基恩就肯定不完整。他是来自旧金山股票市场上的自由投资商,他敢于在“黄金之王”的地盘上对他们公然反对,而且最后还获得了胜利,满载金银而归。现在,基恩已经不住在这儿了。投资赚了一大笔钱之后,他就去了东部,想把事业发展到欧洲,如果在大西洋沿岸他能够恢复健康,才有可能归来。这样,他就带着全家离开。祝他一路顺风的那些人,希望他几个月把身体恢复了就回来,然后再以新的雄心投入到新的战斗。但他没有回来。纽约比旧金山更让他眷恋。铁路股票,杰伊·古尔德,萨姆·沃德,鲁弗斯·哈奇,朗布兰奇,特雷纳·帕克,纽波特,这些都是对吉姆·基恩的诱惑。他就像上当受骗一样,陷入了纽约之网。有传言称基恩要把自己的总部迁往纽约,于是他在旧金山的朋友们都翻出日历,看“吉姆”什么时候才能回来,开始心烦意乱地找工作。一些对基恩抱有坚定信念的人,了解他的勇气熟悉他的能力的人,明白他的感受的人,看了看日历说:“吉姆走了!再也不会回到我们这种小地方来了。纽约是个大城市,华尔街是大地方——这才是基恩一直想要的舞台。”他们说得对。基恩没有再回来找工作。他和华尔街最聪明的一些投资商交手,而他虽然是新手,却大获全胜。本来应该被推倒的加州佬并没有倒下。甚至杰伊・古尔德这种老谋深算的人物都不得不放弃，范德比尔特有时候也得拉下脸同基恩商量。

很多年之前，基恩在旧金山开始了他的股票投资生涯。最早的时候，他就是那种冲动任性，天不怕地不怕的场外经纪商，为大公司效力，有的时候也为自己获得自由一搏。他越爬越高，从私人公司做到中尉级别，再爬到指挥部，最终已经成了股票市场上的老大。股票市场上，影响最大的莫过于他。他有很多朋友，都对他矢志相随，总是陪伴在他的左右。他对待别人的错误宽容，有时候会有些直率，但心却像棉花一样，特别容易感动，即便是刚刚认识的人，也能张开双臂敞开心扉，难怪吉姆・基恩是市场的理想人物。

大家不知道，罗尔斯顿行长过世之后，基恩在重建加利福尼亚银行的过程中扮演了重要角色。他为联合委员会筹集了大笔资金，劝说威廉・沙龙，米尔斯和布拉德温各捐赠 100 万美元，自己也掏出 100 万。这样，银行才能满足当时的需求，避免了一场危机。

基恩破产时，是一家财团的主席，刚刚购买 25,000,000 耳小麦，如果他能够把握住这些投资不放手，那过不了多久也能有几百万美元进账，但他的资产池里有一两名合伙人开始胆怯，把小麦全部卖出。财团解散，盈利和资金都随之东流。他觉得失败主要是因为报纸导致：他们对这场对小麦操纵的大型“囤积”大肆宣扬，恐吓说这会给人们带来饥荒。

接下来，他又因股票遍体鳞伤。这主要是看跌人士的阴谋，他很是伤心地看到，自己持有了几个月的股票，如果不放手，那就能为他带来 1000 万美元的收入，但是，他却放弃了。

第二十六章
Chapter 26

维拉德和他的投机

著名投机商重返华尔街。——北太平洋公司的著名盲资集团。——维拉德如何将北太平洋公司收至麾下。——采用老范德比尔特的招数。——以票据信用筹集一千二百万美元。——维拉德通过盲资集团成为铁路大亨。——他将自己一无所有的项目发展过亿。——他独特的股票注水方法和乔治·锡尼对比。

在家乡德国休息两年后,亨利·维拉德(Henry Villard)重返华尔街,让大家重新燃起了对这位大胆投资商的兴趣。我印象中,如果不好好勾勒一下这位先生,那大胆的铁路经营就是不完整的,而讲述他的故事,大家也能对叙述"铁路经营方式"章节中的一些恶人有所了解。

维拉德的投机历史从1879开始,1884年结束,故事的高潮,就是著名的北太平洋盲资集团。

在这儿,我不会详尽讲述他一生中的故事,然后让读者自己去发掘。这次不再使用传记式的方法,开门见山就讲一些关于我们主人公的趣事。

收购北太平洋公司的时候,他似乎严格遵守了范德比尔特的方式,只不过最后没能取得圆满成功。而范德比尔特却从未失手。

维拉德是俄勒冈铁路和航运公司的主要代理之一,公司的目的主要是合并俄勒冈轮船航运公司和俄勒冈轮船公司的业务，以及铁路的购买、建造和运营，这一点在公司公告中有清晰描述。俄勒冈铁路和航运公司的线路，从波特兰西部一直延伸到沃卢拉的交界处。

然而由于北太平洋公司要向西部拓展铁路，将终点设在塔科马港，线路价值就受到严重威胁。

北太平洋公司比灵斯总裁拒绝了维拉德的建议，不允许北太平洋越过俄勒冈铁路和航运公司的线路到达太平洋沿岸，双方陷入僵局。

亨利·维拉德（1835—1900），美国记者和金融家，北太平洋铁路公司的早期总裁。

在这一关头，维拉德采取了老范德比尔特的谋略，试图买下足够多的北太平洋股票，以能够控制公司资产。他为此成立了一个盲资集团，最初的成员包括沃利士欧福尔、普尔曼和恩迪克特，以及其他一些财政状况不错的投资商。集团筹集了 8,000,000 美元，购买北太平洋公司的股票。1881 年春，集团仍持续买入，直到夏季中旬，而这个时候，人们发现集团的财政部几乎已经干涸，却没有影响到他们购买北太平洋资产控制权。

维拉德召开了一场会议，解释清楚状况，提议扩大资产范围，增加会员。他告诉人们将来将会有大量的盈利，又成功地吸纳了 12,000,000 名成员。这样，集团在 1881 年 9 月拿到了铁路的控制权，维拉德当选北太平洋公司的总裁。

通过这一盲资公司，维拉德迅速发展为铁路大亨，在公众看来，就好像朱庇特的脑中奇迹般地突然诞生了密涅瓦。

北太平洋公司的股价飞速上升，维拉德及其朋友也以史无前例的速度迅速聚敛了几百万美元。维拉德看起来已经实现了基督山的财富梦想,在很短的时间里,就与古尔德、范德比尔特和亨廷顿分庭抗礼。

他继续建造北太平洋公司的铁路,得到控股权后两年,铁路完工。辉煌成功后,他又开始进行其他投资。他的个人开销也开始变得奢侈,虽然之前生活一度简朴,但是现在,他在麦迪逊大街和第十五大街上修建了一套豪宅。

然而,进入了财富的巅峰时,他却突然感到尴尬,铁路建造的消费结算下来,发现自己的估计大错特错。在某些地方有20,000,000美元的误算。维拉德解释,工程师估计修建铁路需要20,000,000美元,然而真正的开销却高达40,000,000美元。

关于盲资集团筹集的20,000,000美元,筹资者得到了俄勒冈和越大陆公司的股票。这一家公司是为北太平洋公司的分支线路而建,因为北太平洋公司不能建造这样的路线。

这就是维拉德从执掌俄勒冈和加利福尼亚铁路公司,到他悲惨倒下这段时间的投机史。他盯上北太平洋公司之前,有些故事还是颇为有意思的。他惯用给股票掺水的伎俩,估计在这么重要的铁路部门,在这方面能跟他匹敌的只有乔治·锡尼。他获得俄勒冈轮船航运公司和俄勒冈轮船公司的故事,就充分说明了他这方面的出色能力。维拉德提议买下这两家公司的时候根本没有钱,但却对自己的能力非常有信心。他要求这两家公司都向他提供一次机会,以100,000美元经营一年。两家公司都答应了,维拉德马上就咨询了许多资本家,共同商讨后,认为应该将两家公司合并。公司成立的时候虽然名声很大,却没有任何资产,没什么希望。当时集团中有:亨利·维拉德,詹姆士·弗莱,阿泰米·霍姆斯,克里斯蒂安·博斯,斯达巴克和查尔斯·布拉泽顿,他们都是来自纽约市或纽约州,还有来自俄勒冈波特兰科比特,刘易斯,多尔夫,保罗·舒尔茨和迪尔森。名目上公司资产有600万美元,分成60,000股。1879年6月,协议达成。

重组过后,下面需要解决的问题就是如何筹集资金使公司运转。

在维拉德的管理之下,董事会成功应对。重组过后几天,他们在波特兰召开会议,向纽约农民贷借信托公司借出了一笔抵押贷款,以之签发了6000只1000美元的债券,1879年7月1日之后30年内偿清,利率为6%。

接下来，维拉德向组建的公司支付了 100,000 美元的奖金，他则拿了期权、股票和债券来到东部对证券进行商谈。据说他将这些票据给了杰伊·古尔德，古尔德却置之不理，觉得这项目持久不了，而又不想跟北太平洋公司纠缠。维拉德去波士顿找恩迪克特，还有乔治·普尔曼等人的时候则幸运得多，他们对公司表现得很有兴趣。

两家公司合并成新公司的证券这个时候还不敢向市场推出，直到次年 3 月才可购买。

重组结束后，俄勒冈铁路和航运公司的显性资产不超过 3,500,000 美元，而债务累计则达到了 21,000,000 美元。组成如下：

原始股票	6,000,000 美元
掺水	3,000,000 美元
掺水	6,000,000 美元
抵押债券	6,000,000 美元

由这里我们可以看到，每一美元的资产就要担负 7 美元的债务，股票的本质价值也是 -20%。换言之，买这样的股票就是干赔 20%。

尽管如此，维拉德还是把股票在交易市场上市，通过一篇精心准备的报告，将股票能够获得的盈利吹到了天上，股价上涨到 200 美元。股价攀升到这样的高峰时，9,000,000 美元的掺水股票也被投入，防止股票头重脚轻。

这次初步掺水成功过后，维拉德接着在更大的规模上对北太平洋公司进行操纵，我们在本章节刚开始的时候已经提到过。值得一说的是，在某些方面维拉德比锡尼要更强。之前我已经告诉大家，锡尼在重组过程中，以及在公司上市之前，都大量地为股票掺水。

维拉德则通过一开始就使用锡尼的方法，并且在股票通胀到快要爆破的地步之后大幅稀释，对程序进行了改善。

可能翻阅整个铁路投机史，再找不到谁，能够用这样少的实际资产，成功获取稳固的资本。

1879 年，他白手起家，一年中就通过各种巧妙的方法在铁路证券上获得了 3,500,00 美元的资产。他将此作为投资基础，5 年就得到了价值共计 1,000,000,000美元资产的临时控股权。

第二十七章
Chapter 27

费迪南德·沃德

诈骗之王的特别力量和方法。——他如何把各种各样的精明商人骗得团团转，还获得重要政界人士和银行官员的支持，攫取了几百万美元。——现代最高明的骗子。——揭露格兰特将军一家受骗的真相。

如果对格兰特—沃德公司的费迪南德·沃德（Ferdinand Ward）在1884年恐慌中扮演的角色作出公正的评价，我只能说，如果连同他们的理念及执行方式考虑，沃德的方法就是一场心理战。他欺骗了几位财经和社交圈里的名人，让别人对他深信不疑，却受到了他的欺骗，听信了他的谎言。

他很有魅力，行为也似乎很谦逊。他擅长演戏，特别能说服人，从不表现出什么私心。他受过良好的教育，在社会上如鱼得水，能够让受害者们相信，自己只是为这些人谋福祉。

沃德通过在他们身上锻炼欺骗技巧，成功地将几百万美元揽为己所用。有些最富裕的金融家都掉进了他的陷阱，因为沃德一直向他们承诺投资会有高利润和丰厚的盈利。

沃德会对一些在银行中存有大笔资金，却不能进行满意投资的人们的姓名和所处环境进行查明。然后做手脚让他们从银行中提钱，通过他投资让自己鼓吹成盈利丰厚的“政府合约”，但这些合约本质很脆弱，需要在操纵时保守秘密。这样的情况下,他自然就不能对企业的细节问题进行解释,不过如果投资商的盈利能够通过稳定的投资得到保障,他们也不需要知道这些细节。只要能赚到一大笔钱,对他们就足够了。

至于沃德怎么忽悠人的,我举个在他那里存了50,000美元的先生的例子说明。他完全听信了沃德的言辞,决定就投资试试。

他要去趟欧洲,于是就把自己的一部分财产交予沃德保管,让沃德在他不在的时间里用自己的方式投资,尽量多赚钱。

过了半年,先生从欧洲归来,走进格兰特—沃德公司办公室,看看他的投资怎么样了。他见到了沃德,于是就谈起此事。

这位金融界的拿破仑一眼就认出了自己的客户——他对面容过目不忘——但是因为投机工作太急,他忘了这位先生是什么情况,直到查看记录才想起来。他进了办公室,过了几分钟出来告诉这位先生,他的50,000美元在沃德的管理下,收益不错,还非常高兴地交给他一张250,000美元的支票——这是投资扣去佣金的数目。

这位先生被震撼了,他从来没想到会有这么大的收益,完全上了钩。这样的投机金矿他从来没有想到过,不知道会有这么大的收益,他彻夜未眠,一直都在想,如果这250,000美元的盈利也能这样翻番,那该有多好。

人们不怎么需要数学知识,就能算明白,如果按照这样的方法继续投资,过上一年半载,他就能成为百万富翁,刚开始那笔投资本金就完全不足挂齿。如果三次这样投资,他就可以不用看别人的眼色,拥有千百万美元的财产,而这也不是不可能。

于是这位幸运的投机商满脑子都是这样的想法,早饭过后,他就直接搭乘高架铁路火车,营业时间还没到就走进了沃德的办公室。沃德来到时,和蔼微笑地迎接了客户,礼貌地接过支票,在笔记本上做了记录。

这次,他没过多久就知道了投资结果。当时离1884年5月12号就差几天,而这一天在华尔街,格兰特—沃德公司和海丰银行都率先遭遇了恐慌。第二次投资没有第一次成功,于是唯一的影响就是这次倒霉的恐慌,当然了,沃德先生可以告诉客户,自己跟这恐慌没有关系。

于是,一个金融问题就浮出了水面。如没有沃德—费奇—伊诺公司,这次恐慌会发生吗？无论如何，有件事情非常清楚：沃德一定有控制金融局面的能力。那些被视为各种投机方式专家的老金融家们，知道如何得到好的价钱，但在才智上却无法胜过沃德，完全不知所措，而让沃德再次成功坑蒙拐骗。

沃德似乎能够阅读对方的思想。他把250,000美元的支票交给那位先生时，就知道他还会回来，钱要是就搁在他的口袋里肯定搁不住，早晚都会再找到他。无疑，这不是沃德经历的头一回了。他早就熟手，他算计的这些人，跟保险公司的死亡表一样清楚。费迪南德的方法不存在盲点。他按照规定办事，精打细算，他成功后，大家也就发现，他根本没有白费工夫。

沃德一眼就能看出来谁能上钩，而且能够把握住时机将猎物抓到手中。他的处理方式也是有的放矢。比如他就是能看出来这位先生不会做任何其他形式的投资，就算投资基本上也不会找沃德以外的其他人，因为他再也找不到能够像沃德一样帮他获得这样丰厚利润的经纪人。

丰厚盈利的这个念头，如果仔细推敲，疑点也会让人窒息。

沃德似是而非的谎言，似乎连人们最顽固的怀疑都能打消。因此，完全对商业手段不了解，从未有过投机经历的人们，很容易就落入了沃德的魔爪，信服这场骗局的方式和诱人计划，不足为奇。

他的游说能力已经高到了一定的境界，不仅能够筹集到他需要的资本，还让许多著名的金融人士都成了他的活广告，一见人就推销他的垃圾计划，尽其所能招揽客户，却浑然不觉自己一直是这个诈骗项目的帮凶。实际上，他们是出于对沃德作为经纪人和慈善家的感激之情，才会心甘情愿地给别人诱饵，他们的动机毫无私念。

就连格兰特将军和他的儿子们也这样成为了沃德大骗局的受害者。

有人可能会谴责格兰特将军，觉得这位英明一世的战士没能识破骗局，但面对费迪南德·沃德的高超金融技巧，格兰特将军的智慧完全不足挂齿。

费奇和沃德这场心理战中很重要的一点，就是要让颇具名望的人们为他们事业的真实性作担保。这样他们就能巩固扩大信誉。所以，他们才会骗来格兰特将军签署著名的2号信件，由费奇签收，主题是批评和评论。以下是信件的副本：

华尔街2号6室

纽约

1882年7月6日

亲爱的费奇先生:——关于您为格兰特—沃德公司提出的贴现问题,我的观点是这笔投资十分安全,同意沃德先生以我的名义和影响力为公司创造盈利。

您真诚的

格兰特

这是格兰特对海丰银行行长费奇先生的一封回执,说他已经就格兰特—沃德公司的200,000美元票据进行了谈判。他解释道:“这些票据就我看来,是为了履行政府合约而对支付谷物等筹集资金。”

关于格兰特将军签署这封信,他的顾问们指出,不过是“商业活动中的正常书信交流”,格兰特将军相信沃德和费奇,跟一般人对别人信任一样,不足以怪。

然而,这封信由沃德在费奇先生的指点下代笔,格兰特将军不过是签上了名字。

7月31日,在接受《纽约世界》记者采访时,沃德披露了签字过程:

记者问:“对于那一封关于政府合约写给费奇先生,格兰特将军签字的信,您了解吗?”

“当然,”沃德马上回答,“初稿是我写的。这是费奇的意思,他让我写,告诉我应该写什么。他在让格兰特—沃德公司的票据贴现时遇到了一点困难。他想要给技工银行(Mechanic's Bank)行长考克斯先生等人展示,自己从什么渠道得到的资金。合约是件大事儿,他说如果格兰特将军能承认自己对这些合约了解,对付他们就容易多了。我还清楚地记得当时起草的情形。费奇先生随后自己做了一些修改。当时用的是正好在办公室手边的纸,改完过后他给了我,我就给了我们的出纳员斯宾塞抄写一份。我不记得把那张草稿放在什么地方了。不过破产之后,我就明白,如果这张纸还在,就能证明费奇在得到格兰特将军签名之前就对情况全部了解。我给格兰特将军的文件,他总是不看内容就签。这次我让他签字的时候,他也没有提出什么疑问。我很清楚费奇要这个干什么,因为他告诉过我,我也很确信考克斯那些其他借钱的人必定会看到这封信。”

第二十八章
Chapter 28

亨利·史密斯

史密斯先生如何起家，成为一名成功的投资商。——他和特威德集团的关系，以及他的著名的“老板”如何利用纽约基金，制造资金市场的紧张态势，投资交到好运。——和范德比尔特合伙建造资金池，险些葬身其中。——受到沃利士欧福尔说教，转为看跌，再度盈利，但因持续看跌，毁了自己，还把威廉·希斯拉下了水。

之前我已经介绍过亨利·史密斯(Henry N. Smith)：史密斯—古尔德—马丁公司的成员之一。但是我认为，他在投机方面也是非常重要的一位人物，所以有必要单独列出一个章节。

他生于水牛城，来华尔街之前在曾在那里做生意。大家都知道，有个来自水牛城的年轻人，就是他了。那个时候他看起来很像西伯来人，头发是那种略带红色的金色，留着褐色的络腮胡子，眼睛炯炯有神，看起来很自信。他在水牛城赚了一些钱，在华尔街的第一笔投资非常幸运，1864 年恐慌中，成了为数不多几位赚钱的商人。史密斯为人大胆，也聚敛了可观的财富。但凡自己做决定，他交易总是会很成功。他经历的第一次灾难，就是 1873 年的恐慌。此前他还在范德比尔特的麾下，被安排进西部联盟公司，当年秋天的损失几乎把他整个毁掉。他丢掉了所有的财产，除了纽约的房子和一家农场,一无所有。

他没有丧失勇气,而是重整旗鼓,马上又成为华尔街的一条好汉。尽管在投机界经历起起伏伏,品味了各种恐慌,但他还是在市场上领衔多年,成为一名相对富裕的成功投资商。

在他的各种项目中,也经常会讨好那些富商,他的信誉也因此比他实质上应得的要好出许多。

多年前他旅欧归来,遇见范德比尔特(W. K. Vanderbilt),两人开始讨论市场的未来。范德比尔特之前一直看涨,于是他们联手操作牛市。结果范德比尔特亏损了几百万美元,差点输光了父亲留给他的遗产。这笔交易对史密斯来说,也是一场灾难。

大败过后一天,他去郎布兰奇的时候碰到了现在已经过世的沃利士欧福尔先生,他认为股市会大跌,而当时史密斯和范德比尔特还仍旧看涨。沃利士欧福尔成功说服史密斯改变立场——最好把投资全盘清空,和他一起看空。

史密斯听后很受感动,很钦佩他的真挚和人格。

沃利士欧福尔还用自己的成功事迹加以论证,振振有词,滴水不漏。听完一席话,史密斯马上就打起了精神,满脑子都是看空,就听从了沃利士欧福尔的观点,觉得自己现在的想法完全不会错。他眼前看到的全是灾难,下定决心要跟随这位熊市领袖。

史密斯对沃利士欧福尔的信任,让人想到伊格内修斯·罗约拉对当时主教的忠诚。这位著名的耶稣会信徒说:"如果教皇命令我划船,带着很多人到海上,就算当时正挂着大风,我也会不假思索地服从。"

这样形容史密斯对沃利士欧福尔言听计从,毫不夸张。没有在华尔街有所经历的人们,几乎无法想象,人们在认准了牛市或者熊市后,会表现出怎么样的疯狂——而且,熊市尤甚。

他的感觉什么都说明不了,其他的人的感觉更没有任何意义,不过是在特定的情况下,开始执着地看涨或看跌。他在股票市场上说话非常神道,说话时狗都不许叫。

就我所知,这样的自负和狂热,毁掉了上百人。它可以传染,而史密斯已经病入膏肓,症状甚至比传染源沃利士欧福尔还要严重,这就是这种金融疾病的典型特点。

史密斯和沃利士欧福尔一样,每次进军市场都全力以赴。1885 年夏,他坚持每次价格出现反弹时都要努力打击。自己的钱花光了,就开始从威廉·希斯公司(Wm. Heath & Co)不停借债,直到这家知名公司可利用的替代保证金资源几乎全部流失,因为投机价格持续高潮,而被市场扫地出门。

这样,史密斯因为跟随熊市狂潮,蒙受了彻底的损失,输光了自己的家底,还欠下威廉·希斯公司 100 万美元,他因此破产,也导致了几家小公司倒闭。

史密斯在股票交易市场管理委员会面前要求延长自己在席的时间,说:"1885 年 1 月 1 日,我只有 1,400,000 美元,1,100,000 美元现金,300,000 美元房地产。一年后,我损失掉了所有的金钱,负债 1,200,000 美元,其中有 100 万是欠威廉·希斯公司。"

许多人都觉得史密斯从一家公司中得到这样的巨资,非常不可思议。不论是当时,还是现在,我都认为,亨利·史密斯对老希斯的吸引力,才是一切祸患的源起。

希斯身体不好,就总是把公司事务留给麦坎利斯处理,他是公司中首席办事员兼总经理,希斯先生的指令通过他能够得到严格执行。

希斯身心疲惫,而史密斯的头脑这个时候看起来更清晰,所以他就听从史密斯的意见。

在华尔街的大型事务中,需要有人能够坚决地说出"不",坚持自己的观点。而要做到这一点,则必须要有强健的体魄。

能坚决反对,就必须身体好,而对华尔街的经纪人来说,要想成功,必须能在适宜的场合做到这一点。精神萎靡,或是身体虚弱,不能明确反对,就可能带来金融上的崩溃,威廉·希斯公司就是活生生的例子。

特威德集团掌控股市时,亨利·尼尔森·史密斯曾多次成功投机:纽约许多属于这一集团的银行家,为他提供了操控市场所需要的便利。

威廉·马西·特威德暗中掌握纽约市政府权力的那段时间,股票市场起起伏伏。其中很大一部分原因都是特威德所致。他和他的左右手们,牵着市政厅的木偶线,而华尔街附近经纪人办公室中的几个木偶,也就按照市政厅老大的意愿行事。

特威德有三句口头禅很有名:一句是,“想拥有权力,就夺取权力。”还有两句是,“他是人啊。”“您还能怎么样?”他掌握了纽约的基金和存款账户,还有他在任集团一把手时通过立法部门特许组织的金融机构。

这些基金按照特威德的方式管理,资金市场随时都有可能发生紧张状况。当时,活期的城市基金有600万到800万美元,都存在“老板”的银行中。表面上由司库管理,实际上却尽在特威德掌控。

亨利·史密斯及其集团中的一切其他比较有名望的成员都会从这些银行中提款,流通货币自然减少,资金市场就会遭遇突然紧缩,股市接着出现裂缝,可能因为缺乏准备,对特威德集团外的一些经纪人、商业公司和其他金融机构造成灾难性的影响。

一次,史密斯乘车去第十国民银行提4,100,000美元。他把钱拿回家后锁起来搁了好几天。同时,特威德及其同伴动用他们的影响力,从流通中抽出一大笔钱,造成约2000万美元资金冻结,当时这足以让资金市场出现困难,让华尔街的投资商头疼,这是一股无良商人结合而成的强劲力量。当时史密斯觉得自己的身价至少500万美元。1873年恐慌中,他损失了大部分的资金,大部分都是因为在西部联盟股票投资中,受到范德比尔特陷害。

至于史密斯先生在黑色星期五大型投机中扮演的角色,我在前面章节中已经有过详细描述。

另外一章中,我也简要地回顾了特威德集团在投机政治中的手段,以及他们怎样大胆将国库为纽约所控。

第二十九章
Chapter 29

查尔斯·沃利士欧福尔

查尔斯·沃利士欧福尔的事业生涯，以及对后代的影响。——华尔街熊市领袖的特别力量。——他的投机方式与其他价值破坏者之比较。——他做生意上俾斯麦式的侵略性。——他对维拉德公司的大规模攻击及其结果。——对忠实朋友的慷慨。

随着查尔斯·沃利士欧福尔(Charles F. Woerishoffer)去世，华尔街失去了史上最重要的一位人物。1886 年 5 月 9 日，沃利士欧福尔与世长辞，他这一生，值得世界各地学习投机的人仔细玩味。只要下定决心，投身事业，努力工作，力求完美，都能够取得像他一样的成就。沃利士欧福尔的品质，大部分的男人都不曾拥有，女人更不会具备。他有一种气质，能让人们相信他即将施行的计划一定会成功：他有组织的能力——这种伟人的品质。俾斯麦，格莱斯敦，拿破仑，格兰特——到华尔街上的——古尔德，丹尼尔·德鲁，老雅各布·利特尔和范德比尔特父子，尤其是极富侵略性的海军准将，这些都是非常典型的例子。

有人说，沃利士欧福尔是幸运的。的确如此。他有把握机会的天赋，天生就能将环境和自己的做事目的联系起来，能够引导他所参与的行动而不是随波逐流。他是华尔街熊市的引领者——最起码在辉煌年代是如此。无疑,沃利士欧福尔因为在商业活动中精神压力过大,才少活了些时日。为他书写传记的人们说,他在交易中能够如此大胆,是因为他为人大意,脑子不会盘算,不过这么说可就错了。我觉得沃利士欧福尔如果没有仔细进行权衡,绝不会贸然投机;他的伟大成功,要归功于他的精打细算,和商业环境的自然发展——而对于这一点,沃利士欧福尔则是个虚心好学的学生。

从很大程度上讲,沃利士欧福尔的商业理念打破了旧观念。作为经纪人,商人,股票投资家,他"不信天不信地",他相信人会失败,不相信以国家利益为目的建立的各种公司企业。对于这一点,还有一种说法,而这也是我们这一章节主人公一生的写照:沃利士欧福尔通过对拥有创业精神的美国人进行仔细分析,认为大部分美国人都会失败,假以时日,第一批美国企业将会走入阴霾。他用商业的眼光看到并且了解了标志美国飞速发展的铁路项目,认为随着发展,这些膨胀过的想法必然会遭遇障碍,铁路的盈利能力不能达到人们的预期。因此他从一开始就卖出了股票,和他的跟随者一起收获盈利。沃利士欧福尔从来没有像古尔德和亨利·史密斯一样,醉心耍手腕。他有着德国人的观念,不加选择地攻击,有时会赔钱,有时也会赚钱,用他的冲劲和耐力继续他的事业。

只要下定决心,投身事业,努力工作,力求完美,都能够取得像他一样的成就。

毫无疑问,这样人物的成功事迹,对后来的追随者是一种毒害。此后,不管美国的商业发展多么蓬勃,总会有人就是相信国家一些利益会毁灭,追根溯源就是查尔斯·沃利士欧福尔曾因不相信发展,无视这个给他一席之地的国家的各种繁荣,却发了大财。

突然崛起,有坚定的目标快速攀升,恪守商业准则,沃利士欧福尔是个完美的例子。他生于德国,华尔街生涯始于奥古斯特·吕腾(August Rutten)——也就是后来吕腾—邦德公司(Rutten & Bond)——的办公室,做出纳员。1867年他离开公司,加盟克林更菲尔特(M. C. Klingenfeldt)的集团。1868年,巴奇—舒策公司(Budge, Schutze & Co.)的巴奇先生在股票交易市场中为他购置了一个席位。进入董事会后不久,他就认识了著名冯霍尔曼银行(L. Von Hoffman & Co.)的普拉特先生。公司将大笔订单的执行权交给了沃利士欧福尔，最重要的是购置黄金和政府债券。当时这些证券的交易量非常大。后来，普拉特自己也加入投机，而沃利士欧福尔则成了他的学生。随后，他成立了沃利士欧福尔公司，他最早的合作伙伴是斯乔伯格和斯凯勒先生，他们赚到钱之后就从退隐出了股市。

似乎沃利士欧福尔是第一位提议建造丹佛—格兰德河铁路（Denver & Rio Grande Railroad）之人，他通过这笔生意为自己和朋友带来了巨大财富。股票一直飙升到110美元，还有再度膨胀的趋势。公众看到牛市前景光明，很受吸引。沃利士欧福尔及其朋友手中持有大量的看涨股票，却全盘卖出，大量推出看跌股票。沃利士欧福尔是熊市的领导者，成功把股价压到40美元，甚至更低。1878年，硬币支付恢复，国家经济复苏，市场开始大片繁荣，他又召集几人，大量购股看空小麦。他利用了加菲尔德总统1881年遭射杀之事，和同时卡马克和史密斯，共同操作市场大跌，这可能是1884年恐慌的重要导火索之一。

他在交易中表现出的伟大洞察力，1885年却失效了。小麦作物价格比较低，他觉得小麦价格会上升，股票会下降，但事实却正好相反。他的心脏动脉瘤发作，他失望透顶甚至抑郁，最终命丧黄泉，而他的离世，对华尔街却不失为一个好消息。

不论是在美国，还是在德国英国，沃利士欧福尔名望都很高，很重要的一点是因为，1879年他与杰伊·古尔德，拉塞尔·萨奇和其他资本家，铁路大亨和金融家竞争堪萨斯太平洋公司的控股权时，表现出来的坚定立场。他代表法兰克福的投资商，成功以80美元的价格向古尔德—萨奇财团出售了一大笔丹佛铁路扩充债券。财团知道他们有控股权，就宣布不再以80美元的价格购买合约，说“经过对路况的调查之后，认为债券价格不高于70美元”，价格就不作考虑。当时沃利士欧福尔面对这位金融界的拿破仑和他的左膀右臂们，做了一次出色的侧翼进攻。财团毁约，他表现得很愤怒，但没有特别抱怨，马上电告英国和德国的债券持有者，稳稳拿到了财团想要得到的一大部分债券，储在美国信托公司中。然后他通知财团，如在票面价值以下，一张债券都拿不到，也就无法进行止赎。环境如此，法兰克福的投机商和投资商才大批来到纽约证券市场，也造成了英国资本的自由流入，投机商再也不像从前那般胆怯。在古尔德—萨奇财团的交易中大约牵扯6,000,000美元的债券,沃利士欧福尔净赚逾一百万美元。交易过后,全世界都知道了他的深谋远虑,但是同时,古尔德和萨奇的名誉也因为毁约一落千丈。

亨利·维拉德在北太平洋和俄勒冈公司(Northern Pacific and the Oregons)中推出泡沫计划时,沃利士欧福尔表现出作为投机商的聪明才智。虽然和其他上了维拉德钩的百万富翁一样得到了邀请,沃利士欧福尔却非常淡定,冷眼旁观着维拉德的一举一动。在维拉德泡沫中那些动辄出手20,000,000美元的人来说,沃利士欧福尔根本无足轻重。这些投机者们当时都被冲昏了头脑,觉得股票要上涨到几百美元,甚至几千美元,就像加利福尼亚淘金热中的景况一样,而沃利士欧福尔却大胆"卖空"。当年詹姆士·基恩也是如此,敢于在金矿之王的最鼎盛时期跟他们叫板。维拉德财团想要将沃利士欧福尔挤出,为此成立集团购买100,000只股票,其中包含了许多百万富翁和有名的金融家。而这,就是沃利士欧福尔需要只手应付的金融势力。拿破仑在洛迪时,身后有5名将军,都装备着奥地利式枪支,还有几支军团后盾,比起沃利士欧福尔这次在投机中需要面对的,不过是浮云。他非常冷静,事不关己似的目睹着财团的举动。财团积极买入了他们所要求的20,000只股票,股价继续上升,财团觉得他们的计划成功,于是要求再买80,000股,觉得这样就把沃利士欧福尔击垮了;他们为这800,000股欢呼雀跃之时,却不知道沃利士欧福尔的经纪人就是幕后股票的出售者。过了没多久,财团中的人们就觉得好像被闪电击到。维拉德的美梦开始破碎。财团处境艰难,却无能为力。这些人曾经试图想要击倒沃利士欧福尔。他也不欠他们什么。投机中不可避免的定律在此时发挥了作用,这位虽然财力不雄厚的看跌者兜回了几百万美元,当时是1883年。

维拉德破产后,沃利士欧福尔一度保守,看涨看跌,随市场情况而定。西岸公司收购开始的时候他热切关注,也是诸多看好收购的人物之一。当时看涨获得了巨大的盈利。此后,他又开始长期看跌。他改变立场是因为铁路盈利越来越少,而在价格方面也没有升高。他看跌已经到了极限,丝毫不相信国家还能恢复,大熊市就在眉睫,而他似乎也是因为自己的理念受到鼓舞,成功地引领了熊市。如果这样的观点发展过火,就会对股市造成非常不好的影响,这会对投机造成负面影响,也是各种贬值的潜在原因,沃利士欧福尔去世几周后,股市才恢复过来。这位“大熊”有高明的技巧,能通过雇佣大量的经纪人,并且不停地更换,让其他的投机商茫然,不知道他想干什么,只能焦急等待他下一步怎么走,于是误入歧途。他的去世对股市造成的影响没有预计中那样强烈,这不失为一件好事。如果他一周前撒手,可能就会造成恐慌,因为当时他做空了200,000只股票。证券交易市场上正式宣布他去世之前,他就已经还清了他所有的做空账目。

沃利士欧福尔的慷慨,可以同詹姆士·基恩媲美。传言当时他给股票交易市场上二十多位信得过的经纪人赠送了礼品,每份价值25,000美元,给自己的司机送过一匹500美元的马。他对自己的员工也十分大方。临死之前,他感到自己可能是劳累过度,身体透支,就决定去欧洲旅行,缓冲一下,但他和我们大部分的投机商一样,太过疲劳,还没来得及好好休息就英年早逝,去世那年仅有43岁。如果大家都注意休息,那有多少生命能够延长啊!沃利士欧福尔的去世对华尔街上继续聚敛财富的人们是一道警示。人们对他的财产估计从1,000,000美元到4,000,000美元不等。他死后撇下了妻子和两个小女儿。

沃利士欧福尔能够在这个国家取得成功,在美国人看来就已经颇为奇怪,可在他相对贫穷的家乡,则会显得更加奇怪。在许多到美国来发现新金矿的德国人当中,约翰·雅各布·阿斯特算是第一批,他们都在这里神奇地聚敛了儿时望而生畏的财富。谁能够想到,这位1864年来到纽约的德国穷小子,日后会有这样的辉煌事业呢?他当时只有21岁,在法兰克福和巴黎有过一些投资经验,但来时身无分文。后来在许多大型投机中和他结为同盟的埃迪森·卡马克(Addison Cammack)当时在南方颇有名望,南方人民会在内战中获胜,他还赚了一笔钱。他未来的另一个合作伙伴摩根已经通过在伦敦投机棉花发了财。卢梭·萨奇也身价几百万美元。古尔德和亨利·史密斯都曾身经黑色星期五的疯狂情绪,但俩人都无法“收买或出卖”这位年轻的德国人。他不知道交了什么好运,在金融界得到了巨大名望,可以同金融巨头相抗衡,在对手联合起来想要置他于死地之时,能够从容应付。沃利士欧福尔卖空维拉德的公司,亨利·维拉德要求他辞去俄勒冈跨大陆公司的董事席位,“男爵”(当时人们对沃利士欧福尔的昵称)也没有踌躇,而是立下誓言,要让维拉德体系的领袖好看。

查尔斯·沃利士欧福尔体格纤弱,肤色很浅,身材也不高大,在华尔街,很容易被认成是小办事员,他在很多方面都显示出了他对赌博天生的热爱。传言他两次破门进入郎布兰奇的法洛牌赌场;他会拿出很大一笔钱玩轮盘赌和扑克。他也非常和蔼,很有善心。逢圣诞节的时候,他会给员工和送信的孩子们很不错的礼物。投机的最高潮时,他有时候会显得十分紧张,但是在那次同维拉德集团的著名决斗中,却表现出了异常的冷静和清醒。他有德国人的粘液质,也有美国人的紧张感。他生命中很幸运的一件事,就是在1875年和德国《施塔茨报》的纽约主管奥斯瓦尔德·奥疼多佛的继女安妮·尤尔结成连理,婚后他得到3亿美元。

以下这篇写给我的客户的公告于1886年5月13日刊登,其中特别提到了沃利士欧福尔的去世及其后果,我觉得在这儿有必要给大家展示一下:

市场的未来将会自然进展,将会因为自然原因而遭遇起起伏伏;当大家都认识到这一点的时候,公众就会参与其中。这样的气氛在华尔街已经很长时间没有出现了,主要是因为有一股强劲的势力妨碍了人们对市场的判断和操作。因此,大家总是觉得,市场中投资并不安全。这一股强劲的势力,来自沃利士欧福尔,他长时间以来一直是看跌方向的引领者,也是价值的伟大破坏者。他的方式就是破坏人们的信心,扼杀掉一切显示出生机的股票,而他的影响之大,让所有人都皈依他的门下,追随他进行投资。他的去世,使得熊市失去了主心骨,进入混乱,就好像船行驶在海上失去了方向。沃利士欧福尔是位和蔼可亲的先生,性格很好,而且也能够对朋友的过错宽容,从人格上来讲,他的去世是一大损失;但如果为国家的繁荣着想,他的去世是国家的幸运。沃利士欧福尔的势力和影响力在市场上不见了踪影,市场上重新燃起了希望。他还在世的时候,理事会有大半成员都在他的震慑之下,不管有多么看好股市,都不敢买涨。股市中的看涨元素已经有相当长一段时间不能跟沃利士欧福尔相抗衡。牛市打起旗鼓的时候,就会遭到沃利士欧福尔的当头一棒,然后气馁而还。如果一万股不够,他会将股票数量翻两番，据人们所知，他做空的股票至少有200,000只。作为投机商，他似乎无所畏惧。华尔街不知道何时才能再出来一位这样意志坚定而不择手段的人物来接替他的角色；同时，在华尔街上，除了投资商会更加安全之外，一切事物也会更加平稳。沃利士欧福尔作为投机商，可以说是足智多谋。他将自己所有的心思都投进了股市，不仅残暴地袭击股票市场，而且会把握住一切操控的机会，有的时候是在谷物市场，有的时候是通过运输黄金，有时甚至还操控伦敦市场。他精通所有的投机手段，他的操控能力能被所有市场中的人感受到。沃利士欧福尔的生意伙伴卡马克先生尽管平时看空，但人格完全不同，而且也不需要引起别人的恐惧，因为只有在信息可靠的时候才肯卖空，而程度有限。而且，如果他发现市场没有出现下滑，只要出现损失就会抽身。这样做生意让他十分安全。他通常会卖掉一万，两万或者三万只股票，然后收取盈利，而不会像自己的过世的朋友沃利士欧福尔一样，认死理，不管风雨都紧抓股票不放手，然后按照他自己的意愿操控市场走向。现在，看涨的人们不需要为自己作出预测感到担心。对华尔街的投机商和投资商来说，天空飘荡已久的阴云已经散开，前途会更加光明，公众也可以再次走到前方，市场将会更加活跃。

第三十章
Chapter 30

为什么我选择成为美国人

五十多年前，我从英国来到这里，只不过想要短暂停留，可是还没等我认清这儿的公共建筑和主要街道，就开始看到了这片土地为一位年轻人提供的机会，一位有理想，想要在此获得财富的一席之地的年轻人在这里发展的无限可能。我喜欢这儿的喧闹和忙碌，和英国的慢速生活节奏截然不同。我不得不融入到周围的生活中，并决定要在纽约永久居住下来，于是我就在这儿找到了工作。很幸运，我当时手上有一些算是名人的介绍信，因此社会地位还算不错。几年后，美国内战爆发，我加入了寻求自由的队伍，对美国的感情变得比对我的故土更加深刻。我很幸运能够结识当时的一些伟人，让我想同他们看齐，我的成功，有很大一部分原因，都是源于他们对我施加的影响。刚到纽约的时候，这个城市还很荒凉，有无垠的荒原和浓密的森林，但是即便在那时，无所畏惧的人们也希望征服这篇荒野，让她成为繁荣的土壤，开花结果。当时还没有多少百万富翁，一个年轻人想要取得成功，就必须要诚实可靠。这片“民治、民主”的土地，更加坚定了我的决心，我知道，这就是我所一直在寻找的地方。在这里，不需要抗衡贵族，而需要才智和胆量的竞争；在这里，不需要因为什么百年的传统而在交流中受到限制。国家的人口越来越多，移民政策也相当开放，吸引了欧洲各阶层的人们登上美国的海岸。只要敢于尝试，只要有勇气而不怕被打败，即便出身寒微也能成为世界中的领袖。在这个国家中,国会一直在为遵守为人准则的人们设立法律。法律面前人人平等。这个国家从来不为获得殖民地而战,国旗飘扬的时候,代表的是道德,代表的是无可争议的权利。

以上文字,是我为什么选择成为美国人的简短总结。还有一个原因,就是我无法不让自己成为美国人,我不想不成为美国人。

亨利・克卢斯

图书在版编目(CIP)数据

华尔街风云50年:经典版/(美)克卢斯(Clews, H.)著;译科,袁悦译.—北京:法律出版社,2010.12

书名原文:Fifty Years In Wall Street

ISBN 978-7-5118-1436-4

Ⅰ.①华… Ⅱ.①克…②译…③袁… Ⅲ.①金融—经济史—美国—1857~1907 Ⅳ.①F837.129

中国版本图书馆CIP数据核字(2010)第212855号

华尔街风云50年(经典版)

[美]亨利·克卢斯 著
译科 袁悦 译

责任编辑 韩满春
装帧设计 清 杨

开本 787×960毫米 1/16
印张 16.25 **字数** 235千
版本 2011年2月第1版
印次 2011年2月第1次印刷
出版 法律出版社
编辑统筹 独立策划部·麒麟工作室
总发行 中国法律图书有限公司
经销 新华书店
印刷 廊坊市飞腾彩印制版公司
责任印制 吕亚莉

法律出版社/北京市丰台区莲花池西里7号(100073)
电子邮件/info@lawpress.com.cn
销售热线/010-63939792/9779
网址/www.lawpress.com.cn
咨询电话/010-63939796

中国法律图书有限公司/北京市丰台区莲花池西里7号(100073)
全国各地中法图分、子公司电话:
第一法律书店/010-63939781/9782
西安分公司/029-85388843
重庆公司/023-65382816/2908
上海公司/021-62071010/1636
北京分公司/010-62534456
深圳公司/0755-83072995

书号:ISBN 978-7-5118-1436-4
定价:38.00元
(如有缺页或倒装,中国法律图书有限公司负责退换)